理解
·
现实
·
困惑

经度
PSYCHOLOGY

文化心理学的
寻语路

宋文里◎著

迈向心理学的下一页

The Search for
Language in
Cultural Psychology

中国纺织出版社有限公司

图书在版编目（CIP）数据

文化心理学的寻语路：迈向心理学的下一页 / 宋文里著 .
-- 北京：中国纺织出版社有限公司，2025. 7. -- ISBN 978-
7-5229-2384-0

Ⅰ. C912.6-0

中国国家版本馆CIP 数据核字第2024GS3335 号

著作权合同登记号：图字：01-2025-0066

责任编辑：关雪菁　　　责任校对：寇晨晨　　　责任印制：王艳丽

中国纺织出版社有限公司出版发行
地址：北京市朝阳区百子湾东里 A407 号楼　邮政编码：100124
销售电话：010—67004422　传真：010—87155801
http://www.c-textilep.com
中国纺织出版社天猫旗舰店
官方微博 http://weibo.com/2119887771
北京华联印刷有限公司印刷　各地新华书店经销
2025 年 7 月第 1 版第 1 次印刷
开本：710 × 1000　1/16　印张：18
字数：252 千字　定价：92.00 元

凡购本书，如有缺页、倒页、脱页，由本社图书营销中心调换

推荐序

——不知言无以知人

钟　年

　　宋文里教授的《文化心理学的寻语路——迈向心理学的下一页》一书，内容十分丰富，形式也颇多样，这是他几十年来深入思考的记录。书名取了"寻语路"，很容易让人联想起李白《下终南山过斛斯山人宿置酒》的名句"却顾所来径，苍苍横翠微"。用作者自己的话说："从人文心理学到文化心理学，再进化为更广义的心理与语言研究，一定会交叉碰撞在'疗遇'的主题上……，这些翻页之后产生的'到底是些什么东西'？'学科—训练'或'领域'之类的通俗概念实在不足以为这些东西划定范围。"正因为如此，以我的眼界和能力，自无法面面俱到，下面所写的，只是些管窥蠡测的读后感。

心理学有自己的语言吗？

　　说起来我还很有幸能与这本书牵扯上一丁点关系。宋文里教授在书中的一处注释里提到："这里需要交代一下关于辅大心理系几位教授被学生戏称为'怪咖'的问题，以及武汉大学的钟年教授为我们作的'解围'：'怪'者，心字旁，有一圣也。"这是一段往事，多年前在辅仁大学一次会议上，我发言时说了上面的话。我想我当时要表达的应该是"怪"与"不怪"是相对称的概念，正如古人说的"常"与"变"，没有"怪"，也就显不出"不怪"，因此"怪"与"不怪"，都是惯常之事（见惯不怪）。"圣人"之为圣人，就是他们与常人不一样，所以圣人也是"怪"。

书归正传，说回读后感，先处理一个语言的问题，算是"正名"吧。宋文里教授的这本书，正标题叫作"心理学的寻语录"，点明这本书讨论的问题与语言的相关性。我这里就说一个关于称呼的问题。宋文里教授是我尊敬的兄长，我可以称呼他"文里教授"或者"文里兄"，但最终还是决定采取日常生活中我们惯用的称呼，叫他"老宋"。不要小看这件事，因为他的这本书讨论了很多语言的问题，"宋文里教授""文里教授"或者"文里兄"，字数都比"老宋"要多，不符合用语的节约律。人们在日常生活中需要节约，学术研究也需要节约。我总是记得多年前的一件往事。三四十年前出了一个新规，人们在寄信的时候要在信封上标出邮政编码。"邮政编码"是四个字，老百姓嫌字数多，应该是不符合节约率，于是就把"邮政编码"简称为"邮编"。有关部门和语言学工作者着急了，写文章做讲座指出这种简称不符合语言规范。但是，相关的规范拗不过老百姓的认知习惯。人们为少费口舌，选定了"邮编"的叫法，既然选定，也就不想改变了。事情的结果是讲规范的语言学工作者向不讲规范的老百姓投降了，在后来的新版《现代汉语词典》中，"邮编"作为一个规范汉语的用法收入词典。我后来经常拿这个故事讲文化的根本特性"无理性"，在称呼上选择"老宋"，也颇符合文化的这条性质。

在本书中，老宋指出："语言和思想的关系是很根本的心理学问题。"为此他专门提到了萨丕尔和沃尔夫假说。我记得我本科学心理学的时候，当时的普通心理学教材里面专门有一章，就是讨论语言与思维的关系。但是现在的普通心理学教材，却很少有这样的章节。我没有专门去查询为什么会出现这样的情况，想起来有一种可能的理由，那就是心理学尤其是普通心理学，往往会回避人类社会文化生活中的具体事项。这就像在实验室中，要去排除各种"无关"变量，从而保证心理学研究的纯粹性。语言是人类社会文化生活当中的具体事项，就很可能在普通心理学的排除范围之内。上面我在无关两个字上加了引号，是想说明心理学其实很难弄清楚哪些是无关，但是学科的规训就可能武断地把很多因素贴上无关的标签。

老宋把本书的名字命名为"文化心理的学寻语路"，说到寻语，应该指的是心理学在某种程度上已经失语。心理学有自己的语言吗？从目前来看，这确实是一个问题。或者还不能说心理学已经丧失了自己的语言，但起码当今心理学的语言是比较单一的。例如在研究的方法上，心理学貌似只有一种研究方法，也就是称之为主流的研究方法。关于这个问题，中国第一代心理学家陈立先生晚年曾经写过一篇文章——《平话心理科学向何处去》，对此有过专门讨论。又如心理学研究的问题，现在也十分单一。著名心理学家张厚粲先生生前说过一段话，大意是她年轻时候学的心理学，关注的内容有知、情、意，而当今的心理学只剩下认知，她自己也越来越糊涂了。

本书还有一个副标题，叫"迈向心理学的下一页"。老宋自己交代说这句话是从布鲁纳（Jerome S. Bruner）那里来的，布鲁纳在《教育文化观》一书中提出了"心理学的下一页"的说法。由此我想起十几年前，我和清华大学的彭凯平教授合编了一本书，书的正标题是《心理学与中国发展》，我们又商量了一个副标题，叫"中国的心理学向何处去"。我们自己在书里就承认，这个副标题是故作惊人之语，用今天的话说就是标题党。我们并没有能力回答中国的心理学何去何从，我们只是希望提出这样的问题，引发大家的思考和警惕。现在看起来，我们那本书的副标题和老宋这本书的副标题，倒有些一唱一和的味道。

心理学"在人人"

当然，在那本书里，我们也给出了自己的某种回答。《心理学与中国发展》实际上是 2008 年在武汉大学召开的"首届心理学与中国发展论坛"上大家发言的一个结集。论坛是在 5 月召开的，大家都知道，那一年的 5 月发生了震惊国人的汶川地震，所以在论坛的发言当中，很多发言人结合汶川地震谈到心理学在中国实际社会生活当中的运用。也正是在地震刚刚发生不久，我仿照著名社会学家费孝通先生"迈向人民的人类学"的说法，提出可不可以有"迈向人民的心理学"。从此以后，"迈向人民的心理学"就成了"心理学中国发展论坛"的一条基本想法，我们今天做的很多事情也与这个想法有关。有趣的是，老宋在本书的自序当中，也专门拿出一节讨论"在人人，不是个人"的问题，我们用词不同，但不排除背后有相似的考量。

读着老宋的这本书，发现我们确实有很多共鸣，或者说是默契。倒不是说大家的观点、看法或结论一定是相同的，而是大家都关注到了相同的问题。例如我们都注意到在心理学里"被试"（subject）这个词的翻译，我在《心理学与中国发展》那本书中，就专门提到"被试"的问题："我们在论证自己学科的用处时，会说凡是有人的地方就应该有心理学，但是真正进入了研究，'人'就可能不见了。心理学里面有一个关键词'被试'（subject），这就是我们研究对象的称号，他是那么的被动、弱小和无助，却似乎从来没有人觉得不妥当。"另外，在关注文化心理学发展的过程当中，我也在图书馆发现萨丕尔（Edward Sapir）的那本小册子，就是老宋在书中提到的萨丕尔当年在大学上课的讲稿。本来萨丕尔有一个写作计划，与出版社也签订了相应的合同，但后来因去世而没有完成这样一个写作计划。目前我们看到的《文化心理学》这本书，是根据他学生的笔记整理出来的。正是因为这本书，文化心理学的历史被大大提前了，在20年前写作的《文化心理学的兴起及其研究领域》一文中，我专门提到这件事。我认为，以前在文化心理学界大家谈论的文化心理学历史只是心理学中文化心理学的历史，我们忽略了文化心理学这门学科是由人类学和心理学共同缔造的，文化心理学在人类学中的发生发展被我们的学科记忆选择性遗忘了。

说到历史，老宋在书里面提到当今主流心理学教科书上的宣称，实验室的设立才标志了现代心理学的诞生，这样一来，1879年在莱比锡大学建立心理学实验室的冯特（W.Wundt）就成了现代心理学之父。这样的历史叙事，忽略了在冯特前前后后的其他心理学家的努力，尤其是那些非实验心理学的努力。其实后世心理学史的叙述，对于冯特本人也是有选择性的。冯特晚年对自己开创的实验心理学和生理心理学进行反思，用了长达20年的时间，写出厚厚十卷本的《民族心理学》，讨论了文化、社会、历史、语言、艺术、宗教、神话、法律等内容，但由于这些内容不在实验心理学的兴趣范围，冯特的这些努力，也被主流心理学的历史所忽视。

老宋谈到自己刚刚进入心理学这一门学科的基本观察和感悟。"就学科训练的观点而言，心理学这门学科除了一般通用的教室之外，还有两种不同的训练基地。一个是摆满测量仪器的实验室，另一个是着重人际关系的咨询室以及儿童游戏室。"但不久之后他就发现，这两个空间的命运在心理学当中并不一样。"几年下来，好像很少看到人进去那件设计美妙的游戏观察室，最常使用的反而是堆满仪器的实验室。"大略而言，在咨询室和游戏室里，我们能看到的是人；在实验室里，我们更多看到的是数据。但心理学人似乎更热衷于数据，更热衷于用数据计算出研究发现。老宋发现这就是主流心理学到目前为止对知识界所做的自我宣称："它自称为一门自然科学，然后把更可能让心理学知识变得丰富的人文科学，以学科训练之名而贬抑甚至排除。"老宋想做的事情，就是把心理学翻到下一页，也很可能是翻回前一页，这一页，就是文化心理学。当心理学面对文化时，"该谈的不只是思想和问题，而更应面对着苦难和困境的临床临场语言。这时候的研究对象，是进入对话中的人人，是语言，是你我。最终你我一起来协作疗遇，寻求意义的出路"。

是"疗遇"不是疗愈

在这里，老宋专门谈到了疗遇的话题。他说的是"疗遇"，而不是"疗愈"。老宋对"疗愈"这两个字抱有基本的警惕。所以在老宋那里，他把"疗愈"改成了"疗遇"，淡化了医学和病理的色彩，增加了社会的和人文的意涵。这是特别有意思的修改，也充分展现了汉语音与语义间腾挪变化的迷人处。汉字确实博大精深，自《周礼》便出现的"六书"经汉代许慎、班固等人定名的象形、指事、会意、形声、转注、假借，我们今天或依然可以深入挖掘并发扬光大。受老宋启发，我想"疗愈"还有其他的写法，因为汉字的奇妙性质，也有可能引发其他的理解。例如可以写成"聊愈"，这样的话，这个词汇就与语言搭上了联系。实际上，心理咨询和心理治疗，相当程度上就是聊愈。当然还可以写成"聊遇"，如此一来，这个词汇与医学性和病理性就完全脱开了干系，更具备社会性、文化性和生活性。我记得丰子恺先生当年打过一个生动的比喻——我们到底是要粥饭还是要猛药？当今社会，由于我们的社会文化安排出现了偏差，越来越多的人遇到心理困扰和心理问题，严重者会产生心理疾病，于是疗愈就大行其道。在丰子恺先生眼里，这种疗愈就是猛药，是药三分毒，也许最后某些疾病是痊愈了，但却又会产生其他的疾患。换一个角度，如果在我们的社会文化生活里，大家有充分的健康的良好的聊遇，也就相当于我们每天正常地吃着粥饭，最后就不会严重到患病的程度，也就不需要猛药了。哈佛大学曾做了一个长达80多年的追踪研究，想研究到底是什么因素对人们的幸福影响最大，最终的发现是"关系"，是"良好的关系"。我们知道关系建立在沟通的基础上，也就是建立在聊遇的基础上。这大概就是人类心理健康的一条寻语路，放在人类发展史上看，这很可能是一条回归之路。

在这里，我还想谈一下"学问"这个词汇。我们现在关注的是各种各类的知识，例如心理学的学科知识，但是我们的前辈，经常会谈到学问。国学大师马一浮先生在抗战期间的《宜山会语》中，专有一篇谈学问："人人皆习言学问，却少有于此二字之义加以明晰之解说者。……学问二字，今浑言不别，实际上学是学，问是问，虽一理而有二事。浅言之，学是自学，问是问人。"我们常常说学与思，在学与思中间加上一个问字，人类的知识就灵动起来了。这个问字，与老宋强调的语言大有关系。问把学和思串联了起来——问前要学，问后要思。其实"知识"二字，本就和语言有关，"知"中有"口"，"识"中有"言"，知识也是因语言而来。说到"问"，两千多年前楚地的大诗人屈原就曾写出磅礴浩荡的《天问》，一气呵成的一百多个问题到今天还能引发无穷遐思。老宋的这本书，也是他在寻语路上对心理学发出的"天问"吧。

有文化的心理学

对于心理学的未来是文化心理学，我觉得老宋讲的很有道理。多年前我也写过一篇文章，题目是"建设有文化的文化心理学"。因为我发现，西方的文化心理学并不关注文化本身。在早期文化心理学教科书里面，几乎都没有专门的部分讨论文化。这种不关心文化的文化心理学，恐怕算不上真正的文化心理学。在这一点上，心理学中的文化心理学和人类学中的文化心理学有很大差异。人类学是专门研究文化的学科，人类学家对文化的深刻理解是其他的学科的学者远远不及的。其实萨丕尔那一本《文化心理学》，准确的翻译应该是"关于文化的心理学"。虽然他在行文中也用到了 Cultural psychology，但是著作的标题用的是 Psychology of culture。最近这些年，我的想法又有一些变化，我觉得仅仅提倡"有文化的文化心理学"还不够，还应该去提倡"有文化的心理学"。文化是人类的根本属性，心理学号称研究人，就不能不关注人类的文化。

当然，还有一个问题，就是在西方心理学中的文化心理学已经定型，实际上它还是一门建立在实验基础上的实证学科。这就牵扯到一个升级的问题，我们知道，升级有时候是要大费气力的。所以我想，也许我们可以考虑发展与整个科学心理学对称的人文心理学，它在研究对象上、研究方法上，也许都可以与科学心理学有所不同。老宋在书中也讨论了人文心理学的问题，提到心理学当中人文心理学的传统，并指出这种传统在美国心理学界并没有很好地延续下来。但我们可以发展我们自己的人文心理学，这是更多以人而非以物为研究对象的、非实验的、非量化的心理学。我们发展人文心理学的依据，可以是我们文化中的人文传统，当然也绝对不排斥世界各地的人文传统。这种人文心理学也不仅仅是心理学当中的心理咨询和心理治疗这些临床的部分，还应该包括更广阔的人类生活中的社会文化实践。人文心理学并不反对科学心理学，更不是要取消科学心理学，而是希望与科学心理学一道、珠联璧合、相得益彰，共同丰富心理学的多样性。最近这些年，我经常给自己的学生讲八个字——"专业安身、文化立命"。"专业安身"说的是我们学习的心理学这门学科很好，但也有所不足，就是对作为人类生活根本的文化重视不够，因此"文化立命"便是一个重要的补充。

老宋在文化心理学的思考与行动中，一直有自己独特的探索。例如我知道他这些年在倡导"自我民俗志"，按他的说法，是一种近似于生命叙说的新方法。在研究方面，他已经指导学生写出了十几篇相关的硕博士论文。但是老宋自己也提到，他很少写这样的一本或一篇自我民俗志。不过在本书中，他倒是写了一段，这弥补了他自己写作的缺憾，也弥补了我们看不到老宋自我民俗志的缺憾。篇幅所限，我这里只引用一段："我不知何时开始发展出一种习惯，就是骑车时看见横过马路的小动物——我是说毛毛虫、蚯蚓、青蛙、蜗牛等，我会停下车来，在路边取根竹子、树枝或树叶，把它们带离路面，放回道路边的草丛，以免它们被快速通过的车辆辗死。毛毛虫会长成漂亮的蝴蝶，蚯蚓会帮忙松土，青蛙会帮忙吃掉一些蚊子，至于蜗牛嘛，那只是因为它那慢吞吞又不知死活的样子，怪可怜的。"

这一段描述很文学，很生动，也很慈悲，让我想起丰子恺先生的一幅画，是为他的老师弘一法师画的，画面上是一群蚂蚁搬家，孩子们发现后就从家里拿来大大小小的板凳架在蚂蚁的上方，保护它们免受行人的伤害。每次看到这幅画，我都很受触动，会想起前人说的童心或赤子之心，而感慨成人反而变得麻木。但是老宋作了这一段自我民俗志之后并没有完，他又继续用他的文字引导着我们的思维之路："我至少要让听故事的人知道——：像虫蛇这种小东西的生死，其实就是个重如泰山或轻如鸿毛的问题呢，就看你怎么看这世界罢了。在中原，夏的祖先叫作'禹'，是一只虫，或是特大号的虫（叫作'龙'）；而在大约同时，南方的始祖神叫'女娲'，大家都知道她有蛇身。虫蛇的死生，究竟是重如泰山还是轻如鸿毛呢？"于是，老宋一个人在寓所附近骑车的休闲运动，把毛毛虫、蚯蚓、青蛙、蜗牛等带离路面的举动，就与遥远的历史联系了起来，更确切地说，是与意义联系了起来。

拉拉杂杂写（说）了这么多，也该收笔了。我想还是回到老宋看重的语言问题，用《论语》的终章来做结尾。国人对《论语》的首章应该是极其熟悉的，也就是几乎人人都会背的"学而时习之"那一章。但是对于《论语》的终章，我们可能会有点陌生。其实早有学者指出，《论语》的首章和终章是相呼应的。终章原文如下：

子曰：

不知命，无以为君子也。

不知礼，无以立也。

不知言，无以知人也。

由此看来，在孔子的心目中，知言是知人的前提条件。心理学号称是一门关注人的学问，那么，心理学家就应该把知言培育成自己的看家本事。

自序

——走向心理学的下一页[1]

宋文里

  心理学作为大学里的一门学科，和作为知识世界里的一门学问，其光景大为不同。就学科训练的观点而言，这门学科除了一般通用的教室之外，还有两种不同的训练基地，一是摆满测量仪器的实验室，另一是着重人际关系的咨询室以及儿童游戏室。用医学来比拟，前者像是做基础医学的理论研究，后者则是做临床医学的应用研究——这只是表面上看来如此，实际上，心理学号称"人（心）的科学"（而不是"人体的科学"），因此，在谈"人"或"心"的时候，以上两种训练基地到底孰轻孰重，应该有个不同于医学的斟酌。但当今的心理学（通常是指"主流心理学"）却似乎没办法作出自己的衡量，以致心理学教科书上都宣称，"实验室"的诞生才标志了现代心理学的诞生，而创造心理学实验室[2]的威廉·冯特（Wilhelm Wundt）就被称为（现代）"心理学之父"。这种教科书式的心理学史叙事法，其实已含有很多选择性的偏见，譬如没有（或很少）把心理咨询的历史包含在内。我们使用了许多不明其义的语言来指称自己的学问，而这并不只是心理学的问题——整套"科学"就是最严重的误名。[3]

  我在刚踏进心理系的那年，当然还无法看出其中的奥妙，但迎面看到的是一间教室和游戏室的合体，用单面镜作为隔间，在教室里可以观察游戏室那边发生的事情，反过来说，游戏室这边看不到镜子后面坐着满教室的人在盯着看他们做游戏。这就是一所心理系的训练基地中最吸引人的光鲜门面。只不过，几年下来，好像不见有人进去那间设计美妙的游戏观察室。最常使用的反而是在二楼的实验室——我当时很想知道：那样一间摆满仪器的实验室为什么经常人满为患？而这间看来更可能发生很多新鲜事情的游戏观察室为什么反而被冷落了？

进入一个带有"心理系"名称的学系不到一年，我就发现所有各校的"学院心理学"课程都差不多——所有的研究都会用一些取样而得的被试（subjects），经过实验观察后编码转化为一堆数据，然后就用来计算出"研究发现"——这个由来已久的事实正可解释上面两种训练基地的不同命运：仪器会读出很多数据，让研究很快有结果，因此大家对此趋之若鹜；可游戏室要看的则是人，搜集到的是一些儿童行为的描述或研究者和他们的对话，而这些材料几乎无人能读。这样看来，心理学课程中的"观察"既没看到人，也不需用心。这些发现已经违背了我想来读心理学的初衷。后来我没转系，还有一个更大的理由：在我们的整个大学体系里，所谓的"学科训练"（discipline）都和我想寻求的人心之学不在同一条路上，所以，转不转系就淡出了我的问题清单。从大二开始，我已经明白：我要读的书只能自己读。我要走的学问之途，就说它是我的问学之路吧——寻语路、沉思路、第三路、正路岔路的这一切——我仍把它称为广义的、跨领域的"心理学"，但我也可以把它唤作别的名称，譬如，我把它定名为"理心术"。❶"心理"这个语词倒过来念成"理心"，我的意思是要让"被试"（subject）转变为"主体"（subject），让心理学可用同一个轴而翻转到下一页。

---

❶ 详细请参阅《心理与理心：心灵建构八讲》，中国纺织出版社 2025 年出版。——编者注

用平常话来说吧：这就是要脱离被实证主义绑架的心理学，把实验室的观察转向人在生活世界的体验，因此，"心理学"一词，在我看来，就必须经过转化而变成同时包含着"心理学—心理治疗"的学问。这样的心理学不必再称为"心理科学"或"科学心理学"。就知识的整体来看，新一代的心理学必须借助人文心理学，转向文化心理学，继而再进化为更广义的心理与语言—文化研究，并且在每一步的转化过程中总是不脱离哲学基础的思辨与讨论。但以一般人惯用的"学科—训练"（discipline）或"领域—跨学科"（field / interdisciplinary）的概念来看，还是有很多人会问："这样的转变到底会搞出什么东西来？"事实上，我常提的问题无非就是在反问："心理学本身到底又是什么东西？"——因为对于目前的"心理学"，我有很多根本的怀疑，而这个大哉问所需的回答就得动用属于哲学根基的方法论去不断探索。在我的学术生涯中，哲学和方法论的思考会发展为一支指南针，对准了追求学问的初衷："心理学这东西里头到底有没有（能思的）作者？"或换用另一种说法："人究竟能不能自理其心？"

　　写这篇自序正是要说明：这些著作都是一个作为作者的"主体"，站在"被试"的对面，以一切"（真）实（体）验"来创造出能动的自我，以便能进行学术界惯称的"自行研发"工作。这里所用的几个语词——"被试""实验"——在心理学之中早已是不需解释的惯用语，而当心理治疗无法奠定其自身的基础时，也只能跟着科学心理学来依样画葫芦。于是，"主体"一词就不曾出现在所有这些心理学的教科书中。同样的，在谈"实验"时，更该谈的应是"真实体验"，而不是仪器上的读数。我们该问的是：为什么这些看来相似的语词之间会隐含着这么明显的矛盾？

　　当然不只是英文翻译成汉语的问题。"学科训练"把意义的问题围成一个满布荆棘的樊篱，然后作茧自缚，这就是主流心理学（自认的第一心理学）

到目前为止对知识界所作的自我宣称：它自称为一门自然科学，然后把更可能让心理学知识变得丰富的人文科学，以学科训练之名而贬抑甚至排除。我们如果可以把心理学翻到下一页（很可能也是翻回前一页），就是要翻出"第二心理学"[4] 来。因此，我的问学之路，就要从心理学如何以种种翻页行动来谈起了：

1. 首先要谈的是人文主义心理学的传承；

2. 其次是文化心理学的到来；

3. 接着，跨过心理学科训练的界线之后，文化心理学的进一步进化必须是让研究者以自我作为作者来展开自行研发的行动；

4. 当心理学面对着文化时，该谈的不只是思想和问题，而更应是置身在境的，亦即面对着苦难和困境的临床—临场语言；

5. 翻页之后的第二心理学，回首一望，发现它并没有固定的起点；

6. 它更像是从古以来即有的，能面对困苦的心理学；

7. 并且该研究的对象不是一个一个被试的个体，而是进入对话中的人人，亦即语言，是你我；

8. 最终，你我就是要由咱们一起来协作疗遇（本书特殊称谓），寻求意义的出路。

一、人文主义心理学的失传与再传

事实上，就时代风潮而言，在 20 世纪 80 年代以前，受到存在主义哲学影响而在美国掀起"人文主义心理学"（humanistic psychology）[5] 的风潮，但在六七十年代，几位出名的人物叱咤风云仅仅一代，之后他们就几乎无法再有第二代传承。——我们那时还在教科书上帮腔地宣称他们构成了"心理学的第三势力"。在美国的人文主义心理学当中——其主要的领域是心理治疗——有位不太算叱咤风云，但他的作品历久弥新，是很值得一提的首创者之一，我要提的不是罗杰斯（Carl Rogers），不是马斯洛（Abraham Maslow）这两位曾经当选为美国心理学会理事长的风云人物，而是曾经和前两位同台座谈过人文主义的罗洛·梅（Rollo May）。罗洛·梅很早就和安吉尔（Ernest Angel）及艾伦伯格（Henri Ellenberger）合作编译了一本书，书名叫作《存在》（*Existence*, 1958），该书中辑录了几篇融贯精神分析、现象学和存在哲学的作品。这本书的书名，乍看之下会让读者以为是哲学著作。是的，我们所谈的人文心理学之中的诠释现象学、存在主义等，都是哲学。在 19 世纪末叶以前，心理学和哲学本来没有区分，而后来分成"科学心理学"与"人文心理学"，就知识发展史来看，也没有什么非如此不可的理由可言，除非是要把心理学和心理治疗区分开来。这就解释了为何重新开启人文心理学必须在治疗的哲学根基上动土开工；也解释了表面上所谓"跨领域"的学问，其实都是因为回到根基之后再出发的必然表现。

我相信，余德慧和我，虽然在 20 世纪七八十年代晚期才举步维艰地从主流心理学中拔足，投入人文心理学的研究，但我们的认知终究会指向同样的人文心理学：以存在现象学、诠释学、精神分析以及当今的后现代思潮为源头的人文心理学，而不是在美国失传也失势的"第三势力心理学"。这样说，才足以解释为什么余德慧要花那么多精神去阅读后期海德格尔（Heidegger）和德勒兹（Deleuze）的哲学作品，并且号召出一场长达十多年的"人文临床研讨会"；[10] 而我为什么会非常捧场地持续加入这场研讨运动，以及为什么一直到今天都还在为精神分析的诠释学和意义发生的符号学

（semiotics）^❶ 开辟一条"寻语路"，也缘于此。

历史和思潮的脚步如白驹过隙，风起云涌的"文化转向"（cultural turn）在 20 世纪 80 年代末期开始渗透到人文与社会科学的每一角落。我们所关注的问题一下子就变成后台和背景，而站上舞台中央的，都是由文化转向之中的"语言学转向"（linguistic turn）引发出来的问题：语意学（semantics）的、语用学（pragmatics）的、象征主义（symbolism）的、"符号学"（semiotics）的，等等。加芬克尔（Garfinkle）曾经说：这种"等等"的说法竟是民俗方法学（ethnomethodology）里头暗藏的一个语言学手段；而文化心理学中有个重要的语言学课题至今仍称为萨沃二氏假说（Sapir-Whorf Hypothesis，又称语言相对论），其中的首倡者萨丕尔（Edward Sapir）对此问题的基础背景就曾提出过如此发人深省的警语："哲学家必须要了解语言，即便只是为了免于受到他自己的语言习惯之障蔽。"⁶

在这种"转向思潮"的狂涛猛浪之下，我们现在该传承的是什么学问？它还能叫作"人文心理学"吗？是的，不用担心我们会在语言中脱轨。在"人文化成"的哲学意谓之中，我们只要把焦点从前面两个字往后挪一格，注意第二和第三个字，我们就会发现"文化"在其中！——我这是长话短说。现在敢于宣称继"第一心理学"之后还能发展成"第二心理学"的，⁷ 首当其冲者非"文化心理学"莫属了。而我相信这种发展在心理学中，以我们的现代汉语来说，就是"人文的传承"，用稍古的哲学语言，我就把这种期待称为"斯文以化"。

---

❶ 作者认为 semiotics 被中译为"符号学"是一种误译，因此以"符号学"代称。——编者注

二、我们和文化心理学的遭逢

"本土心理学"有时也自称是一种"文化心理学"。但依我的观察发现，"本土心理学"还是无法摆脱主流心理学的训练方式，总是把"实验室""准实验研究法"及"调查法"奉为心理学的圭臬，而相当漠视以"咨询室"的对话作为心理学基础的可能性。因此它和"文化心理学"之间实有许多难以磨合的矛盾——通常，"矛盾"到难以言说的程度，就会质变为"吊诡"。

我对于"本土心理学"这个名号一直觉得那是个别扭的名词，尤其在它译为英文时采用的是单数而非复数（这是个关键问题，我会在本文中加以说明）。对于"（单数）本土心理学"的问题，已经有很多批判出现，包括来自社会学、人类学、文学、传播学、历史学及哲学的种种。但心理学本身对此问题的讨论除了"人文临床"（也就是心理治疗）社群以外就不曾有人发声。由于文化心理学在临床的语境中对于语言问题已经产生敏锐的认识，因此，即使在"吊诡"的状态下，我们仍然需要使用语言来面对它。

对于"汉语心理学"，这不太常见的说法，我却情有独钟。"汉语"包括我们常用的现代汉语和偶尔使用的古汉语（"现代—古代"的区分是根据语言学家王力的分类和断代法）[8]，也确实像语言学转向后的知识现象一样，对语言的精熟知识必须是从字源学到语法学、语意学、语用学、语言哲学，无一遗漏，并且当代的汉语心理学由于拥有丰富的古汉语资源，在呼应着萨沃二氏的主张之下，让它作为一门"意义的科学"而非"行为的科学"或"认知的科学"来发展，确实大有开发的机会。

对于文化心理学，我是抱着"以文化心理学为本，以汉语心理学为纲"的态度，并且一直是以先前宣称的"自行研发"方式，置身在境，既临床也临场，边做边想，而不必依赖实验室或准实验设计，就这样毅然投入了这场

"可以让意义发生，也可以让语言精熟"的问题领域，让它重新成为心理学的根本问题，而得以在主流之外展开的知识大业。

三、自行研发的进化：自我的作者行动

我的问学行动，虽然没有在开始时就打出明确的旗号，但一贯的开场方式只是提问（problematization），而其中的第一问乃是："自我是个作者吗？是个动词吗？""自我"是一个但凡能够言语的主体所用的自称，曰"我"、曰"自"、曰"己"只是口头语、书面语之别，只是在不同语境下的不同用法而已。值得我们注意的是：能说和所说，这两个条件的交集，有个值得深思的要义，在于能把话说出来的作者。所以作者在使用"我—自我"之时，已经是个动词，而不只是个"第一人称代名词"。在任何写成的书里，"我"不只是无所谓的自称，而正是"作者"之所动。我们该用最精练的汉语来重新理解一下，"自我"作出这种"作者行动"究竟是什么意思。

由于米歇尔·福柯（Michel Foucault）和罗兰·巴特（Roland Barthes）等人宣称过"作者已死"，我们在这种思潮的惊涛骇浪之中，也如同先前让我们溺过水的"上帝已死"那次大浪一样，不知不觉、也不思不想地认为我们只会被这种思潮淹没。但对于这些"思潮"的看法，我想起我的启蒙师史作柽先生常有的说法。他说："没有'思想'哪来的'思潮'？"没有思潮的我们，其实只要用"自我"这个动词来想一想："作者"到底是什么意思？然后，我们挺有可能发现：在一切学术写作中，其第一人称的自称应该是"我"，而不必使用忸忸怩怩的"笔者—他（她）"。这样的说法，是在玩文字游戏吗？我知道确实有人写过书，书名就叫《我想我是个动词》（*I Think I Am a Verb*, 1986）。[9] 这位作者西比奥克（Thomas Sebeok）说他的研究贡献都在于"*the doctrine of signs*"（征象之学）——他不是在玩文字游戏，但我

们不见得因为能够言语，就能把引号中的这句简单英语翻译为汉语。[10] 我们可能要绕个大圈，譬如读完这本书，才能搞清：这如果真是文字游戏的话，那是在玩什么把戏？我就不卖关子，至少用汉语的白话简单说一遍：我们自己不能发明文字游戏的方式，我们能说的话都是文化为我们提供的语言。是的，但就在此刻，把这句话写下来，可以把它叫作"斯文"的同时，也把文化体现了出来。这个使用语言的作者，在开动之时却不是"我们"，而是"我"。

"斯文以化"是依据古汉语语法来说这同一件事。这不是一件小事。我花了将近三十年的工夫，一直在用这句话来作为任何问题的开头。我这种问学的方式就是不断在想，以及想要怎么说。"不断在想"显然就是一种持续的作者行动。而"想要说"的不是说别人，只是说有我在内的"此心此理"。我既然引用了西比奥克那本名著来响应近代哲学的基本命题"思，故在"（Cogito, ergo sum.），[11] 那么，以中国哲学思想的脉络来说，对于此一命题，我可以引用的又是什么经典？是孟子吗？是陆象山和朱熹吗？都不是，是早已化身在家常话里的成语。我们对于自己使用的汉语经常不觉得其中有什么需要以"想"为开头的基本命题。然而，我在想的，正是这个"要不要想"的问题。换言之，我在想的就是以汉语说出的命题：此心何以能理？斯文何以能化？

心理学面对文化时，该谈的不只是思想和问题，而更应是面对着苦难和困境的临床—临场语言

语言和思想的关系是很根本的心理学问题。如果我们能够以此为起点，来继续问语言和思想的相对位置问题——"想"和"说"孰前孰后——就会回到那个诺贝尔奖级（但绝对不会得奖）的提问法：萨沃二氏假说。如果文化的基本定义就是这样："文化乃是一个象征与意义的系统"，那么，这

个定义可以把精神—物质、主体—客体、传输—媒介、能指—所指等一切都包含在内。文化因而变成一个具有整体包含性的范畴，但这范畴的"整体"却不需用来指一个地理疆界，或民族分布区域。我们都知道有这么一个隐喻（一句成语）："如鱼得水"（鱼在水中），或甚至"如水在水"（不用问鱼）[12]——这会有助于理解人和文化怎样以"想"、以"说"来形成这个置身在境的关系整体。我们只是在"想"、在"说"之时，常常倒过来把这个整体范畴称作"文化"。所以"孰前孰后"的后设提问法会一直绕圈子，一直保留在假说状态而不得其甚解。

对于这种问题的发现，绝对不是在心理学实验室，而比较可能是在临床的咨询室，或在临场的田野。咨询室心理学发展的高峰就是弗洛伊德的精神分析（psychoanalysis），后来由众徒子徒孙进化为上百种不同门派的心理治疗法（psychotherapies）。临床研究的基本数据是语言—文本，尤其是发自受苦受难者的语言；而用实验室模拟为标准刺激的心理测验虽也好像是在处理文本，但实验室从来无法触及人类的苦难体验，因此两者对于文本的看法南辕北辙，以致最终在教学上常再分家而变为两个科系。即使没有分家，他们之间的对话似乎还是得以实验室方法作为主流语言，因此其间的对话也常会变得鸡同鸭讲。只知，咨询室的临床研究在目前逐渐认识到，它所需要的语言来自质性研究，虽然起步较晚，但在我看来，这正是我早在三十年前已经预见的光景。

然后，我们要谈谈另一种临场语言的研究方式，这就要回头谈谈为什么需要一再提及萨丕尔。我最早开始接触萨丕尔是在 20 世纪 80 年代末期，眼看着人文心理学正在逐渐失传，我四下摸索，发现其中有一种可能的传承，就是在语言人类学脉络中逐步发展而来的文化心理学。于是我以"自行研发"方式进行的传承工作，这就包括花了不少时间来准备开设"文化心理学"课程。在我一边摸索，一边搜集一些重要读物时，发现其中有一本《文化心理学》(*The Psychology of Culture: A Course of Lectures*)，是萨丕尔早在 1936—1937 年耶鲁大学开课的同名讲义。萨丕尔是个精通语言学的人类学家。他从 1928 年起就已在芝加哥大学开过这门融合文化人类学与语言学的课，并且曾向出版社表示他打算以此题目写成一本前无古人的书。在十年的延宕之后，尽管他一直念兹在兹，但不幸没有成书就过世了（1939 年）。

文化心理学在欧美蔚为风潮是在 20 世纪 90 年代。萨丕尔的讲义在大约六十年之后重新浮出台面。但这本书其实是用学生的上课笔记搜罗编撰而成，出版于 1994 年。无论如何，在此风潮之前，萨丕尔不但早有先见之明，并且也指出了文化与心理学之间针针见血的关系要点。这本出版的讲义只有三万多字，在篇幅上不到他所预期的三分之一，可见在萨丕尔心目中还有很多议题没出现在这本书中。我们一边可在他所遗留的《全集》中四处搜索，但除此之外，还应有另一个办法，就是在心领神会之余，用作者的行动，也就是自行研发的方式，把"假说"可能涉及的议题开发出来。

我说的"蔚为风潮"是指一般的学术活动，但还有些人，即能思能言的作者，他们的嗅觉比这种"一般风潮"要敏锐得多。我至少在本书中指出了其中的一位，就是布鲁纳（Jerome Bruner）这位美国心理学泰斗。他的文化心理学作品可以上溯到 1985 年的《实作的心灵，可能的世界》(*Actual Minds, Possible Worlds*)一书。但他的灵感来源不是萨丕尔，而是另有其人——俄国心理学家维果茨基（Lev Vygotsky, 1896—1934）。布鲁纳不是临床心理学家，但他在教育心理学（特别是发展心理学）上的贡献之巨则是无人不晓。他对于维果茨基的兴趣产生于 20 世纪 50 年代。当时他走访一趟苏联，立刻听到铁幕外听不到的锣鼓声——早逝的天才心理学家，开发出文化心理学的另一种根苗，有可能取代皮亚杰（Jean Piaget）的认知发展学说而长成另一株更大规模的苍苍巨木。但连他都需要消化三十年才能说出个所以然——要把"文化"吸收到"教育"和"心理学—心理治疗"的学问中，那就是起码要花得起的工夫。[13]

第二心理学没有固定的起点

我们提及的萨丕尔和维果茨基，到底谁是"第二心理学之父"？我不知道这种问法有什么必要。心理学是随着现代化而来到汉语世界的一种学问。但除了汉语世界，所有的文化自古以来都有某种心理学存在。它没有形成体系性的知识——即使当代的心理学也不能说它"自有体系"。"有体系的学问"一向是我们对于"科学"的基本要求，但这种要求和科学本身的发展未必能够同步。把心理学称为一种科学，即"科学心理学"，我在上文已提及，大多数心理学教科书上都会说：创设了心理学实验室的冯特就是"心理学之父"，因为有了实验室之后的心理学，就像物理学一样，可以在实验室中进行因果关系的实验操作与直接观察，然后验证假设，成为理论，此后才诞生了"科学心理学"。但我对于这样的说法根本无法买账，因为这套说法并不尽然合于科学史的法则——譬如没有人能说，数学是由客观的观察而来，其中不但可观察出数论，其后也必然会观察到集合论出现——因此，要想由实验室观察来证明心理学从此就能有真正的理论，成为可以"真正实证的科学"，这样的想法实近乎妄想。我们必须跳开许多教科书这种简单、浅薄的说法，来重新想想：对于心理学，我们想知道的；或透过心理学，我们能知道的，究竟是什么？事实上，"这门学问是不是科学？"这种问题的潜台词是："这门学问是不是自然科学？"而"科学"一词本来就是指"求知之学"，又岂止是"分科（专精于某种自然对象）之学"？这些因为翻译而产生的语意淆乱，一直在现代汉语中制造文化的迷失，我在本书中特别把这种迷失

（连同其他几个关键词眼的混乱用法）总称为"失语症"。

重要的学问，包括科学在内，永远不会只从单一的个人开始，也就是不会有所谓"某某学之父"。我们若常常不经意地使用这样的惯称，就只会败坏我们的历史感。譬如我们绝对不知谁是"数学之父"或"哲学之父"。我们还不如转180度，换问"心理学之母何在？"——且由此而牵出一个更有意思的答案：心理学的"母题"是在心理学的"母国"里诞生，自然是"不知其父"——我们的文化心理学尤其如此。是故，我们该探寻的心理学—心理治疗学之"母国"，正是由于其生生不息的力量而能探问其"文化"起源。萨丕尔和维果茨基都已明示了这种由文化起源，而非由自然起源的心理学，但没有人称他们为"心理学之父"。确实无此必要，并且后来我们会发现，还有其他几位重要的思想家［譬如维特根斯坦（Ludwig Wittgenstein）、普尔斯（Charles Sanders Peirce）以及弗洛伊德等］和文化心理学及其后发生的语言学转向也很有血缘关系。是他们所开启的心理学的种种新母题，才让我们这些心理学后裔传承了新的问学契机，以及知识重生的缘会。[14]

翻页的前后：从古以来即能面对困苦的心理学

回顾我们所谓的翻页之前，翻到现代心理学之前，不管在哪个文化传统中，我们总会发现，从起源流传下来就有很具体的意义库存，而其最具体的表现俱在语言之中，也就是字典。在汉语字典中，心理语言的用字至少可以先从"心"部首开始查起，虽然其他部首也可能包含心理语言。"心"部首里有多少个字？在大部头的《康熙字典》中可数得868个字（其中有些许重复）。这数量非常惊人，但我们首先就得知道，现代汉语已经无法消化这么大量的意义库存，因此，查查今日通用的《现代汉语词典（第7版）》，只留下132个字。即便如此，我们从这里谈起也得费不少工夫。

就从这个"心"部首谈起吧。假定人对于"心"都有一定程度的掌握：即称为"我心"，然后再具体概括为"人人皆有此心"。但，人能掌握此心的证据何在？汉语的"心"本来是指心脏，最早的医学发现了心，也以为今天我们所知的心功能都归于这个脏器。后来才发现心思大多不起于心，而起于脑。[15] 人因受困而苦思。"思"字就是在"心"字上加了一颗脑袋。然而，"心"仍合法包办了所有的"心—思"功能。在很大程度上，脑并未取代心的全部功能，譬如痛心的体感不会仅限于头疼。因此，就会在心之上另加一心。汉语体系的"七情六欲"这个大范畴一直都还称为"心"。加上的一心即指"思与所思"，这就形成了"心的文化"。但在"文化"一词进入汉语之前，我们不知文化为何物，只能称为"斯文"。我们的文化目前确是以汉语为居所，不过，现代汉语依照法定的观点来看，从诞生至今才一个世纪，可说还在学步（toddler）阶段。由此所产生的学术语言尤其显现出"扶着外语才能走路"的窘态——这是说：现代汉语中的大多数学术用语都必须在写出之时，用括号附上它的原文，否则我们都很难只看汉语就知道它在说什么。

心理学的学术语言并非特例，但确有其独特之处，那就在于"心"和"文"的特殊关系，使这门学问的立基之处成为一门特别的科学。在中国哲学思想史上，在12世纪到15世纪曾经出现的"心学"，也许可说是现代心理学母题的粉墨登场，但中国哲学思想没把这场戏唱成。后来再等了5个世纪，才由西学将它重新搬上舞台。那就是我们现在所称的"心理学"，以及由此延伸的"心理治疗"。如果我们能精练地使用汉语来谈心理学和心理治疗，那么，我们的意义系统甚至应从甲骨文的开天辟地开始谈起。对于这个文化遗产的领悟正和"不知其父"一样重要。我们现在并不需要推出一个汉语心理学的诺贝尔奖得主（反正也没这个奖项），而该让千千百百的心理学者都能回到自己的遗产中去求学、问学。

在人人，不是个人；在语言，不是心灵

以广义的心理学（即包含心理治疗）作为观点，是有意要和思想史观点区隔开来的。区隔的关键在于意义系统究竟是属于什么"人"。在心理学的语言中，用"被试"所呈现的"个体"其实既不是"个人"，甚至不是一个"人"，而只是数据。至于思想史里出现的"人"，则一直只是极少数的文化精英。有一次思想史家余英时演讲时，那时我刚担任大学教职没多久，听他上下古今的综论，眼睛为之一亮。但当他和听众问答互动时，曾说起"理学""心学"是中国哲学思想的高峰，然后他开始数算这样的精英能有几人。我看着他屈指数了起来，也听到他说："大概有七八人……"，然后他又立刻更正说："不，大概只有五六人。"我是为了长话短说，才引用了这个难得一见的反思明证：我们该谈的意义系统不但不会有个独一无二的"父亲"，也不会只在五六个精英之间打转。我们要谈的必须是属于亿万人类在历史长河中进化出来的成果。我们该看的是俗民的文化积累。所以，从古以来的心理学、心理治疗到今天的心理学，一直有同样的主体活动迹象可供我们观察与求问。

我说的"俗民"或可称为"常民"，但不是新闻中常用的"民众"，而是上文中已经提过的"人人"。有人误以为"人人"就是一个一个"个体"的总和。现代心理学把这种妄念植入心理学的基础语言中，造成整个学科陷入"个体主义"以及"平均数"的流沙困境。我在开启读书之志的年代，碰到启蒙师史作柽先生。他在谈"人"的问题时先说"人人"是指随波逐流的"大众"或"大家"；对比之下，单字"人"才是他所关怀的对象。后来他发展出另一个说法，把"人"用"人类"来取代。我继承他的关怀，但觉得"人人"两字和"人类"两字一样，不必指浑浑噩噩的大众，但一定不是指单一的个人。汉语中的"人人"这种造词法，用重复来表示的不只是复数，还指

向"人人皆然""人人皆可"的意思。不过,"人人"和"大家"仍然不是同样的意思。我在此要加上理论性的强调,用"人人"来指"人性"的"皆然"或"皆可",也以此来脱除"个体主义"的狭隘限制。

有了"人人"这种语言,才能进化出"文化"。这个命题让我们能以汉语来确定我们的学问对象,至少不是指向个体行为。更有意思的是,至其下一步,"人人"就是指"你我"。我要使用汉语来谈的不只是"客体",而必须是关系中的"对象";对象是与我相对的 Gegenstand(德文词汇,对象),而不只是个 Object(客体);[16] 心理学的对象常是指一事(德文词汇,Sache)而非一物(德文词汇,Ding)。[17] 既然面对的是"一事",就必然会在"处事"之中"待人",而不必然要经历"物化他者"的过程,也就不必然会陷入"心物二元论"的泥淖之中。这就是汉语心理学对人称代名词应有的基本用法:但凡"从事"于"一事",[18] 则此事必属"你我",而非"他(它)"。[19] 我们一直在从事的工作就是为你我寻求有意义的语言。

你我构成了"疗遇"社群

精神分析是心理治疗之母,但上文已经提过:今天谈的心理治疗已经衍生出几百种流派,并且,除了在学校中实施的"心理辅导",大多数已和治疗商机结合。读者们若听到心理治疗(心理咨询)所引发的"心理热"(Psycho-Boom),在华语地区大致上是近二十年来同步发展出来的热潮,其中最热门的就是心理系中的"临床—咨询"组,或独立于心理系的临床—咨询科系,而取得心理师的证照变成这些科系毕业生志在必得的就职文凭——其中,精神分析的证照最难取得,除了训练要求最严格,就商机而言,也是每一疗程收费最昂贵的一种。这已经构成社会学家一定会关切的"阶层差异",或"经济剥削"问题。如果比较上文所说的"从古以来的心理学",我们可说，民俗疗法中就含有源远流长的心理治疗，以各种方式针对各种阶层的人实施，有收费也有不收费的。这问题不可一概而论，但我们把心理治疗的含义扩大，可以说它已经不只是一种医疗，而是文化为人人提供的一种"疗遇"——是疗的契机，也是愈的缘会——而"疗遇"这个语词就是我和余德慧共同讨论后打造出来的。[20] 你我之间，亦即咱们的疗遇，不是什么证照制度所定义的治疗关系，也经常不一定要在咨询室里才能发生。

我为这问题写下的两篇"疗遇时刻"的文章，以及更广义地说，在人人和文化交叉相遇的时刻，疗遇已然是个内建的范畴。所谓"置身在境"就是指人在待人接物的所有行事之中，必然含有（如同康德所说的）"绝对命令"（categorical imperative）。在"人文临床"的语境中说得更明白，就是指人人之间的伦理关怀。

这些作品到底是什么东西

把"此心此理"和"斯文以化"的前提交代过之后，我这个作者才能概略说明一下本书收录的作品：从人文心理学到文化心理学，再进化为更广义的心理与语言研究，并且一定会交叉碰撞在"疗遇"的主题上……，这些翻页之后产生的"到底是些什么东西"呢？"学科—训练"或"领域"之类的通俗概念实在不足以为这些东西划定范围。这篇自序写到这里，正是在说明一个作者问学过程的发展和进化，但是，最没办法说的，依据哥德尔第二定理（Gödel's 2nd theorem）就是知识和语言本身。

在此先声明：本书作品不以写成或出版的时间先后来作为章节的排序，而是依主题的相近性分成四卷。我在每一卷之前会作一段引言，说明该卷各篇写作的缘起，也就是如何"启题"、如何"提问"，以及与本书上下文之间的关系，期望能为这些长达三十年的写作说出一些可以互相贯穿的作者意图。各文之间偶有一些内容重复之处，在编成此书之时，已经把不必要的重复删略，但也有一些没删掉的，就算是对读者的反复提醒——毕竟这些提问法不是来自人人都很熟悉的思维方式。我在先前出版的一本书，《心理与理心：心灵的社会建构八讲》中，主张"诗学为体，科学为用"，这说法在本书中仍然有效——重章叠唱的传统，多少还保留着精练汉语在辞章上的正当性——伤怀与思念，在你在我都可以在寻语路上，变成心理学或心理治疗的语言。

采采卷耳，不盈顷筐。嗟我怀人，寘彼周行。陟彼崔嵬，我马虺隤。我姑酌彼金罍，维以不永怀。陟彼高冈，我马玄黄。我姑酌彼兕觥，维以不永伤。陟彼砠矣，我马瘏矣，我仆痡矣，云何吁矣。

蒹葭苍苍，白露为霜。所谓伊人，在水一方……蒹葭萋萋，白露未晞。所谓伊人，在水之湄……蒹葭采采，白露未已。所谓伊人，在水之涘……

注释

1　"心理学的下一页"出自布鲁纳（Bruner）之说，见 Jerome S. Bruner（1996）. The Culture of Education. Cambridge，MA: Harvard University Press。中译本：宋文里译（2018），《布鲁纳教育文化观》，北京：首都师范大学出版社。

2　这个"创造"却并不指"最先使用"。在冯特的莱比锡实验室揭幕（1879）之前，费希纳（Gustav T. Fechner）、沃克曼（A. W. Volkmann）、赫尔姆霍兹（H. Helmholtz）等人都曾使用过某种实验观察，而威廉·詹姆斯（William James）已经在哈佛利用实验室来进行教学工作（1875）。

3　英文 Science，德文 Wissenschaft，在字面上没有任何理由可译为"科学"。在原文中的意思是"知识"或"知识的创造"，而"科学"应当是将此字认知为"分科专精的学问"，相当偏颇。

4　"第二心理学"（second psychology）出自寇尔。见 Michael Cole（1998）. Cultural

Psychology: A Once and Future Discipline. Cambridge，MA: Harvard University Press。

5　Humanistic psychology 最自然的译法就是"人文心理学"，但不知出于哪位多事者的手笔而翻译为"人本（主义）心理学"，后来就成为我们心理学界的惯称。但我还是要表示：这样的翻译实际上已经构成了"过度诠释"（overinterpretation）："人本"是相对于什么"本"呢？"神本"吗？ Theism 是"有神论"，不能称为"神本主义"，那就是文艺复兴时代之所以产生 humanism 时的相对概念，然而这种概念相对的脉络在汉语的语境中并未发生，因此把 humanism 翻译为"人'本'主义"就是画蛇添足，多此一举。

6　Sapir，E.（1949）. Selected writings of Edward Sapir in language，culture and personality. Berkeley: University of California Press，p. 165.

7　"第二心理学"（second psychology）是科尔（Michale Cole）为"文化心理学"取用的谑名，见 Cole，M.（1996）. Cultural psychology: A once and future discipline. Cambridge，Mass: Harvard University Press。

8　王力（1980），《汉语史稿》，北京：中华书局。

9　Sebeok，Thomas A.（1986）. I Think I Am a Verb: More Contributions to the Doctrine of Signs. New York: Plenum Press.

10　"The Doctrine of Signs"这个词组，是指一种学说（doctrine），这是简单的部分；而不简单的则是"Sign（s）"——当今的汉语文献中绝大部分都将这个关键词译为"符号"。我在本书中会反复说明这是个严重的误译。

11　这是笛卡尔那句名言"我思故我在"（I think，therefore I am.）的拉丁文原版。在其中甚至可以不必说"我"就直接以动词来发出行动。

12　"如水在水"（like water in water）是巴塔耶（Georges Bataille）在说明动物性（animality）时使用的隐喻。至于"不用问鱼"则是借用了王阳明的诗句："桃源在何许，西峰最深处。不用问渔人，沿溪踏花去。"

13　本书内文中的第二篇就是以布鲁纳如何阐释文化心理学的工夫为题。

14　是的，教科书作者能使用的语辞就只叫作"机会"——作为读者的你，必须晓得：汉语的教科书作者，至今为止，还没有一个人能把"机会"区分为"契机"和

"缘会"。

15　"脑功能"不存在于心脏，这一结论在中医体系中发现得很晚。直到清代王清任的《医林改错》（1830）一书才指出了此一问题。

16　Gegenstand—Object 之别来自海德格尔的哲学。

17　英文只能用 thing 来泛指"事—物"，德文则能区分事（Sache）和物（Ding）。现代汉语如果忘记自己本来也能把"事""物"区分开来，却只因袭了英文的不区分，在语言演化中应属退化的现象。

18　"从事"于"一事"，简称"事事"，见本书内文的阐述。

19　我们也许可以绕过布伯（Martin Buber）的"I-Thou，I-It"之说，不再解释为何需要用"我你"来区别于"我它"，光从汉语的语法中即可对此"对象"问题了然于怀。

20　人间不一定有疗愈，我们的苦痛不一定能纾解，但却不断出现疗遇，为了有一丝希望而彼此用疗伤的心情而来见面。英文翻译经过我与余德慧的通信修正，改为"healing encounter"。

目　录

卷一　意义的展开

01　第三路数之必要：转向文化论的心理学⋯⋯⋯⋯4

02　文化心理学的学科承诺：从布鲁纳的转变谈起⋯⋯⋯⋯24

03　文化与主体：文化心理学的反思⋯⋯⋯⋯40

卷二　主体即方法

04　以象成型：征象学的型拟与"符号学"的误拟⋯⋯⋯⋯61

05　物的意义：言不尽意的奥秘⋯⋯⋯⋯100

06　研究与实践：理心行动所为何事⋯⋯⋯⋯117

卷三　疗遇时刻

07　负显化·············140

08　疗遇时刻：理心术与疗愈的两种文化···········155

09　临床与本土：理心之寻语路···········164

卷四　寻语路上的叙事法

10　讲故事，说道理：如果在雨天，一个客人···········204

11　叙事、意识与事事之法···········211

12　主体与他者：话语与关系中的异化···········220

13　关系界面：讲不同的故事···········237

14　自我工夫：哲学精神治疗···········245

卷一

意义的展开

人文心理学的传统要由文化心理学来承接。这里呈现的是我本人从嗅出文化心理学发芽的意味，到亲手进行浇水助其培育的过程。

　　文化心理学的初出苗头，是个值得探讨的议题。为了开启讨论，须从"我们是谁"的批判自省进入核心的讨论。本土心理学原是"两种学科"分野之下的产物，但在当时的发生脉络中，学术社群本身表现了不自觉的"东方症"以及"西方症"，无法用"本位—客位"这样的译法来安置在"本土"的"主位"上——这个根本的矛盾正是文化心理学可以介入并超越的自我理解方式。

　　若要从最接近我们航程的一位舵手谈起，我选择的是布鲁纳（Jerome Bruner）。布鲁纳的转变是心理学中很引人注意的话题。论述学派的大将哈瑞（Rom Harré）曾说："这是个很令人欣喜的讽刺——布鲁纳是曾参与第一次认知革命的建筑师，但却也是第二次认知革命中最活跃的分子和最具原创性的发言人之一。"[1] 学术长青树布鲁纳教授已于 2016 年以 101 岁高龄逝世，他用他自己晚年的生命史来见证某种意义的文化心理学发展史。

　　我们在观摩了先进的传播者布鲁纳的反思之后，却仍需采取"汉语使用者"的文化主体性来作为新的立足点。但"文化主体性"这个概念很容易把焦点滑转为"文化主体"这个误名。一字之差，谬以千里。由于我的心理学起源于"自我—作者"这样的主体，在几篇文章铺陈之间会插入附论

（excursus），以沉思录的形态呈现。这原属于我在上文中提过的，惯常写的笔记（notes），也就是"吾日三省吾身"的一点点实例。有时会拿到"二三子读书会"[2]和参与者一起讨论。显然，这不是任何学术期刊会接受刊登的另类书写。为了让读者更接近作者，我决定把这种文字穿插进来。

01

第三路数之必要：
转向文化论的心理学

　　《两种文化》一书的作者斯诺（C. P. Snow）曾说："'二'是个危险的数字……想把一切事物一分为二的尝试都应当加以怀疑。"他在这句话中间还插上一句说："正因为这样，辩证法才是一种危险的方法。"[3] 因为他所理解的辩证法就是强调正反矛盾的知识方法。但是，他这本轰动一时的科学史—知识社会学著作，却通篇都是建立在"二"的讨论之上。我们很难说他用的是不是辩证法，但我们可以肯定他已把科学—人文知识领域之间的一大矛盾予以点明。

　　而在《两种文化》出版的三四十年之后，我们再提此书，难道当年的讨论还有意犹未尽之处？这问题常常很不容易回答——我是说：假若我们拿"汉语世界"[4] 来做个观察，我们很难掌握确切的证据说，这问题已经被谈完了或没有谈完，因为我们常假定："我们"这个社会自然是全社会的一环，紧紧密接的一环，因此，那里发生什么，这里就会（函数性地）发生什么。但我有很多相关的证据，或是旁敲侧击的证据，说：事情绝非如此了然可解。

　　目前我还没打算花篇幅来直接讨论这个问题，因为在本书中会有很多机会详加讨论。但目前我们至少可以拿个比较容易有共识的处境来接上这个话题，那就是说：在我们的学术圈子里，所谓的"国际接轨"一直被当成学术发展的头号难题。我们现在使用的学术语言（特别是学术研究的语言）是一种以白话现代汉语为根基，[5] 还偶尔汉英并用来表达其思想的语言：我们常用英文来读，用汉语来讲，对英文读得一知半解，或另生新解时，必定用中文口语来串连其语义；若发现言不尽意时，则会强迫附加有括号的英文来稳定其词义。这样的语文并不叫"洋滨泾"，而是另一种目前尚无名称的语言状态，姑称为"依附性语言"。语言如此，则对于文义的理解大抵也是如此。我们所使用的现代汉语还在现代化过程中持续演化，而我们目前的依附性语言状态虽然还不叫双语（bilingual），但在我们的历史上，可从来没有这么接近的双语或多语的机会，让我们可用这么特别的多语言系统来进行教育和学术论述。这虽是和"两种"的议题没有直接瓜葛的另一议题，但是，它和"文化"的相关就非同小可了。

对于科学、学术、研究等事情，我们的处境首先是：对于其中的知识内容，我们和许多"第三世界"一样，常有苦苦追赶却难于迎头赶上之憾；其次则是，我们还有另一个属于知识社会学或知识文化的问题层面，需要相当多的自觉才能理解和厘清，然后才能用来引导知识内容层面的选择。这就是我要谈的"路数"问题。我先选择我所熟悉的心理学这一学术领域来展开讨论。

一、文化心理学之登场

美国心理学会（American Psychological Association，APA）对于这个世界的心理学者来说，是一个庞大的组织，其成员超过 15 万人，而其中的各个分支分会看起来几乎囊括了心理学"所有"可能的次领域，但是，仍有些新兴的心理学活动却并未被包含在内——而我想谈的"文化心理学"，或"文化论的心理学"[6] 就是其中的一条"漏网之鱼"。

文化心理学不但不在 APA 里注册，它至今也没有成立一个正式的学术组织。唯一可以显现这种心理学者集结之所在，乃是一份创刊于 1995 年的期刊《文化与心理学》(*Culture and Psychology*),由英国的圣智出版社出版,全部论文都是以英文发表。据我所知,目前有关文化心理学方面的著作之主要英文作者几乎都列名在该刊物的编辑委员名单中。[7]和任何一种国际性期刊一样,这些编辑委员包括来自世界各地的心理学者。

我特别要提这"不在 APA 里"和"英文著作"的意思,一方面是说,这"国际性"里头仍然有"盎格鲁—撒克逊语系就是国际语言"的中心默认;另一方面则是说,在"美国心理学"中,显然有些和主流不同的叛教者(heretics)、破门者(defectors)存在,他们虽然是地道的美国人,也多半受过美式主流心理学的教育,但他们现在正连接许多非美国世界的心理学者,在推广一种去中心化的心理学。

正因为文化心理学还在新兴阶段,我们要想知道这究竟是什么东西时,不免会从既有的心理学脉络来寻找它的渊源。譬如说"跨文化心理学"(cross-cultural psychology),或是"文化与人格"论述(culture and personality)等。在本地的学术脉络中,我们也可看到,一位现在主持本土心理学发展计划的心理学者黄光国说:他们所作的就是文化心理学。但是理查德·施威德(Richard Shweder)在他的一篇近乎独立宣言的文字中却明显揭示:文化心理学不接受普通心理学里对于"心灵即是一种普世性的中央处理器(central processor)"之公设,[8]不接受跨文化心理学所预设的文化比较标准,也不接受心理人类学和民族心理学所设定的研究对象(譬如"当地人""土著""种族""民族")之客观存在。而寇尔(Michael Cole)则说,文化心理学应是主流心理学(第一心理学)之后的第二心理学(second psychology)。[9]布鲁纳(Jerome Bruner)更说:文化心理学将会成为心理学发展的"下一页"。[10]事实上,以上提到的施威德、寇尔和布鲁纳等人在文化心理学的发展之中,都不是山头型的泰斗大师。这个新兴的心理学运动没有确定的典范，因此不易画出它的轮廓。但有两种方式可以说明它从何而来，首先是布鲁纳的讲法：这是在"第二次认知革命"（second cognitive revolution）之后出现的跨学科心理学，而它的影响来源包括维果茨基（Lev Vygotsky）的历史社会心理学、涂尔干（Emile Durkheim）和韦伯（Max Weber）的社会学及舒兹（Alfred Schutz）的社会现象学。[11]其次是施威德的讲法：对于"文化"之为物的定义，是透过专研语言与文化的学者萨丕尔（Edward Sapir）的宣言而出现，[12]而后集合多种知识社群的影响，共同构筑出这样的文化心理学。[13]重要的是，这是一种受20世纪下半叶的文化理论知识之影响而逐渐成型的新心理学。我个人认为史密斯、哈瑞和兰根霍夫（Jonathan A.Smith, Rom Harré & Luk Van Langenhove）合编的《重新思考心理学》（*Rethinking Psychology*）一书所描绘的种种心理学，可以综合起来看成这类文化心理学之最清楚的图像，虽然只是一幅拼贴图。[14]

以上所简介的，仅是一点点趋势概要，方便我进行以下的一些论述。本文要讨论的重要问题并不是"文化心理学"这个学术现象，而是在我们的学术脉络中，究竟有没有可能接受、呼应或是面对文化心理学挑战的问题。

二、"我们"

至于我在上文一直提到的"我们"又是谁呢？[15]"我们"是关于主体性（subjectivity）问题的一种社会性提法，也是在解题过程中必须交代的重要概念。

对于这里所用的"我们"这个语词，其实更好的表达字眼是"咱们"，也就是说，这是指当下被本文所强调（address）的读者、听者，以及包含作者本人在内的一种论述主体。

"我们"的用法有些时候可以替代"咱们"，但有些时候它也可以和"咱们"的包含性有所区别，也就是说，它可以指"不包含你们"的"我方"。"我方""我类""我族"都是排他性字眼，它排除一些被概念区分的"他方""他类""他族"。然而"咱们"则一定包含着语言现场或论述所及之场域中的"你们"。"我—你—他"的关系是马丁·布伯（Martin Buber）对话现象学的基本理论框架。[16] 我要在此延伸的是关于"我们"究竟该如何定名的问题。

总之，这里所说的"文化"是主体行动的总和，它知道"我—你"和"我—它"之别，就好像在使用语言的人总能够适当地分别"咱们"和"我们"之别一样。这里所提的就是下文要处理的"主体的名字"问题，其中隐含着的问题概念是语言、自我和意义，而我相信在谈完本土心理学的有关主体性预设的问题之后，会更能作出清楚的解释。

三、主体的名字，云何以始

这是一篇反思论述，而反思意谓批判。我不是只想批判别人，而是要让批判以必然植根于现在的我，以及我们—咱们，以这样的立足点来发言。

"我"不是一个具有特殊爱好的、可以任意讲话的单一个体，而可能是历史文化之流里的一个热力学公式的点。对于这个点，我承认自己并不是最好的观察者。在历史的潮流之中，我可能正在忙着扣好安全带和抓紧扶手，所以我不太能同时再伸出第三只手握着麦克风来报道自己的处境。但是，如果这个处境没有别的目击者时，我只好提出一点忙乱中的回忆和记录，让后人得以继续论述。

我常自称是个心理学研究者。但心理学对我而言究竟是什么，我就有一肚子说不完的复杂体验。简单地说，即便要认同"心理学者"的身份，我也必须通过好几组矛盾对立的思维状态。首先，按照杨国枢教授的说法，我应该是以"土生土长的当地心理学者"[17]为基础而长大的。但是，作为一个心理学的学生，我要怎样才能完完全全地"土生土长"呢？我读完硕士之后，也就是1980年之前，曾经仿着汉代学者郑玄的话而自称"关中无可师者"，所以必须负笈远游他方——但这是当时两三代心理学者（以及许多其他人文社会学者）共同的文化命运。其次，我远游到美国的伊利诺伊大学，选择进入一个具有人文主义色彩的咨询心理学博士班就读，因为从写硕士论文之时，我已决心用人文化的思考方式来追求心理学。只是，到了美国才发现：所谓的"人文主义心理学"已经从学院里退潮，我的指导教授和其他人文主义者一样先后退休了，我被放鸽子，自己飞进去面对20世纪80年代蜂拥而起的多元人文论述（后来我才知道那几乎就是后现代风潮的开端），而且也发现那些论述多半以跨学科的样态呈现。我为了一探究竟，选修了咨询、心理治疗课程之外的伦理学、美学、现象学等，还自己躲在图书馆里寻找那些新兴的心理学，其中包括卷土重来的精神分析，[18]以及较为边缘的辩证心理学[19]、批判心理学[20]和论述心理学[21]等。接下来，又有另一种际遇，那就是毕业后的任职。从留学到读完博士学位前后，我工作所在的机构先后分化成两个独立研究所，即人类学研究所和社会学研究所，而我的归属是后者。我在工作的初期还协助学校创办心理咨询中心，并担任该中心的主任三年。后来基于研究所教学研究的需要，或说是和人类学及社会学同事的长期互动，才使我全力朝向当时正在萌发却莫名其然的某种"文化心理学"而发展。从这样的经历下来，最近几年，每当有人问起我在大学里的身份时（譬如问："你在教什么？"），很奇怪的，我总是会迟疑一下，才说："我现在教文化心理学。"我发现这个曲折的身份描述总会让听者回瞪我一眼，而稍微有点学术常识的人也难免会因此而回问一句："那是什么东西？"

记得在 1980 年，我准备赴美留学的时候，那里的签证官员问我去美国要读什么。我当时也曾迟疑一下，回答说："存在心理学（existential psychology）。"而那位官员则瞄了我一眼问道："What the hell is it?"（那是什么鬼东西？）我从几乎毫无主张地进入（科学）心理学，然后选择人文主义的存在现象学，再发展到文化心理学，这是我自己所经历的一条曲折的学术生涯之路。显然我是因为无法苟同于所谓"科学心理学"这样的前提而一步一步地转离。

从 20 世纪 80 年代到 21 世纪伊始，我与心理学界的关系一直是游离而不入的。其中原本有两个我以为可以发生关联的连接点，到头来却一直连不上线，那就是人文主义的心理学（humanistic psychology），以及本土心理学。我说的"连接点"，是指它们共同具有某种"反对"的意味——反对科学主义、反对客观论、反对追求普适性真理等，譬如人文主义心理学原是针对行为科学而起的，而本土心理学则是针对北美主流心理学而产生的。我知道过去的主流（也就是行为科学观点）以及当今的主流（大约是认知科学和脑科学的实证主义观点）在知识的历史进程上都必然会激起这样强烈的声浪，可是我看到这两种反对的方式很快都陷入一些不自觉的理论盲点之中。我不知是因缘于什么生命史立场，虽然觉得好像也在追求那些反对的主张，但就是一直无法顺理成章地加入那些学术阵营，所以，我决心要来做一番自我清理。

四、"两种学科"分野之下的本土心理学

在心理学这门学问之中，一直有所谓"两种学科训练"（two disciplines）的问题，并且是早在斯诺的"两种文化论"之前就已出现。这两个原来没有直接关联的问题，后来在我所经历的第三世界经验里，却融合起来变成同一个问题，但问题本身含有学术现实发展的复杂面。我这就拿克

隆巴赫（Lee J.Cronbach）在 1957 年的 APA 理事长就职演说说起。[22]

　　克隆巴赫所说的两种学科训练不是指"实验室—咨询室"的区别，而是指两种接近实验室的"实验研究"（experimental study）和"相关研究"（correlational study）。前者是指用实验室来进行因果关系推定的研究，其研究程序以及研究方法和自然科学研究可说是无分轩轾；然而后者的问题可多了——它本来就是与实验室研究对比而产生的概念，它的性质就是和实验有别的，后来由于"相关"这个名词容易被误会成统计学上的意思，所以有人就把它改称为"消极观察的"（passive-observational）研究。[23] 这样区分的要点何在？克隆巴赫一语道破，那就是关于"实验控制"的问题。在严密控制之下的实验室，可用操作定义（operational definition）来精确标定它的观察变项，在该定义之内如何发生改变，可以因此而获因果关系的确定知识。但消极观察者却是在研究"人类未曾学会控制"乃至"无从加以控制"的对象。[24] 前者所研究的对象，为了严密控制的需要，就常常从人类转变成动物研究（也就是漫画里常出现的白老鼠研究），或是变成关于仿真程序的研究（那是人工智能研究的开端）。从这样的区分开始，能获得确定知识的实验心理学者和不企图获得确定知识的另一种心理学者慢慢分道扬镳，各自结社、各组期刊，好像也区分出两类不同性格的人出来，乃至心理学史家波林（E.G.Boring）说道：相关研究的心理学者本来就不是喜欢动物和程序，而是比较喜欢人类！[25] 而后，把这些"两种学科"的讨论和"两种文化"的讨论结合起来，研究者也发现：那不只是学术知识性质的差异，而竟是同羽之鸟、物以类聚的人类结社现象。[26]

　　读者如果不健忘的话，回头想想我在上文谈到的本土心理学研究室成员之背景性质，应该很容易联想到：那些热爱斯土斯民的心理学者，一方面就是一些进行消极观察的研究者，另一方面，他们也是某种其他方面的同羽之鸟。在心理学的原生国度，他们可以因为对人的研究采用不同的认识论立场，所以发展出非实验的方法论。可是，在我们的土地上，这个认识论—方法论的问题反而不被强调，倒是凸显出另一个问题，那就是本土论—西化论的争议。我必须再强调一次：这种"相关"不一定是知识内在的"因果关系"，而是因缘于某种历史选择；做了这种选择，并不一定能化解知识内在的矛盾。

从某种意义来说，本土心理学的发展和文化心理学的发展不一定要关联。它的发展方向已经有它本身的体制性使命，而文化心理学未必是它的目标。但是，我尝试要把它们的关系拉近，因为从文化心理学的视角来看本土心理学，确实可以看见其间的相似与相异之处，而在最好的情况下，这种拉近的企图几乎可以视为同一种学科的内在批判。

从本土心理学自己的体制性生命（也就是组织化之后的发展）来看，那些怀疑者或反对者的评论对于它的推进方向似乎没有发生可见的影响，而稀少的理论自觉者也显得曲高和寡，只能慢慢等待理解。

用一位评论者黄应贵的话说：本土心理学应可视为一种"文化区"的研究，其目的是要建立一些文化特有的知识，以便和其他文化区的特有知识互相整合成为对人类全体文化的了解。[27] 但是我们看到的本土心理学，其主要的工作集中在文化特有知识的提出，而尚未有整合的尝试，所以，我们甚至不能说这就是一个"文化区"的研究，而是看到：那个"区"的位置太过重要，几乎已成为一个舍此无他的研究领域。本土心理学对于这种问题领域确实有过分执着的问题，于是这就令人想起萨义德（Edward Said）所说的那种思想顽固的疾病，叫作"东方症"（orientalism）。[28] 这原是一种由西方世界发源的知识疾病，但后来最重要的是，当它传染到东方之后，成为东方人比较容易罹患的思想流行病，就是"东方的东方症"。譬如说，欧洲人开始研究的汉学是拿中国来当作它的知识对象，因为文化隔阂太深，但又为了急于使用（为帝国主义扩张而服务），所以开始在断章取义、自行捏造的状态下，对这个难以理解的东方世界强作解，形成各种论述以及被他们认定为对待东方的有效现实体制。他们不只发明方法（譬如人类学式的田野调查法），也发明控制时间空间的内容（譬如发展理论和依赖理论，以及区域研究和世界体系理论）。

五、东方症之后的西方症

在东方症之后，本土心理学更常患的疾病竟是西方症（occidentalism），也就是一报还一报地用误解西方来误解自身。其第一个严重的病例当然是杨国枢教授所要对抗的"美国"。我在上文已经说明，美国的心理学种类繁多，即使有主流心理学，但也会另有许多非主流的心理学，以及和心理学相关但不可能被主流心理学所收编的其他学科，譬如哲学心理学和精神分析。所以，本土心理学所对抗的对象究竟是谁呢？

杨国枢教授一心一意以建立本土心理学为他的志业，其中有一个历史关键时刻，就是他所谓的"哈佛经验"。根据杨教授自己的讲法，事情是这样的：

> 到了 1988 年，我改变了自己的看法。这一改变是我在哈佛大学的演讲经验所促成的……在演讲后的讨论过程中，来自心理学系的著名发展心理学者凯根（Jerome Kagan）[29] 问了我一个问题：如果没有任何西方心理学的影响，华人心理学者可能会发展出何种心理学？我听了这个问题，几乎愣住了，一时竟不知如何回答。[30]

凯根的问题让杨教授一时语塞，是因为以前他自己没有意识到这个问题。但接下来：

> 回过神来后，我勉强回答说：如无西方心理学（特别是美国心理学）
> 的支配性影响，在中国人的社会里应会自然发展出一种集体主义取向的
> 心理学（collectivistic-oriented psychology），它不同于美国的个人主义取
> 向的心理学（individualistic-oriented psychology）。[31]

这是杨国枢教授自己都不满意的回答。而在我的解读之下，这个慌乱中
的回答同时显现着东方症和西方症的症候："中国人的社会里应会自然发展
出一种集体主义取向的心理学"——这是东方症；而"美国的个人主义取向
的心理学"则是西方症——对于后者，我可以明确地提醒西方症患者看看一
些有社会主义源流的心理学，[32] 当会发现：对于个体主义的反对可并不一定
是"中国"的特色。我相信杨国枢教授后来把这场哈佛经验的险境当作一个
契机，奋力要弥补这些话里的意思，或没讲到的意思。但我的忧虑是：对于
我们所面临的这场东西交杂、古今盘错的文化疾病，恐怕不容易找到方便的
解药。

我说过，"美国"不是一个简单的对象，那么"中国"自然也不是。我
们接下来谈谈"中国"，然后再谈"美国"。

六、难以言说

布鲁纳曾说心理学要研究的是"他者心灵"（other minds），而施威德
（Shweder）也说，我们必须透过他者来了解自我。但本土心理学却比较像
是从研究自己开始的。这"自己"有两种意思，一是以自身出发，在研究行
动中作为本体而存在，二是以自己为客体，把自己变成一个僵化的对象。但
是"本土"一词和上述主体性的关联既模糊又吊诡，很有明辨的必要。

如果有人说，"我们"好歹要有个名称；我们在语言中总要知道如何称谓——可是，称谓并不是自然无疑的解决；诉诸于称谓常常就是不自觉地预设着一个相对关系的立场。当称谓难题发生时，我们应该怎么办？举个例子来说，现代汉语的使用者常会发现，对于某种不年轻的陌生女性不知要如何称呼——称为"小姐"会低估她的年龄，称为"女士"又显得做作，称作"大嫂"好像在学别的地方人讲话，称作"某太太"又不一定知道她先生的姓氏，称作"欧巴桑"却已经是你把她当成女仆的意思。这就是个真实的文化难题之一例，那么，我们对待他者或对待自己的立场是什么？在知识上，我们应该怎么办？

　　碰上这种问题，如果要用"中国人的称谓"或"中国人的命名"来寻求解决，那无异是缘木求鱼，因为那问题不是在传统中国里发生，而是发生在现代化之后的社会变迁处境（例如，女性在公开社会场合的活动增加）；那不但是女性认同的难题，也是男性承认的难题。这种贴近于男男女女在地生活的脉络，对于文化心理学来说，就是个真正的问题。我们可以由此而进入几个基本的问题去讨论，譬如语法中的人称（person）问题、称谓和社会关系的问题、名称的分类法问题、从谁的观点来称谓的问题等。对于这么基本的人称问题，确实有相当精彩的文化心理学论文出现，譬如萧特（John Shotter）一篇关于"你"的人称所作的社会建构之论。[33] 在他的讨论中当然也会牵涉如何自称以及如何他称的问题。我们现在可以来问：这究竟是专属于某一文化特有的难题呢？还是在人类关系改变的大潮流之下的一个新问题？我认为是后者，并且这个问题意识也是因为新的方法介入之后才凸显出来——我们可以从一段引文中看见这个问题意识和新思潮的关系：

　　"我"乃是一个没有指涉的符号，在语言现实之外没有任何意义。它没有指称任何一个字典上的条文，它……乃是一个"空"符（an 'empty' sign），[34]

但在不同的情境下它会因言说者用之以发言而成为一个"实"符（a 'full' sign）。而它在每次使用时，只在言说的事例中才有所指涉。[35]

这是萧特在解释自我意识时所阐述（paraphrase）的法国语言学家本维尼斯特（Emile Benveniste）的意见。这里所说的新方法是指从语言学中蜕变出来的符号学，[36] 而心理学不能不同时受其影响。

七、心理学研究的圈内—圈外

如果我是杨国枢教授，在哈佛碰到凯根所提的问题（这显然是个假设，因为凯根知道杨国枢教授是在华人世界中执心理学牛耳的人物，所以他才会对杨教授提这样的问题），我不会立刻随着凯根的问题起舞，而会想到他所持的心理学本身究竟有什么问题——我会这样反问："在您的研究中，主要的取样是高加索种（白人）、中产社经地位的健康小孩，这些控制变项到底是在控制什么？您的研究跨过美国国界以后，可以应用到欧洲和中东的白种人吗？为什么还需要问华人是什么的问题？"我相信这里头有些问题是凯根没办法回答的。

另外，值得注意的是：文化心理学实在不能叫作"美国心理学"，虽然目前有很多活跃分子是美国心理学者，但读者请别忘了，《文化与心理学期刊》（*Culture and Psychology*）是在欧洲出版的，而且，如同我在上文提到的，布鲁纳和施威德都指出引发文化心理学的新思潮有许许多多的欧洲来源。

有一个被杨国枢教授理解的理由，就是所谓圈内人—圈外人（insider—outsider）的区分方式，在人类学研究上常被说成"emic—etic"的问题，而本地学术圈对此一问题则常用"主位—客位"理论来翻译和理解。这问题经过很长久的讨论，变得相当复杂，但杨国枢教授在回顾了许多文献之后，把问题整理成三个维度，也就是"研究者观点—被研究者观点""特有现象—非特有现象""跨文化研究—单文化研究"。并且，在这三个维度相互交叉（2×2×2）之下，成为著名的"杨八点"，就是主位—客位问题的八种问题类型。[37] 杨教授一向被他的同侪称道，也被他的后辈尊敬为"擅长于概念分析"，但放在"本土契合"的本体位置上，这本体却变成分析的混乱。首先，黄应贵看出，这八个类型没有实证的证据，所以只是一套假想的问题模型。其次，我则看出这套类型论（typology）不是真正的类型，因为最后杨教授竟然可以把八种类型排出高下顺序，全部收纳在一条线性理论之中。类型之间没有互斥性而有可加性，所以，说来说去，都只是同一种类型的程度之别。"主位—客位"的一线两极观念完全支配了这套分析法，并且使得其中必要的多元性被消除殆尽。

很有趣的是，emic—etic 理论的始作俑者派克（Kenneth Pike）是一位语言学者（所以我们似乎可以暂时不问他带给心理学的是不是外来的、客位的影响？）事实上，派克所思考的是关于"-eme"的问题，他为 emic 创造了一个前所未有的重要位置。在语言学里，emic 的位置是什么呢？派克在他那本引发问题的书中说：语音的构成元素叫"音素"（phoneme），也就是语音的最小单位。那么文法有没有像那样的最小单位？而行为、行动的最小单位是否也可以叫作"behavioreme""acteme"等？若然，那到底是什么？[38]

语言学家雅各布森（Roman Jakobson）解释说：音素原是一种想象的（心理的）声音团块，会使用这种声音单位的人事实上也无法说清、甚至无法意识到它的存在。[39] 语音里的"腔"现象（accent）就可以说明这种近乎无意识的事实——上海人讲北京话，会有上海腔，改也改不掉。这意思是说，有几个音素被固定成他家乡话的样子，他使用该音素来为后来学到的北京话里"接近的"（但不是很准确的）音素发音，于是北京人一听就知道那声音不太对。有一位从柏林来的德国朋友说，汉堡人一来到柏林，他只要几秒钟就能听出那是汉堡腔，虽然他们讲的同样是德语。对于这样的现象，派克解释说：当两地的方言接近而又不同之时，一个会讲某一地方言的人就会因比较而发现另一地的某某发音和他不同。他会指出这差异，而他用的理解方式并不是音素本身，而是来自某种因比较而产生的、音素之外的元说明系统，也就是某种的语音学（phonetics）。音素的单位（emic unit）一旦进入该元系统，就会变成语音学单位（etic unit）。[40] 所以我们可以说：如果有一种关于音素的学问（即音位学），那么它是来自于能比较和能分析音素的语音学（phonetics），而不是来自对音素本身的熟悉。哲学学者弗雷帕（Robert Fleppa）就说：emic 这个字有时用来说音素的发音现象，但有时也用来说音素的知识；发音现象不易转换，但人类学者之所以能宣称他们对此有所掌握，其实他们掌握的已经是音素学，而不是音素的发音现象。这样说很有助于我们看清我们一向对于音素现象和音素知识的混淆。[41]

　　Emic-etic 的问题，基本上并不是什么"圈内—圈外"的问题，而是人在行事中，以及人在知识中，会有不同的认知状态。这很可能是指同一个人的两种不同状态，所以派克一再强调：emic-etic 不是二分法。[42] 我想强调的是：从 eme 到 emic 中间的转换，正如从 emic 到 etic 的转换一样，是人类心智必然的多元（或至少三元的）装备。我把这种三元论的理解写成容易懂的口诀如下：

Eme-emic-etic：

Eme 是发生，而 emic 是处理；

Emic 是单元处理，而 etic 是系统处理。

对于这种关系的理解，使当今的文化心理学者不再认为"主位—客位"的区别有任何意义，或说，那种区别一定是必须超越的。[43] 但愿本地的本土心理学者们也能够作出这样的超越。而我知道，这样说会使读者有点困惑："你不是说，谈完中国就要谈美国吗？"是的，以上就已经是我要说的"美国"。如果说我们可以不受害于西方症的话，我们就得问说：为什么我们需要指认派克是个"美国的"什么学家？他不就是"我们的"吗？——我确实没说"他不是美国人，他是中国人"云云；我说的是：在咱们的谈话和讨论之间，他已经是我们的，乃至是咱们的。他所发出的言说已经进入我们的论述之中——这关于 eme-emic 以及 emic-etic 之间的系统关联知识，一旦被我们做了论述的掌握，那就是"我们的—咱们的"，是我们所属的文化论述系统之中的。我宁可说我已经是和超越文化区位的理论论述结合成"我们—咱们"，而不是和守住本位、排斥客位的教条结合成"我们"，其义明矣。

八、楔子之后

在困惑的处境之中，才会有路数选择的问题。知识本身是一桩关乎选择的事业，而在我们的知识开始之前，知识的文化有很多早就已被给定。我担心的是：文化的问题被处理成一条线性的系统，以致我们所能做的选择竟只剩下二选一：不是前进就是后退，而浑然不觉得能有向旁边跨一步的选择。我害怕"二"的危险性，所以才说"三"。其实，在我们的世界里，或至少在汉语最初形成的时代里，"三"的意思就是不计其数，就是很多很多——很多对象，兼有很多层次。我们在这里除了选择出路之外，恐怕还有关于"处境是什么"的元选择在内。我想，这样说，对于某些人也许仍是个难以理解的谜语，不过，至少我相信文化是由不断涌生的谜语所构成的，而不是一个"已然整合完成的系统"；谈文化的问题不是要谈我们该选择哪个给定的"文化模式"，而是要不断发现解谜的可能；对于"我们的"文化，我们如果也能转为"咱们的"，那就只会拥有较为熟悉的某种解谜之道，而不是拥有近水楼台的掠夺权。

让咱们一起来打拼——我是说所有熟悉的和想要熟悉的人一起来。这是当我厌倦于专业分工和领域占夺之后，在学术界伙伴之间（也就是在咱们之中）唯一还想继续谈下去的话题。

注释

1　Rom Harré（1992）. The Second Cognitive Revolution. American Behavioral Scientist. 36（1）: 5-7.

2　这个"二三子读书会"常简称为"读书会"，由学生和我偶尔发起的一种不拘形式的讨论会，开始几次之后就逐渐定期举行，每月一次，地点多半选在市区里的某个咖啡馆。自愿参加，每次人数少则五六人，多则十一二人，至今不衰。

3　斯诺（C.P.Snow）（1994），《两种文化》，北京：生活·读书·新知三联书店。这本中译本是根据 The Two Cultures and a Second Look，London: Cambridge University Press，1964 翻译版。该句引自 p.9，也见于 p.63 的作者自引。

4　在其他地方，我比较惯用"中文世界"来指称这个"社会"，但我在本文是参照杨国枢的用法，因为，我们很快就会进入他所编织的那个"社会"来谈问题。

5　所谓"现代汉语"是参考语言学家王力和马西尼（Federico Masini）的用法，王力指的是"五四运动"以后的汉语，马西尼则是说 1840 年以后，特别在于外来借词的大量进入，参 Federico Masini（1993）.The Formation of Modern Chinese Lexicon and Its Evolution Toward a National Language: The Period from 1840 to 1898，Journal of Chinese Linguistics，Monograph Series No.6。

6　至少在布鲁纳（Jerome Bruner）在他 1996 年的作品《教育的文化》（The Culture of Education，Cambridge，Mass: Harvard University Press，1996）一书中，还用"文化心理取向"（cultural psychological approach），或"文化心理学"（"cultural psychology"）（原文中的引号）来称呼当时还未显然成立的"文化心理学"一名。"文化论"（culturalism）是布鲁纳在该书中用来和"计算论"（computationalism）相对的用语。

7　在我先后几年开设的"文化心理学"课程纲要之中，曾经列出的书单里，包括了这份名单上的布鲁纳（Jerome Bruner）、寇尔（Michael Cole）、哈瑞（Rom Harré）、波特（Jonathan Potter）、拉特纳（Carl Ratner）、罗格夫（Barbara Rogoff）和施威德（Richard Shweder）等人的著作。

8　这是针对现今主流的认知科学而言的，和心理学有关的是其中的信息处理理论。

9　Cole，Michael（1996）.Cultural Psychology: A Once and Future Discipline. Cambridge，Mass：Belknap Press.

10　Jerome Bruner，The Culture of Education. Cambridge，MA: Harvard University Press，1996. 宋文里译（2012），《布鲁纳教育文化观》，北京：首都师范大学出版社。

11　见宋文里上引译书第一章的注六。

12　萨丕尔（Edward Sapir）的宣言是指他的 1924 那篇文章 Culture: Genuine and Spurious，收录在 D.Mandelbaum（ed.）（1963），Selected Writings of Edward Sapir in Language，Culture and Personality. Berkeley: University of California Press. 另外，由朱迪斯·欧文（Judith T.Irvine）所编的萨丕尔讲义"文化心理学"（The Psychology of Culture，收在 The Collected Works of Edward Sapir Ⅲ : Culture，Berlin & New York: Mouton de Gruyter，1999，Section Ⅱ）对于此论有更完整的表达。

13　施威德（Shweder）说的多种知识社群包括以下这一长串：关于意向。

14　Jonathan A. Smith，Rom Harré and Luk Van Langenhove（eds.）（1995）. Rethinking Psychology. London: Sage.

15　Much，Nancy（1995），Cultural Psychology，In Smith，Harré，and Van Langenhove，（eds.）Rethinking Psychology. p.97-121.

16　Martin Buber（1958）.I and Thou. NewYork: Scribner；Martin Buber（1965）. Between Man and Man. NewYork: MacMillan；Martin Buber（1976）. The Life of Dialogue，Chicago: University of Chicago Press.

17　杨国枢（1997），《心理学研究的本土契合性及其相关问题》，《本土心理学研究》，8，

75-120。这句引文出在 p.111。

18 这是指重读弗洛伊德的运动，大抵和《弗洛伊德全集》标准版（Standard Edition）全部出齐有关。

19 Joseph F. Rychlak（ed.）（1976）.Dialectic: Humanistic Rationale for Behavior and Development. Basel: Kager；Klaus F. Riegel（1979）. Foundations of Dialectical Psychology. NewYork: Academic Press.

20 Charles W. Tolman（1994）. Psychology，Society，and Subjectivity: An Introduction to German Critical Psychology. New York: Routledge.

21 Coulter. J.（1979）. The Social Construction of Mind. London: Macmillan.

22 Lee J. Cronbach（1957）. The two disciplines of scientific psychology. American Psychologist，12，p.671-684.

23 譬如 Thomas D. Cook and Donald T. Campbel（1979）.Quasi-Experimentation: Design and Analysis Issues for Field Settings. Boston: Houghton Mifflin.p.6.

24 Cronbach，上引文，p.672。

25 同上引文，p.672。

26 Gregory A. Kimble（1984）.Psychology's two cultures. American Psychologist,39（8），p.833-839.

27 黄应贵（1997），《从人类学的立场看心理学本土化与本土契合性》，《本土心理学研究》，8，p.181-186。

28 我了解这个字眼现在常被译为"东方主义"，在此行文脉络中，我还是要使用"东方症"，而非惯见的"东方主义"。

29 凯根（Jerome Kagan）曾对于先天条件与后天环境之间细微而复杂的关系作一场重新探究，他找到 450 名中层社经地位的、健康的、高加索种（白人）儿童，从他们四个月大就开始观察他们的成长过程，企图透过脑神经中的扁桃体反应来了解气质的发展。这个研究进行了 20 年之久，他的重要著作包括：Unstable Ideas: Temperament, Cognition, and Self（1989）；Galen's Prophecy（1994）；Three Seductive Ideas（1998）等。我揣测他当时对杨教授的问题可能是自觉到他自己的研究样本之某种"西方性"，因而要问杨教授有没有某种"非西方"的样本或理论。

这问题不一定意味着逼问"你自己有什么？"但杨教授却听成那样的意思。

30　同上引杨国枢（1998）。

31　同上引杨国枢（1998）。

32　这是指维果茨基（Vygotsgy）的心理学，以及其后受此影响而发生在各种流派之中的心理学。本文所谈的文化心理学，原是这一种思潮的第一波高潮。

33　John Shotter（1989）.Social accountability and the social construction of the 'you'. In J. Shotter，& K. Gergen，（eds.）. Texts of Identity. London: Sage.

34　只有在谈论语言中的 sign 时，才可以把此字译为"符"。

35　见 Shotter 上引文，p.139。本文作者的翻译。

36　把"符号学"字样写出来，但同时也把它杠掉而成为"符号学"这种书写方式已在本书自序中说明。

37　见上引杨国枢（1997:108）文中的表一。

38　Kenneth Pike（1967）. Language in Relation to a Unified Theory of the Structure of Human Behavior. Paris: Mouton.

39　Roman Jakobson and Morris Halle（1956）. Fundamentals of Language. New York: Mouton.

10　Pike，上引书，p.41。

41　Robert Fleppa（1986）.Emic, etic and social objectivity. Current Anthropology,27（3），p.243-255.

42　Pike，上引书，p.p.41-42。

43　我不在此细论。请读者参阅 Hede Helfrich（1999）. Beyond the dilemma of cross-cultural psychology: Resolving the tension between etic and emic approaches. Culture and Psychology，5（2），p.131-153，以及其后的三篇评论。

02

文化心理学的学科承诺：

从布鲁纳的转变谈起 [1]

一、布鲁纳的转变

若要从最接近我们航程的一位舵手谈起，我选择的是布鲁纳（Jerome Bruner）。

布鲁纳的转变是心理学中很引人注意的话题。论述分析学派的大将哈瑞（Rom Harré）曾说：这是个"很令人欣喜的讽刺——布鲁纳是曾参与第一次认知革命的建筑师，却也是第二次认知革命中的活跃分子和最具原创性的发言人之一。" [2]

学术常青树布鲁纳教授已于 2016 年以 101 岁高龄逝世，他用他自己的生命史来见证某种意义的心理学发展史。

1956 年，布鲁纳和两位合作者出版了《思维的研究》（*A Study of Thinking*）一书，用结构发展论向当时的主流，也就是行为主义和刺激—反应的学习理论，提出直接的挑战。自此而后，对于认知、思维和心智的心理学研究逐渐取代非心灵论，并且使心智的形式结构和计算机科学的人工智能理论合流而形成认知科学（cognitive science）。这就是"第一次认知革命"的结果。是的，布鲁纳在 1960 年出版《教育的历程》（*The Process of Education*）一书，更使他代表了皮亚杰（Piaget）结构理论而成为发展心理学的经典之作，[3] 但是，他在享誉 30 年之后，竟从根底上转向另一个知识典范，也就是维果茨基（Lev Vygotsky）社会历史心理学（sociohistorical psychology），及其他人文思想家的文化理论，或就以他自己的说法，叫文化论（culturalism）[4]。所谓的"第二次认知革命"事实上就是指文化论在人文科学（human science）之中的发展，它到目前都还在默默地进行中——二十几年来，有一支逐渐成形的心理学，叫作"文化心理学"，正反映了这场无声的革命。我们可以说："第一次认知革命"把认知研究带进来，然而"第二次认知革命"，却要把认知研究带出去。

出去哪里呢？用我们期待孩子成长的一句俗话来说，叫作"出社会"。首先要把心理学里的狭隘个体主义予以彻底社会化，要揉合置身在地（situated）的实践知识（practical knowledge）理论，然后要从 20 世纪语言哲学的人文研究里取出最为核心的方法论——叙事法（narrative）和论述分析（discourse analysis）——来安置这种社会化过程。这种"社会化"对心理学来说，至少有两个意思，首先，长期以来心理学被视为"非社会的社会科学"（nonsocial social science），因此，它难免会产生内在的反思动力来改变它自身的体质；其次，它更像是心理学需要"社会学化"，因为布鲁纳在提出这个转向的新名称（也就是"文化—心理取向"，或"文化心理学"）之时，他一方面建议读者参看一些属于这种努力的新作，另一方面则说这些作品的古典源流应是维果茨基、涂尔干（Emile Durkheim）、舒茨（Alfred Schutz）以及韦伯（Max Weber）。

个体性和社会化之间为什么不能各安其所？譬如说，心理学是研究个体性和心灵本质的心理学，而社会学是研究社会体制和社会化的社会学，为什么要让它们之间形成像知识进化一样的过渡关系？为了解释这种关系，布鲁纳有句箴言式的说法："心灵之独特奥秘，就在于它本具有隐私性且禀赋着主观性，但尽管它有那么多隐私，心灵还是不断创生了公共的产物"[5]——

这"公共的产物"就是指在世界之中透过符号系统（譬如语言）而保存和传达的公用知识。事实上，心理学仍是心理学，但对于"心灵"这个概念，以及心灵的那个载体，我们不能再简单地说：那不就是个人（个体）吗！不是的。社会—文化长久以来仰赖心理学来界定教育的主体。当心理学不能理解"社会主体性"或"文化主体性"的存在样态时，我们的整套知识体系也会通过各级学校教育而把我们歪曲地模塑成"个体主义"的样子。然后我们会发现个体主义和社会—文化的运作之间，有极不谐和的关系。处在这种思想冲突中而茫然无解，于是教育变成了相当虚无主义的飘渺幻境。咱们把话说得更实际一点吧：社会运作的根本机制既是合作，为什么我们的学生竟要被切割成离子化的个体，永远只能一个一个分开来考核检验？

二、译作为介

我从进入 20 世纪 90 年代之后才开始断断续续闻到这股新心理学的味道，但是我还得一直怀疑我的嗅觉器官是不是患了过敏的疾病。1993 到 1994 年之间，我有机会到哈佛大学进修一年，虽然在计划中我要做的研究隐隐约约和这种心理学有关，但无论如何，在我买到两本布鲁纳的新作《实在的心灵，可能的世界》(*Actual Minds, Possible Worlds,* 1986) 以及《意义的行动》(*Acts of Meaning,* 1990) 之后，才真正注意到这样的发展。经过十余年的探索，我发现"文化心理学"和我原来所知的传统心理学实在差距太远，也自认为无法以自己的说明把这种带有革命性内涵的转变交代清楚，因此我就一直转着一个念头：要用译书的方式来向我的汉语同胞作引介的工作。虽然我知道"文化心理学"是许多数不清路数的人文知识和心理学的重新结合，[6] 而布鲁纳也不能完全代表这种发展，但是，他在 1986 年之后出版的四本著作——即以上提到的两本，外加《教育的文化》(1996—2018)

及《打造故事：法律、文学与生活》（*Making Stories: Law, Literature, Life,* 2002）——应很能代表他自己所期望达成的"第二次认知革命"，或是他心目中的"文化（论）心理学"了。由于一场因缘和合，1999年，我的一位好友，研究儿童哲学与教育的杨茂秀教授竟然说，他正在替出版社物色一个译书人，就是要译布鲁纳这本对教育做文化心理学之重新发言的作品：《教育的文化》（*Culture of Education*）。我欣然答应，花了一年又三个月的工夫把此书译完。[7]

三、简述《教育的文化》

既然译完此书，也知道布鲁纳在文化心理学的启航运动中是一位不可或缺的承先启后者，我就从这本书来谈谈布鲁纳的事业。根据我对本书论证脉络的理解，用这节扼要的简述，也许可以为布鲁纳开启的这种文化心理学做个起码的介绍。

本书的第一章，开宗明义地用计算论（computationalism）和文化论（culturalism）的对比来说明个体主义和人工智能理论在教育上根本行不通之处。计算器，就是俗话说的计算机，已经轻易取得了当代知识的主导地位——不论就知识处理的技术来说，或就它所形成的隐喻来说皆然。我这样想：如果我们去买计算机，我们知道每一部计算机是用许多零件组装而成，然后我们给它"灌进"需用的软件，测试它的各种功能，没出问题，这就成交了。但你怎么知道它没问题？因为测试有个标准程序，既然能通过，就是没问题。那么你怎知道那个程序是标准的？各零件、硬件和各使用软件之间连接得是否正常，在屏幕上是否可以完全表现。这整套关系形成一种"完整形式"（well-formed），所以我们把它定义为"标准"和"没问题"。在一定的程序和有限的表现上，就可以看出来——这是"每一部"计算机测试的基本逻辑，不可能有例外。但是心灵的硬件、零件是什么？它被灌进了什么软件？你又从哪里看出它的表现？这里的每一题的答案都是不确定的。而最糟的是，在企图测试之时，连品控师都不得不承认，他要测试的对象总是会不断反映着测试者的自己——在测试者和被测试的对象之间，通常没有确定的标准，也没有所谓"完整形式"的字典或测试手册可以翻阅。即使勉强编出这样的手册，那编者还是得承认，这只是"不完整"或永无完整性的参考文件而已。在心灵的品控师和对象之间不可能有测试（testing）的关系，而只能有关联（relating）和摸索（exploring）的"不完整"关系——人必须用意欲（intention，或译"意向"）来超过他自己，然后和他人的意欲（意向）形成交互贯联的关系，而在意欲和意欲之间，也就是在心灵和他者心灵（other minds）之间，只有不断摸索，不可能会有确定的关系。

关联和摸索的关系方式，在人类之间就叫作"生活在一起"，或叫作"社会—文化"。有一种特别的"社会—文化"生活，是专指发生在上一代和下一代之间，那就是养育（rearing）。而经过特殊的分工之后，我们把其中的符号性成分区分出来，用特殊的社会体制来加以经营处理，大概就是"教与学"（teaching—learning）的样子，但通常会有个更抽象的系统名称，叫作"教育"。而即使是这样说，也是要强调这过程一点也不简单，至少不是像生产线（组装线）那么简单——用一条线就可以直指向目标。教育是社会体制，是文化的自我摸索和自我生产，所以它会经历一些生活者对自身的定义，这是在"民俗理论"（folk theory）里头可以看出来的。而我们的种种教育理论模型就是建立在民俗理论根植的前提之上。要随着民俗理论的教育模型来做综述时，也会发现它们的"目标"各自相异，很难确定，甚至充满着相互悖谬的关系，譬如特殊主义—普同主义、个体智能—文化工具学习、开发创造—复制传统等几套悖论，以及永远的争议，这就是《教育的文化》第二章到第三章的逻辑。

回到文化心理学的重新反思，教育的起点确实包含着个人的能动性（agency）、反身自省（reflection）以及人类的公有文化、协同合作这些理念之间的关系。所以第四章要把这些关系重新整合成一张理解教育的全图，并且用时间的延续来作为整合的基础。最重要的时间是现在，而不是过去——因为参与过去就是进入已经形成的固定意义，而参与现在则当下面临了意义的不确定。对"现在"的重新发现，也就是理解人如何和他的文化有"置身在地"的关系，会因而发现文化之不断处于形塑之中的样貌。对于"置身在地"的当事人而言，他是和"未来"形影不离的，但布鲁纳不说那是"未来"，而称之为"可能性"（the possible）。在教育中，以当前问题为教材，用文化所能提供的一切装备和社会一切的组织合作方式去对付问题，那才是时间延续和文化整合的教育。

反思之后的教育所重者不在于个体心灵的表现，而在于发现人类心灵具有"从我至他"的一贯脉络。心灵和"理论"是一体两面。理论就是建构的理解，而理解有两种不同的形式，那就是因果解释（explanation）和意义诠释（interpretation）。教育之中的学习不只是学习客观的事物，学会事物之间的因果关系；还要学习"学习本身"，也就是用理论的理解来学习心灵的理论，用诠释来学习事物如何被赋予意义，简单地说，这就是"以心学心，知己知彼"。一旦有此可能，于是自我之心和他者之心就会具有同形同构的关系。这是元认知（meta-cognition）的问题，也是第五章的核心。

"计算论—文化论"以及"解释—诠释"这样的对比，很容易让人联想起"量体（quanta）—质体（qualia）"的基本对比问题。当然在通俗的理解（也一定是一种民俗理论吧？）之中，甚至还会以为这就是"科技—人文"对比的问题。这种谈法已是每况愈下，不知所终。布鲁纳认为：如果科技是心灵的问题，是教师和学生心灵之间交会的问题，那么科技无论如何是得在某种非科技的理解方式中存在。科技本身的解释语言是特殊的人工语言（譬如数学），但叙述科技的语言则是日常语言，而它的方法是叙事法（narrative），也就是讲故事的方法。以故事结构为衬托，才会有科学内容的存在。那么故事是怎么讲的？叙事法可是人类文化的一大成就——早在科学诞生之前，人类就一直在讲故事，也靠着讲故事来传递文化生活的种种理解，包括神话、历史、法律和哲学，莫不如此。于是在当代文学和史学理论的捉摸下，叙事法的真髓益发为人知晓。第六章到第七章的脉络告诉我们，叙事法有哪些重要的窍门，以及怎样能让叙事法成为教育者真正的看家本事。

置身在地的经验还孕育了一种比理论更为细腻的知识——实践的知识，或说是行动中的知识。这种知识并非特别和理论知识有别，而应该说：在心理发展的过程中，最先发展的应是行动中的知识，后来逐渐生出替代行动的知识模式，最后生出符号性（包括语言）的替代，完全可供作理论之用。这是第八章所要谈的意思。

最后一章，布鲁纳回头看心理学本身的发展。他以"生物性的限制—文化建构—置身在地的实践"这样的三角模型来总结自己的理论，也说这就是他所倡议的"文化心理学"。对生物性条件限制的重视，呼应了文化心理学之前的心理学，但是加上文化建构的理解，使心理学开始走向社会化的"下一页"，而实践知识则又更进一步把知识主体和主体所在的文化—社会脉络连贯成一气。布鲁纳的预言是：下一世纪的心理学必当如是。从某一角度来说，这样的话又必定是一位功力深厚的学者在晚年的化境之中才能说得出来的，不管他是不是美国人。

四、第二心理学

布鲁纳在这本书中曾经提到，有些心理学家还转变到更为基进的（radical）文化论，譬如格根（Kenneth Gergen）和哈瑞，而根据我的了解，后面这两位所代表的是后结构主义思想潮流下的社会建构主义（social constructionism）和论述心理学（discursive psychology）。在当今的文化心理学发展中，他们和布鲁纳一样受人瞩目，甚至更代表下一代文化心理学的尖端发展。1996 年在英国创立的期刊《文化与心理学》（*Culture and Psychology*），[8] 事实上几乎可说是建构主义和论述心理学以及经历过语言学转向（Linguistic Turn）之种种的心理学天下，而美国的"文化心理学"似乎只是其中的一个支流。我从 1995 年决定开授"文化心理学"课程时，确实是以较为基进的格根和哈瑞来开头的，因为我记得哲人培根（Francis Bacon）说过：你想把已经偏斜的杆子校正，那就一定得用矫枉过正的办法，才能使它弹回原位。在那段时间，很多新心理学冒出来，哈瑞等人主编的《重新思考心理学》（*Rethinking Psychology*）[9] 一书正反映了那时候百家争鸣的情景。但这些心理学都带有一种意味，我用一位维果茨基的信徒寇尔（Michael Cole）来说明——他把文化心理学称为"第二心理学"（second psychology），[10] 我相当同意，因为它表明了从原来的"第一心理学"中脱胎换骨，而不再属于同样知识体系的意思。施威德（Richard Shweder）更是打开天窗说亮话：文化心理学不是普通心理学（general psychology），不是跨文化心理学（cross-cultural psychology），不是心理人类学（psychological anthropology）、也不是民族心理学（ethnopsychology）。那么，在施威德心目中，文化心理学是什么？那就是通过以上四种"不是"而形成的某种转向（其实就是语言学转向），它形成一种"重新萌生的学科"（reemerging discipline），[11] 它反对柏拉图式普同主义的心灵论，反对心灵统一体（psychic unity）的想法，也反对心灵是人体中的中央处理器（central processor）之说，而主张迈入个别生活脉络（也就是文化）中，去寻求心灵的种种特殊表现。这意思是说：只有在文化实践之中的心灵，而没有可以从文化脉络中特别抽取演绎而出的心灵抽象物（譬如所谓的"心理变量"）；只有在意欲之中的心灵，而没有不动的心灵；没有不在文化中却能行使有机功能的"有机体"。这些脱胎换骨的主张确实是彻底的——所谓"基进"者，正是这个意思。

相对而言，在我看来，布鲁纳所发展的就不是那么基进的论述。他强调解释和理解是两种各自成立的思维模式，而皮亚杰和维果茨基是两种互补的典范。[12] 除此之外，对于生物天性的因素，他认为必须保留。不过，这并不是折衷主义。在这样温和的表面之下，布鲁纳其实都表示了两种坚持：首先，后者不能化约为前者，理解不是解释的暖身操，维果茨基不是皮亚杰的衍生物；其次，我们之所以能看出第二种、第二阶的性质，是以第一种、第一阶的知识作反身自省的结果。就拿"生物性"的议题来说吧，文化论者不把生物天性视为人类发展的上限，而是下限。人类生来是未完成的动物，只有靠文化才能把自己制作完成。这样的论述方式，虽然并不基进，但可称是谆谆善诱；虽然语不惊人，但却一直坚定地导向那场无声的革命。

所以，有此理解之后，我也开始把彻底文化论的论述基调转换成较为温和的演奏。譬如说，我决定要在我的课程里增加一些关于灵长类研究的单元，让学生一边观看黑猩猩、倭黑猩猩（the Bonobos）的行为，[13] 一边想想文化从哪里开始。

五、从第一界到第三界

"文化心理学"原是个标准的美国心理学现象，因为在欧洲早已有文化科学、哲学人类学、唯物辩证法、诠释学、符号学、现象学、精神分析等传统的温床，所以"文化心理学"这个字眼对欧洲学术圈而言应是画蛇添足的。[14]但我们还必须知道，"心理学"从某个意义来说，在目前就代表着"美国心理学"。

这里我要提出一个有趣的观察：文化心理学在美国的"脱胎""叛逆"，以美国的"第一心理学"为对象的。那么，这两者之间究竟是对抗性的关系？还是会有更进一步的合作关系？在我们还没看到足够的证据之前，我们对此关系的发展肯定应是投注关切的。[15]马奇（Nancy Much）曾说，每一种心理学在开始发展时都是该文化里的本土心理学（indigenous psychology），但当今产生的这波"文化心理学"，其实在知识性质上是"超文化心理学"（transcultural psychology）的意思。[16]我们必须注意的是：和强势文化站在对面而力图抵抗，或是站在本文化中对文化本身的脉络提出置身在地的反思和理解，其结果常会不同。我们的"本土（化）心理学"里，似乎一直在强调前者，却鲜少对后者加以深思。因此"超文化"的字眼可能会让那些持着"本土主义"的人士觉得相当不解。

布鲁纳这本书，先当作是美国的本土心理学来看，应是很合适的，但看完之后，我们也许会对于自我批判增加一点必要的了解——至少可以从强调实践的"教育"那种文化里展开——并且还会反身自省地了解：文化心理学必然是以本土心理学为基础而产生的下一步发展——它必须发展为超文化心理学。对于这一点，我们可以把布鲁纳讨论"民俗心理学"（folk psychology）的方式重新摊开来检视一遍，应该不难理解此中道理。

布鲁纳对于民俗心理学比较集中的讨论，是出现在他的《意义的行动》（Acts of Meaning）一书。[17]他的说法是：任何文化在不经过学院式讨论之前都会出现某种对于内心—外界"两分的"心理学概念，而这些概念会变成某种常识，或某种预设（presupposition），用来决定其他种种概念。但在这二分法的结构之外，还会产生某种"中介"的领域（布鲁纳称此为"第二界"，相对的，内心就是"第一界"，而外界就是"第三界"）。各个文化对此领域的认知深浅和多寡都会有很多差异，因此，当我们对原有的二分法结构有所知悉之后，我们要设法了解其"第二界"的实际内容，甚至要为原先所缺乏的了解补充其内容，譬如从第一界到第三界之间的交通究竟是透过超自然的方式、人文沟通和想象的方式，或科学假设和考验的方式等，而这样的补充可以包括厘清，也可以包括改写。于是经过这道手续之后，原先的"民俗心理学"就会转化为"文化心理学"。至于这种转化为何会发生，我们很难用民族文化的本土性来解释，而必须将它放进社会—历史进化的过程——特别是不同文化间的接触过程——来理解。这种民俗心理学的讨论最有助于我们判断"本土心理学"究竟是不是"文化心理学"的地方，不在于区分所谓的"本位—客位"，而在于揭示那个"第二界"之必然存在——无论你对它是有意识或无意识。

杨国枢的理论似乎只想为这样的命题提出辩护："华人最懂得华人自己的心理"，但在这理论中，"谁最懂"的问题被他分成八个有等级的类别，其中对于"契合"的概念只解释了"熟悉程度"的问题，而完全不涉及文化诠释的方法论问题。譬如，只凭"熟悉"怎样能保证对于文化象征结构以及意义系统可以得出最适当的解读？文化不会有诠释权力（发言权）的阶层差异，以及文化中人的自我误解问题吗？

问题就这样提出了，一方面，汉语中和"心理"相关的语词可以直接拿来当作理论概念，譬如"情""怨""孝""报"等，或甚至一些外来的"社会取向""关系主义"之类的社会科学用语，都不必讨论其在汉语的历史语境中如何形成、如何使用，甚至其中所带有的价值意蕴究竟是值得发扬还是值得批判等。在另一方面，就是牵涉知识论、方法论的问题——我在上文说过了："本位—客位"已经是个表错情、会错意的讨论方式，但黄光国的辩白却说他曾经对此做过很认真的"科学哲学"探究，得到的正确答案是要以"建构实在论"（constructive realism）取代实证主义——但这种建构实在论明明是取自西方科学哲学的贡献[在此，很具体地说，就是维也纳学派的威尔纳（Fritz G. Wellner）]，为何可以称此为"本土心理学"？而杨国枢常使用的一种老套人格心理学理论[即卡特尔（Raymond B. Cattell）的那种人格特质论]也是尽人皆知的"美国心理学"，所以，这些怎能称为"本位理论"？

六、语言的双面人性格

严格来说，"文化心理学"在现有的心理学学术建制中还算不上是一门"学科"，而比较像是一种"学说"。具体的证据是：即使在美国学界，至今也还没出现一本可以作为大学本科教科书的"文化心理学导论"之类作品，[18]所以，就学科而言，它顶多是个"发展中"的学科。但我们要谈的重点在于知识本身的"承诺"问题。对此，布鲁纳有一种讨论的方式，是出现在《实在的心灵，可能的世界》（*Actual Minds, Possible Worlds*）一书中的第九章"教育的语言"（The Language of Education）。文中叙述了一名女生在听到他所主张的"任何题材都可以教给任何年龄的儿童，假若我们能采取某种诚实的知识形式"之后，采取相当积极的态度逼问道：如何才能保证那种知识形式是"诚实的"？布鲁纳承认他用了自己以前说过的一些教学程序和方法来回答问题，但事后，他自己觉得非常心虚，因为他知道那不是那位女生想要的答案。而他的想法是：我们必须回到"语言"本身来回答这问题。我们使用的语言其实都具有"两面人"的性格（也就是说：不容易用"诚实"与否来形容它）。语言一直是同时具有双重功能的：它一方面是一种沟通的模式，另一方面就是它所代表的个人世界观之如实呈现。

为了要具体说明这个意思，他引用了法国作家罗兰·巴特（Roland Bathes）写的一篇短文《法国玩具》来呈现，大意是说：法国小孩所玩的玩具，除了极少数外（譬如积木），大多数都是在呈现大人的欲望、大人的需求、大人对世界的理解，并且一概是采取"消费者"角度来获取以及使用那些玩具，战争、官僚、美丑、外星人等。孩子们不只是在玩玩具，他们得同时"消费"这种"沟通工具"中所承载的整套世界观。所以，所有的法国小孩将来长大后就自然会成为一个个加味调理的法国世界观和法国自我。布鲁纳对于罗兰·巴特这位"精雕细琢的自嘲大师"除了赞扬有加之外，当然也立刻知道了美国人和美国教育的问题。我们都只看到教育语言的一面，而忽视了其另一面。法国也好，美国也好，对我们而言，重要的理解一定也会在反身自省中呈现出来：我们所说的华人、中国人或本土，我们所使用的汉语本身，到底携带了多少不能被我们自己用"自嘲"来发现的世界观？我们恐怕都是汲汲于利用"华人心理学""中国心理学""本土心理学"这些名义来发扬自己的优美文化，却不太会同时反思这些文化内容里可能隐含的偏见和盲点——一旦我们真的同时发现这些问题，那么，我们不得不把以上所有的"发扬式学科"提升成为他们必然的"下一页"：文化心理学就是为了要超越传统思维的限制，而迈向更为"诚实"的文化——也就是说，我们要让学问发达到这样的程度，才能说它是在完成它自己的承诺。

关于"学科承诺"，我们还需要最后一个说法——能"承"担知识发展，能给出思考的"诺"言者，并不总是已经完成建制的学科，而是在思考中的学者。譬如布鲁纳这位老教授，他在《教育的文化》一书六、七两章所谈的"叙事法"，总有些读者和评论者认为是虽有表达但意犹未尽。于是，布鲁纳在六年之后，集结他在纽约市立大学法学院的授课心得，对叙事法的问题再做了一次更彻底的发挥，让叙事法成为解决文化冲突的一种基本手段：

任何一个人类文化，在其本性中，既是对于社群生活（之难题）的一种解决之道，而隐含在此之下的，则是对于生活在此（文化）界限之内者所提出的威胁与挑战。如果一个文化要存活下去，它就需要一些手段来处理这些埋在社群生活之下的利益冲突……。[19]

这种学说，对于想了解自身所处的文化者而言，具有普遍意义，而不论这是美国教授、法国作家所提的理论，一旦我们有所理解，我们也就同时知道了他们是在承担什么知识，以及给出什么诺言。这样的承诺，让我们更能理解自己的文化，所以我们只要能读到这样的书，我们就是文化遗产的受益者，也是继承人。

注释

1　本文的节缩版曾刊登于北京《民族教育研究》（2010），21卷，6期，p.23-29。并被改题名为《当代文化心理学的缘起及其教育意义：美国心理学会前主席布鲁纳教育的文化评述》。

2　Rom Harré（1992）. The Second Cognitive Revolution. American Behavioral Scientist，36（1），p. 5-7.

3　这本书已有世界多种语文的翻译，布鲁纳被视为皮亚杰理论的代言人，在教科书上到处都可看见。

4　"文化论者"（culturalist）这个名称最先的使用者其实是萨丕尔（Edward Sapir），在他的《文化心理学》（*The Psychology of Culture: A Course of Lectures*，J. T. Irvine ed.，New York: Mouton de Gruyter，1994）一书中。布鲁纳的著作中曾偶尔提及萨丕尔，譬如在《意义的行动》（*Acts of Meaning*）、《教育的文化》两书中，但有多次引述过萨丕尔和他的弟子沃尔夫（Lee Benjamin Whorf）所合作发展的"萨丕尔-沃尔夫假说"（Sapir-Whorf Hypothesis）。

5　Bruner，J. S.（1997）. Celebrating Divergence: Piaget and Vygotsky. Human Development，40. p. 63-73.

6 布鲁纳在他和海斯特（Helen Haste）合编的 Making Sense: The Child's Construction of the World（London: Methuen，1986）一书之导论中，已经谈过这些复杂的源流。而施威德（Richard Shweder）对于源流的问题还做过更复杂的说明，见 Shweder, R.A.（1991）. Cultural Psychology: What Is It? In Thinking Through Cultures: Expeditions in Cultural Psychology. Cambridge，MA.: Harvard University Press，p. 363，n. 13.；以及 Shweder，R.A.（1991）. Cultural Psychology: Who Needs It? Annual Review of Psychology，1993，44，p. 497-523.

7 本书中译本的初版为宋文里译（2001），《教育的文化》，台北：远流出版社。

8 Culture and Psychology，London: Sage Publications.

9 Smith，J. A.，Harré，R.，and Van Langenhove，L.（eds.）（1995）. Rethinking Psychology. London: Sage.

10 Michael Cole（1996）. Cultural Psychology: A Once and Future Discipline. Cambridge，Mass: Harvard University Press.

11 Richard A. Shweder（1990）. Cultural Psychology: What Is It? In James W. Stigler，Richard A. Shweder，& Gilbert Herdt（eds.）. Cultural Psychology: Essays on Comparative Human Development. Cambridge: Cambridge University Press. p. 35.

12 Bruner，J.（1997）. Celebrating Divergence: Piaget and Vygotsky. Human Development，40，p. 63-73.

13 有两部美国国家地理（National Geographic）出版的影片，我视为重要参考读物：Among the Wild Chimpanzees（《情同手足黑猩猩》）；The New Chimpanzees（《黑猩猩》）[（按：这部片子的中文译名是错误的。译者不知这应是"新种的猩猩"，旧称"倭黑猩猩"，现已更名为"巴诺布猿"（the Bonobos）]。

14 文化心理学的代表性刊物《文化与心理学》（Culture and Psychology）出版于欧洲（英国的 Sage Publication），在欧洲有些和文化心理学相关的研究机构大多不叫作"文化心理学"，而用的是更细致的名称，譬如英国的拉夫堡大学有个研究中心叫作话语心理学（Discursive Psychology）。唯一的例外可能是荷兰奈梅亨大学（Nijmegen University），就直接叫作文化心理学研究小组（Cultural Psychology Research Group），因为他们认为他们自身的起点是早在 20 世纪 50 年代就已有此倡议，比起目前这一波在 80 年代的发展早了将近 30 年。

15 《本土心理学研究》第六期（1996 年 12 月）的特刊标题是"文化心理学的探索"。该刊中有余安邦、余德慧两位撰写的评论。前者强调文化心理学与文化人类学以及心态史学的关系，后者则带有浓厚的现象学色彩。对于后者，有些批评者表现强烈的不以为然，而后当然也就引起一些必要的反击。这样的争论在中文的心理学或社会科学期刊中算是刚开始的起点。在此之后，学术界显然有一阵子的热烈争议。

16 Much, Nancy（1995）. Cultural Psychology. In Smith, Harré, and Van Langenhove（eds.）. Rethinking Psychology，p. 97-121.

17 参见 Bruner, J.（1990）. Acts of Meaning. Cambridge, Mass: Harvard University Press.，我的建议是译为"意义的行动"，原译名"有意义的"乃是对于 meaning 一字过度翻译的结果，而把 act 译为"行为"则绝对不如"行动"更贴近于作者原意。

18 最接近于"文化心理学导论"的教科书式作品在此可举两例：Michael Cole（1996）. Cultural Psychology: A Once and Future Discipline. Cambridge Mass.: Harvard University Press；以及 Jaan Valsiner（2007）. Culture in Minds and Societies: Foundations of Cultural Psychology. New Delhi: Sage Publications India. 我都曾经采用为研究所的教科书，学生读来仍多感到吃力，因此还不适合在大学部的课程中使用。

19 Bruner, J.（2002）. Making Stories: Law, Literature, Life. New York: Farrar, Straus and Giroux，p. 92.

03

文化与主体：

文化心理学的反思

一、四位大师

我从 1996 年起开授"文化心理学"课程。在此之前将近十年的时间，我先后阅读了几位原创思想家的作品，这才肯定要迎头赶上这股新兴的心理学思潮。在文化心理学滥觞以来，至今在全球已出现不少启航性的论述。我看出此一航程至少有四位最具启发性的先师。[1]

1. 萨丕尔（Edward Sapir），他在耶鲁大学客座的年代（1931—1937 年）第一次开设了"文化心理学讲座"；

2. 苏联的维果茨基（Lev Vygotsky），在 1925—1934 年自行创立了一系列历史—文化心理学的研究和理论，其中两本较早译为英文而广为人知的著作是《社会中的心智》（*Mind in Society*）以及《思维与语言》（*Thought and Language*）；

3. 剑桥的哲学家维特根斯坦（Ludwig Wittgenstein），在他最具影响力的《哲学探究》（*Philosophical Investigation*）一书之外，还有一套遗作《心理学哲学述论》（*Remarks on the Philosophy of Psychology*），将语言哲学的难题交织到心理学的许多前提预设之中；

4. 普尔斯（Peirce）最早将 semiotics（我很反对此字的译名叫"符号学"）的问题全面铺设出来，从他的全集中选出的《普尔斯：论征象》（*Peirce*: *On Signs*）❶ 是其中最精练的读物。[2]

文化心理学一开始就包括了民族心理学（ethnopsychology），相当于"民俗心理学"（folk psychology）之类的议题，但根据施威德（Richard Shweder）的说法，文化心理学必须超越这些个别文化的研究，以"超越文化"的（transcultural）视野来思考文化对在地人以及对人类意义系统的问题，因此，文化心理学不会停留在民族心理学及跨文化比较的研究限制之中。

在 1991 年我开设"文化心理学"课之后十年，写下《第三路数之必要》（2006）[3] 一文时，已经鲜明地表示：我既不看好，也很难再支持"本土心理学"的发展。因为这悖离了我所知的文化心理学研究宗旨。其中值得注意的是一个看起来很小的问题：我原以为这种"本土心理学"使用的英文应该是复数形式（如希勒斯和洛克那样的"indigenous psychologies"），而不是单数的"indigenous psychology"——这"单数 - 复数"的问题已经被人提起多次，但似乎总是没对上问题的核心。而当我们要谈"问题核心"时，那就再也不是个小问题，因此，我的话题要从此再度拉开。

二、重重障碍 & 危机

单数的本土心理学标定了一个族群作为研究范围，所标定的当然就是自己所属的族群。本来，任何地区发展的（单数的）本土心理学都可以自成一格，这不是问题；但我发现的问题状况却比这要严重得多。

---

❶ Peirce 这个名字的读音同 purse，不是 Pierce，故不应译为皮尔斯；signs 绝对不等于"符号"，故改译为"征象"。

1. 当一个研究群一直不能跨越单一族群限制，和其他各种本土心理学对话，这已经把"跨文化比较研究"排除在外，其中隐含着认识论障碍（epistemological obstacle）；

2. 这个研究群甚至不与不同文化以及本土之内的各个亚文化对话，这就是对他者无知，不顾"自我反思"的研究方法，形成了也缺乏自我批判的本体论危机（ontological crisis）。

这重重障碍与危机的发现使我开始怀疑：像这样的研究群，不论是自觉或不自觉，是否意图发展出一种用研究来自说自话，而不以对话作为研究的基础？若是如此，像这样的"单一族群主义"，不论该族群的涵盖范围有多大，表面上都可称为"自己的文化主体性研究"——果然，这个"自己"就不疑有他地被等同于"华人"了。（请注意："华语"和"华人"是显然有别的概念，一字之间的毫厘之差，失之千里矣。）

当我们习惯于日常用语，把"社会""文化"都当作某个族群，甚至某个地区、国家的同义词时，我们确实已经把那两个语词都实体化了。我并不反对这样的习惯用语叫作"方便之词"；但在更进一步的深度探讨中，我建议要采用存而不论之法，把日常用语中的习惯先予以悬搁。严格来说，文化不会，也不可能是什么"主体"；最多，我们可说文化有其"主体性"，这就比较接近于我们本来想要强调的文化主体功能，或自主作用——文化是一种恒动的状态，不会停下来摆个身段，就像现代量子力学对于物质的微粒子理解一样，任何一位科学家都不可能叫它来一个暂停，好让你能确确实实地描绘或拍摄出它的身姿。恒动的微粒子只能做一个或然（概率）的估算，而不会让你描述出定然（精准）的样貌——在这样的认识之下，甚至必须推翻"微粒子"的物质理论。我们对于文化也必须作如是观，换句话说，想讨论文化和主体，我们只能说它有主体性，而不能以"文化主体"之名来为它偷换一个不能成立的实体。

三、反思、能思与所思

"偷换实体"的问题是很多本土论者共有的难关，反过来说，当我们在强调文化的主体性就是意指文化是人类活动的整体综合，而其中最鲜明的主体就是"话语主体"（speaking subject）。这和观察文化所表现的风土人情、文物习惯，基本上是两回事——前者强调动态，后者则一直强调暂停。换言之，对于"文化"的议题，前者的要点在于"华语（汉语）"，而后者则强调"华人"。我们之所以要做此区分，就起于这样基本的疑问：我们研究的究竟是"华人"还是"会讲华语（汉语）的人"？——会讲华语（汉语）的原住民并不自称"华人"（汉人），由此可知"华人"并不是文化心理学不证自明的名称。

这样的说法就好比在问：心理学对于反思，究竟是在乎"能思"本身，还是更在乎"所思"的对象？譬如人对于杯子的认知——对心理学而言，其要点是在"认知"（主体功能），还是在"杯子"（客观对象，即"客体"）？——但这么基本的问题，在杯子变成餐具、餐饮行为、饮食习惯、饮食者动机、菜饭的定义等复杂对象时，心理学常常守不住它自己的任务（认知），而会跟着对象起舞。或者，如果它真守住了任务中的要点，却常会以另一种实体化（reification）来把问题转变成：认知者甲和认知者乙的所知（"客体"）有何不同——这其实是一样的毛病，就是仍然落入了"对象"的圈套，而不再关切心理学自身的知识任务了。

说到这里，我们也可以准确地回到本土心理学发展史上的一个公案：在引进语言学、人类学所讨论的"emic-etic"之别时，本土心理学把这对语词翻译成"主位—客位"——它是一种误译，亦即一种过度诠释（over-interpretation），严重偏离了语言学或人类学的原意——而在此基础上展开其大业之时，它已经在望文生义、以辞害意地说出了它的预设立场：它所在乎的就是在"主位"上的实体对象，而非在客位上的"外来理论"。文化就等于风土人情在"主位"舞台上的表演；至于"客位"的舞台，它根本不曾用"以客为尊"的态度来对待。实体化既已有了个如此坚实的"理论依据"，它还何需再考虑主体性的进一步问题？

但是，"emic-etic"到底算是什么理论依据？首先，这个外来理论根本不能叫作"本土""主位"，其次，这原来是用来区分话语层次的理论，它的来源和本土理论无关——为何在翻译成"主位—客位"之后，会立刻不言自明地把前者（emic）视为本土的天使，而让后者（etic）变为外来的魔鬼？

四、二分法的误解

对于"emic-etic到底是什么理论"的问题，我在先前作品（《第三路数》一文）中已经做过充分的批判诠释，本来在此也不必再加赘述了，但是，在读过马库斯和费雪（Marcus & Fisher）的《文化批判人类学》[4]之后，有一点心得，可进一步拿来说明"天使—魔鬼"式二分法的含义，以及"主位—客位"二分法的误解何在。

马库斯和费雪特别说明了etic是指某种脱离文化脉络的理论，不适于解释文化的在地意义。但在此并没有说明：和文化脉络较为亲和的"emic现象"如何可以成为任何"理论知识"。我们只知道使用"emic-etic"的区分可以说明有些理论的去脉络化（decontextualization），同时也可达成对于该理论的批判，但当马库斯和费雪说这组"emic-etic"的区分概念很接近于格尔茨（Clifford Geertz）所用的"近接经验（experience near）—疏远经验

（experience far）"的区分时，我们却知道枯尔茨从未使用这组区分来说明"某理论是否适用于解释在地经验"的问题。于是，对于最早提出"emic-etic"区分的派克（Kenneth Pike），我就很怀疑他所说的"emic approach"在理论形成上是否已构成了自相矛盾的难题？

我认为既然叫作 emic，指的是 emic 经验，就不会是"emic 理论"。只能先把"emic 经验"转变为 emics（亦即"emic 学"，学说或理论），之后才能作出"emic 理论—etic 理论"的对比。矛盾之处在于：为什么在地的"emic 经验"会转变为"emics 的学问"？

"百姓日用而不自知"本是在地知识（local knowledge）的常态，而当在地人试图从"不自知"转变为某种"知"的时候，那也不表示他们已经成功地达成一种可以与 etic 理论相提并论的层次——这是许多研究"ethno 理论"的人都知道的事实：譬如拿药理的土方相对于制药的理论来说，常是不可比较的，这不是药方是否适用于治疗在地疾病的问题。

还有，什么叫作"适用"？这难道不是另一个更需要批判诠释的问题吗？这里所说的"emic""ethno-"，真的可以称为"主位"吗？它自然等于"主体性"或"自主性"吗？我们对于这个问题作出的回答应该说："正好相反。"——难怪本地人自己也必须发展出某种自我批判，譬如在传统文化系统中发展出"圣—巫"之别，虽然这有别的两者都可视为"在地的"（本土的），但他们之间已形成内在拮抗的局面，无论是表现为认知差异或阶层差异皆然。我们所谓的"主体性"究竟会落在"拮抗局面"中的哪一面？我想我就把答案留给读者吧！而当我们在接触到这种差异的状况时，只把"emic-etic"的区分拿过来套一套，那就是完全失去批判思考而变成不知所云了。

实体的有无，在此也无助于区分，而只会说：两者都属文化实体。那么，能够辨别实体之间的区分者，必属另一个理论层的问题——本土心理学对此，亦即同一文化内部何以产生相抗的差异实体，可曾有过任何超过"主位—客位"的其他说明？

五、

以下一段取自彭凯平与钟年主编之《心理学与中国发展：中国的心理学向何处去？》一书中的引言里都已做了明白的评述，摘之如下。

1. "本土心理学"发展策略之一，先力求能在国际学界上站得住脚，并以此吸引与带动年轻学者的投入。其典型的做法，大抵是将本土现象当成素材，以西方主流承认的量化方法，揭露出本土世界与欧美世界间的差异，将差异处之本土心理现象构念化（constructivilization）与理论化（theorization），再将此理论回推至欧美世界，展现该理论在欧美世界的适用性。"本土化是台湾学者的提法，大陆学者更喜欢称之为中国化取向"（许燕[5]，2010）。

2. 整体而言，不论称为本土化或中国化，这支路线虽然"已经提出了许多具有中国特色的本土化概念，而且有些研究成果具有一定的国际知名度，但是还不能吸引并激励其他不同文化背景下的研究者采用这些概念……（目前）尚没有任何一个本土化理论框架能在国际上产生广泛影响。"（梁觉[6]，2010）。

在国际影响之外，"本土心理学"对于在地文化又有什么影响呢？观察一下，自有"本土心理学"以来，虽然曾经研究过"族群认同"问题，但所有的文献都不曾具体研究本土的各方言语族：闽南、客家、原住民、新住民，甚至不同的性别族群也全都不是它的实证研究对象——而这个"不研究现象"本身也从未成为"本土心理学"的议题——不过，有位社会学者曾经很明确地指出："本土心理学"心目中的研究对象，其实是指"一百五十年前的华人"，因此跟当前的中国人，以及海外华人，不论男女，不论族群，全都无关。简言之，这就一直是个虚构的、偷换的文化主体。讨论这样笼统而虚幻的文化主体，你能期望它产生什么影响？

以此而言，我们所在乎的究竟是：

1. 要让"华人"在国际学术舞台上亮相？

还是在乎：

2. 使用"华语"（正确的语言学术语应称为"现代汉语"）来让自己对任何文化议题都能作精细的理论思考？

六、如何用现代汉语分析文化主体性

怎样用现代汉语，而不是英语，来分析文化的主体性——这究竟是站在"本位"还是"客位"而发的问题？

为什么我们一谈到"分析"，就要怀疑它是外来的而不是本土生成的？一谈到"理论"，特别是元理论，我们就得用"本位"来把它排挤成"客位"？这样的发问方式不就是"主体性"的基本表现吗？而我"主体性发问"想问的其实是两个不太有自觉的大哉问。

1. 整套现代汉语（形成于 20 世纪初）之中的理论语言，最初大多是取自日本的汉字借词，目的是便于转介西方理论。我们自此即已陷入失语症（aphasia）的泥淖；在此之后的发展就是对于西方语言所作的新语症（neologism）式的瞎摸，在此过程中从未产生不仰赖西语的汉语理论新词。[7]汉语本身到底经历了什么样的文化熬炼，新语症是不是失语症之中常有的症状？要怎样讲话才会使新语症变成一种能够成形的话语呢？[8]

2. 除了语言这种大规模的文化系统之外，还有文化本身在发生当下的问题：我们在日常生活中常常是漫不经心，没有对文化根本的经验投以特别的注意，以致永远都在错失表达的第一手机会。

于是，我们试图努力用"在地化"来对我们的文化着手进行分析。但在此，"吾土吾民"（风土民情）常变成一个被冤枉的文化主体，因为我们只顾一直凝视着"土"和"民"，竟让那个"吾"都给支支吾吾掉了。吾土和吾民都不等于我们的文化和话语。站在本土讲本位的话语，那就不是你我之间的对话，而更常是指一种对外宣告，也常是罔顾自身作为一个异质集合，而以为这个宣告的讲话方式可以代表集合的全体。这样的语言绝非"心理治疗"或"咨询"可以托身的所在。语言是我们的居所，我因此而必须提出一条"在疗遇（healing encounter）之中的寻语之路"，[9]来作为它可居可行的动态空间。

七、语言学转向

语言（广义的意指与表达）和思想的关系，正是 20 世纪下半叶展开的思想界"语言学转向"之枢纽所在，但整个汉语学界到底在多大程度上曾经参与了这场巨大的思潮转向？我们的传统经典，以及近百年来的现代汉语著作中，到底有多少关于语言主体自觉的理论，以及由此延伸而出的方法论？

我们是否有能力把我们所使用的语言转换为"语言—元语言"的建构思考？是否能将所有的概念、范畴或理论分辨出它究竟是"小理论""大理论"还是"元理论"？现在我们就可以对于一些经常被引用的"本土理论"做些批判的反思，来看出这些理论到底是"小理论"还是"大理论"？以及它们的"元理论"究竟是什么？

- 费孝通：费氏理论的开始是一种"微型论"。但一上升成"大理论"之后，所谓"差序格局""集体表象"，这些难道不都是所有的社会学、人类学中尽人皆知的理论。在费氏的文化自觉之后，他已发现过去种种之非，因此他必须自我批判地作出"小传统—大传统"之别——但这只不过是又一次的后知后觉。[10]

- 许烺光：用"中国人—美国人"来作出两种文化形态之别，即以两种"优势对体"来区分出前者特征在"父子轴"，而后者则在"夫妻轴"[11]——他的两个对体坐标轴何以都不会发展、不会交叉？如果"父子轴"发展之后长出了"夫妻轴"然后两轴交叉，则其优势对体会发生什么变化？

- 杨国枢："本土契合论"——这理论除了区分出与本土契合的八种条件之外，该理论所标举的理想和"自己人最懂自己人"的"我族中心论"有何不同？至于所谓的"关系主义"取向，那不就是每一个社会都有的基本构成取向吗？

- 黄光国：建构实在论？曼陀罗模型？——"建构"只是为实在论披上的一件舶来品防风衣，在叙述过外来理论（作为"元理论"）之后，转而谈论本土的"实在"时，既看不到"建构"，也没有"批判"，参杂的尽是见利忘义之道和阴阳五行之论，以及来自印度的"曼陀罗模型"。[12]

八、人文临床之路线

以上的回顾，绕了很大的圈子，和文化中的疗愈需求只有勉强的擦边关系。这是"本土心理学"的本质使然。我们该谈的其实是另一条发展路线，叫作"本土化—人文临床"路线。这两条路线不太有交集。我们只要翻翻已出版的文献，就可发现此一实情。

在人文临床的语境中，首先必须知道：所谓"疗愈"，此词实乃最近才从日语中移入汉语，但用汉语的语法来观照一下，发现它是个不折不扣的 **oxymoron**（矛盾措辞，字面上的翻译：氧化白痴），除非把它拆开成两字："疗"是一回事；"愈"是另一回事。施疗者是医；求愈者是病。医者施疗，病者求愈，他们不是同一个人。

我们在谈"华人·文化·主体性"这串词时，也很有 oxymoron 的味道，尤其是把"华人文化""华人主体性"视之为"华人心理治疗"的活水泉源，更像是一幅（下文会谈到的）卡通图像。在华人文化中产生的医疗（包括医药），毫无疑问，首先没有外科手术，其次没有心理治疗。凡是不承认这些事实的人，就会自动变成卡通人，然后就可在三界之间通行无阻，可在时间空间中瞬间移动。但这些卡通问题对我们的文化造成的严重困扰，已经让我这个忧国忧民的人陷入睡眠障碍之病，且延续了二十多年：

> 我越是知道：此病已病入肓膏
>
> 就越是一天比一天更风飘雨潇
>
> 便做陈抟也睡不着 [13]

但我的文化主体性在这种的情怀中，宁可忧之，不愿无忧。所以我还有很多话要说。

九、"愈"的意涵

在我们的立足之地上，现有的传统民俗治疗法，"既不属于远古时代"圣即是巫"的传统，也不是一种和自我成长有关的精神分析（广义而言，就是"动力心理学"）。传统民俗治疗法不外乎是以提供某种抚慰、某种神话想象的社群支持为目的，而不是以人自身的改变为目的；人总是以接受抚慰的身姿进入疗愈场域，而不是以发下奋战誓愿的态度，杀进动力（荣格式的说法）的自我疗愈战场。

我们所能谈的，就是如何以另一种实践来表明这个立场的方式。我们的对应位置不只是疗法，而更像是从施疗者（therapist）到求愈者（therapant）[16]之间的关系（旧称为"医患关系"）生成，但后来这谈法必须延伸到上述两者的融合，亦即"疗遇"，乃至由此形成一个文化自疗社群，而谈论的焦点当然就会落在施疗者与求愈者相遇的时刻（下文会详论"疗遇时刻"）的发生。由于所谓的"愈"是以自省、自觉、自发（即autonomy）为立论之基础，故称这个引发行动并稳定立场的状态为"批判自疗"，是两种自我与他者的相遇——这里所谓的"实践"不只是一个人的行动，而是一整个社群合作进行的论述维护，以及促进与他者疗遇的实践。

十　象论的前奏：思者，什么的主体？

主体若是个主词（subject），它必须有个谓语（predicate），否则它什么也不是。通常主体自称，也就是第一人称，叫作"我"，而谓语是由一个行动所构成。我写了一行字，我说了一段话，只当如此，"我"才是个（什么）东西，否则它本身无法存在。换言之，我们该问的是：主体是什么的主体？[所有格"什么的"（of what）]

另一个讨论的前提：我们已经用了汉语"主体"来发问，就可暂时不必管它的西文来源：Subject or not, that is not our question (for the time being)。我们的主体在开始（来到存有，coming into being，成为存在）之时应是这样的：我想到一件事，亦即存在始于"思的主体"，以及它所从事之事。接上笛卡尔的基本命题，"思，故在"，这也是关于主体是什么的基本问题：主体是能有所是，亦有所为的主体。能是且有为。有为者，所为使之然也；能是者，是即然也；无为、不为、无不为也。

在我思之中，问题变成"思及什么？"那时的"什么"就是主体之所是，至于其所为，亦即其所思，在"什么"之中顿时化作"无"。思及什么，亦即所思之事，才使"什么"存在，而"思"在此乃退隐为"无"。

"我思"的主词是"我"，是个有人格的"思者"；但主体存在的本质却是"思—所思"，而不必离题另论"思者为谁？"。

"思者"之所以不是"思"的主体，因为它已是"思"的对象。这对象就是思所及的"事"。

"者"是个受格代名词，而非主词。思及什么？所思为何？

在此出现的那个"什么"，最初一定只是个 sign（Zeichen，Sign 的德语单词）。这个"什么"绝对不可译为"符号"。它只是意义的初动，虽有所动但不是人人可见，勉强可译为"征象"，即"物象""事象"或"意象"，因而还不是逻辑上的"对象"。我们在不得已时，可能需动用造字法来为它重新铸造一个新字（在下文中出现的这个新字就是"彰"）胡塞尔认为 Zeichen 是个苍白且不确定所指为何的模糊东西。但对索绪尔（Saussure）而言，sign 变成可能指向任何事物——意思的东西，有人以为他只是在谈语言—文字，故译为"符号"，不对的。它虽是个"征象"或"形象"，进而发展为"意象""事象"。合而言之，它就是那个"象"——更好的写法是"象彡"[14]。它本身形象不定，因此为它造个新字时，要考虑的字形范畴乃是"彡"部首，但可指向任何"形、意、事"——谓之"不确定"，不如说是"尚待确定之状"。面对着 sign，进行确认，即思之；此时这个思者（注意这个"者"，前已提及）叫作"主体"。由于 sign 的不确定性，使主体也产生"主随客变"的变化，那就是"我思"。

能思者，所思为何？ Sign 如何在思之中得以确认？我在想一件事，一件事在想着当中就是个问题。我能把一件事变成一个问题，"变成"乃是从确认到确定的过程，而这过程最终非书写不能为之。如果这不只是一个念头，而必须成为一个命题，是以要书写为字，写成为文。一个问题也就因此成为一个文题（正是外文 subject），造成此文题（subject）者，即谓之主体（subject）。

主体之所以能思，能把 sign 确认为问题，能变化其体，凡此种种皆可谓之"创造"。然而创造如何成为主体的性能？非其自然，文化使然。

"创造之能"是来自社会建构。历史的竞现（contestation）产生了文化的创造功能。文化以文来累积；文化以书来留存。书写成文；读书成为文人。能思者因书写而成就斯文。能思者在书中获得书写之能。读书—书写谓之"创作"，是即为文化主要的创造活动。还有其他的创造劳动（劳心—劳力问题），姑不论之。

"天地创造"被我们称为"创作"，而创作者则称为"作家"，这种人无论如何难逃"天赋""天才""才华""才能""资赋"等属性。我们若只说"开天辟地"，则"开辟"也就只是劳动我们选用什么语词来与问题周旋，就纯粹是在文化累积的空间中进行"所思"。（这个空间常在"满腹经纶"，但要点不在于哪个人的肚量，而在于他肚里装了什么。）是以"天地创造"就是文化创造活动的产物，而不可能先于文化创造。

怎样确认什么活动是创造，怎样确定谁是作家，有时用"一个文化"来当作主词，只是方便之计。但这无疑是一种社会建构，其结果难免多义。"作家"可以指一种身份，也可以指一种能力——作家不一定很能写，能写的人不一定叫作家。除此之外，创作还面临一种窘境："为何我们起手写的原作，最后都以复制品收场"——特里林（Lionel Trilling）的感叹。特里林所在乎的"真"（authenticity）问题，在 20 世纪 60 年代开口即可谈起，但半世纪后，我们已视之为畏途。换一个名称即知其为死路："作者"。

"作者已死"，他有可能复活吗？在哪个文化中有此可能？这个"已死"的判定本系来自西方，但即便如此，西方也有人主张"真正的作家永远不死"。[15]——我们不必在此斗嘴，转身即可看见出路：一是关于语言（language［英］,la langue［法］）与言说（parole, speaking）的语言学理论；另一则是在汉语中的造词与造字功能。但这些，与其说是"作者"的问题，倒不如说归之于"生事者""讲故事的人"……我们为他另取个名，就叫"叙事者"也罢。请待下文分解。

注释

1 "文化心理学"（cultural psychology）虽然不是很新鲜的字眼，但最近一波文化心理学思潮确实是在 20 世纪 80 年代才出现。其中一位较早的摸索者是布鲁纳，在 1980—1990 年间至少写出四本开山之作。到了 1990 年，施威德（Richard Shweder）的两篇文章可说是文化心理学正式的发起宣言："Cultural Psychology: What Is It? "（1990）、"Cultural Psychology: Who Needs It?"（1993）。

2 由这些原创者引发的"文化心理学"，实际上是经过将近半世纪后才慢慢成形，并在 20 世纪 90 年代开始现身于当代人文科学中。到了 21 世纪 10 年代，已经集结出一套篇幅不小的作品集，Oxford Handbook of Culture and Psychology（2012），很能用来界定其研究的基本理论（元理论）、方法论、题材范围及应用实践。

3　见本书第一章。原文见：宋文里（2006），《第三路数之必要：从 本土主义转向文化论的心理学》，《应用心理研究》，31 期，p. 75-92。

4　马库斯和费雪（Marcus，G. E. and Fisher，M. M.，1986/2004），《作为文化批评的人类学》，王铭铭、蓝达居译，北京：生活·读书·新知三联书店。关于 emic /etic 的区分，见该书 p. 30 脚注。

5　许燕，曾任北京师范大学心理学院院长。

6　梁觉，原香港中文大学心理系主任，跨文化心理学家，曾任香港城市大学管理学系主任。

7　所谓"不仰赖外语的汉语理论新词"是指不必在一个理论词汇后面附加括号的英文，即使用了强迫性的"依附型语言"——本文事实上已经多次例证了这种"不依附外语"的困难，而本文的写法和所有的学术语言一样，并非特例，譬如上文中处处可见的：话语主体（speaking subject）、去脉络化（decontextualization）、过度诠释（over-interpretation）、失语症（aphasia）、新语症（neologism）等，不胜枚举。

8　对这问题，我的自觉已经使我试图扭转被迫的依附型态，这里只提如何让依附的型态变成一种"复话术"的可能，即在提及一个语词时，就是在同时使用两种语言，而非被迫的依附。这种遣词有两种形式：（1）若是英文在前，其后所附的括号中文已不只是翻译，而是作出另类的诠释；（2）虽采中文在前，后附括号英文，但这括号中的英文反而是出于自创，而非依附。在下文中，我会在行文的适当时机中例示这种"复话术"的可能。

9　宋文里（2007），《临床／本土／文化心理学：寻语路（录）》，《应用心理研究》，34 期，p. 75-112。在此的"疗遇（healing encounter）"即是非依附型复话术的一例。

10　费孝通最常被征引的作品是《江村经济》（1938）、《乡土中国》（1948），但他在晚年发表的《论人类学与文化自觉》（北京：华夏，2004）回顾了他一生的学术工作，以及他以"文化自觉"所作的自我批判。其中提及"小传统 - 大传统"之别时，他以为这概念是李亦园所创，实际上这是李亦园引用了美国人类学家罗伯特·雷德菲尔德（Robert Redfield）在 1956 年出版的 Peasant Society and Culture: An Anthropological Approach to Civilization 一书中提出的概念。

11　许烺光最常被本土心理学征引的作品是《中国人与美国人》一书，该书出版后增订了两版，故一共有三个版次：1953、1970、1981。其中以"父子轴"作为中国人亲属关系的"优势对体"之说，前后贯彻，未曾修改。

12 最近几期《本土心理学研究》中有一系列讨论"黄光国难题"的作品，虽然有点批判，但不甚到位，至少可资参看就是。

13 取自关汉卿《大德歌·秋》："风飘飘，雨潇潇，便做陈抟也睡不着。"

14 这个"髟"字是我利用造字程序造出的新字，在汉语的任何字典中都未曾出现。要之，造字法在汉语的意义系统当中应该复活，也不会有任何难处，这是我的主张。

15 记得这是阿多诺（Adorno）的说法，但一时查不到出处了。

主体即方法

本卷呈现的文章都是意图深化我们对于语言精练的意识。也在为语言转向铺设出具体的道路：如何用征象学、图像学方法走出理心行动的寻语路。

我多次强调"语言学转向"是心理学必然的出路。有一次在格根（Kenneth Gergen）的演讲之后对他作了响应，我说："心理学的基础应当建立在语言学之上……。"他立刻答说："那会把心理学杀死。"（It'll kill psychology.）——原来他把这里说的语言学理解为教科书上的语言学（linguistics），甚至是心理语言学（psycholinguistics）。由于我们的对话时间太短，我在惊讶中戛然而止。但我认为格根既然熟悉后现代主义、后结构主义，以及其中的"语言学转向"，他不应该有这种不假思索的反应才对。还有，他既然是耶鲁大学的毕业生，何以没听懂上一代耶鲁教授萨丕尔（Sapir）所说的那句警语："即便只是为了免于受到他自己的语言习惯之障蔽。"

这种不对头的对话，可能起因于我的响应之中提到几个跟汉语有关的事例，对他而言，其中的意义是根本无从理解的——正如他说过：他无论如何不能理解为什么华人会有喜欢吃"菜尾"（台语）的习惯。这不能怪他。俗话说的"华人文化"，对于语言使用者而言，必须以精练的汉语为条件，才能用来谈心理学，特别是文化心理学。

在第3篇后面插入"象论的前奏"，开始点出有意义的语言中的首要项目：语言的主体，而它的发问方式是"思者，什么的主体？"也试图推出一个新字"鬂",来显示造字法复苏的可能。

第 4 篇谈的是我要展开的"象论",首先铺陈了"符号学"（semiotics，下文一概改称"征象学"）中的一个非常基本的课题："以象成型"之中的型拟（modeling），以及我在此所衍伸而出的误拟（mismodeling）。这个课题所用的关键词其实就是"理论模型"（model），它的"-ing 形式"是要强调意义成型的过程。我最早发现这主题，是在 2003 年爱沙尼亚的塔图大学（University of Tartu）所举办的夏季研讨会。这所大学在征象学的发展上与莫斯科大学联机，且已在国际学术舞台上齐名。为了要飞过半个地球去参加研讨会，我写下这篇文稿。我尝试把近十年来教授征象学的心得，用征象学本身的方式来显示某些汉语字词在造字、造词上的层层意思，而这些意思，虽然传统汉语的文字学（训诂学）已孜孜不倦地钻研了两千年以上，但截至近半世纪，在西方学术潮流扑来之前，征象学这种学问在我们的知识光谱上却一直未曾出现。由于"Semiotics""Sign""Model"这几个字正是型拟（modeling）以及误拟（mismodeling）过程之中最重要的关键词，所以我就直接从这几个字词的字面（lexicons）或字根（etymons）的翻译开始谈起，然后以意义创造者，也就是古代所谓造字者，所可能或应当作出的型拟（modeling）来作结。

第 4 篇后面插入本书的"象论的附论"，是在编书期间所写两则笔记，把第 4 篇的问题用沉思录的方式重述一遍，也好让第 4 篇的难题在此总结为可思考的余音。

第 5 篇《物的意义》是写于早期的作品，当时虽觉得主流心理学的学术要求铺天盖地而来，但自己的研究初衷并没有因此而被淹没。我决心把当时习得的图像学（iconology）用来对一个弗洛伊德基本命题进行密切的反思，因此而产生了完全颠覆的新命题：力比多（libido）的原型不一定是积极、主动、阳刚的，而可反过来说，是阴柔的含义。这种研究方法显然很少见于心理学中，不过一旦写成作品，也获得很高的评价。

至于第6篇，我从心理学的学问出发，最终关心的就是如何发展为（任何问题的）研究行动：即用来谈何谓"作者的行动"。"自我"既是个作者，本应是个动词。但我会谈起"行动研究"的问题，有个实际的缘由，就是我转任到辅仁大学心理系之后，我的研究室近旁就是插着行动研究大旗的夏林清。她的研究室是她的行动总部，门口经常贴着她正要参加或推动的各种社会活动海报。而我研究室门口除了挂上一幅画和半张门帘之外，没有别的，但这并不表示我只是个活在象牙塔里的学院人。相反的，我要说，我们在学院内做的学问都不可能不和社会—文化问题发生紧密关联。在这篇文章里，一方面要说明这种社会—文化的研究如何必须是置身在境的学问，以及它如何能以研究行动来说明——另一方面，我们的研究行动，也就是我们的理心行动，究竟所为何事。

以象成型：
征象学的型拟与"符号学"的误拟[1]

相对于语言学转向之后的当代文化研究而言，大多数心理测验及问卷所使用的"标准化语言"其实都相当造作，甚至不能叫作"语言"。对此境况的觉察真会让一个刚踏足进入文化心理学领域发展的心理学者坐立不安，并且会迫切地觉得该承担起义务，把心理学推向"更深入"的语意学及语用学层次，或更明确地说，应该是深入到 semiotics[2] 所谈论的那一种语言。

很幸运地，现代汉语所使用的文字保存了许多古汉语的踪迹，可让人用语言学的方法追溯至三四千年前的最初样貌。

我们若透过图象学（iconography）以及连字法（logography）的结构来仔细审视这些字词时，也就是说，以象形、象事、象意、象声的方式来进行辨认时，我们就可发现它们正是以型拟（modeling）以及误拟（mismodeling）而拟出的种种意思。

"象形、象事、象意、象声"这四种"以象成型"的方法是班固（公元32—92 年）对于造字法（"六书"的前四书）所使用的名称，早于许慎[3]（公元58—147 年）的"象形、指事、会意、形声"。由于"以象成型"是本文的主题，在此暂不详论。要之，这是对于"中文 = 象形文"这个严重误解的改错之论，而"形—型"之间有不同阶序的关系：前者是指形式（form）的话，后者就应是元形式（meta form）。这种说法取自西比奥克与德尼西（T. Sebeok & Danasi）的重要著作《意义的形式：型拟系统理论与征象学分析》

（ *The forms of meaning: Modeling systems theory and semiotic analysis* ）。我要把他们对于形式与元形式的思想转换到汉语的"形—型"语境中加以阐释。

由于"modeling"一词在方法与理论的语境中很常用，本不需多加解释。不过这个语词的汉语译名"型拟"是第一次出现，也是我为了表达"模型"（model）的动态意义才斟酌铸造的新译。依此而言，所有的理论一定是对于现实存在所作的某种模型，而在理论形成的过程中，"以模型来仿真"的思维动作就可简称为"型拟"。我把汉语每一个关键词的造字法（尤其是"六书"中的前四书）都视为一种理论——所谓"以象成型"就是"从形式到模型"然后"以模型来仿真"的意思，而本文主题既然建立在造字的原则上，因此这是一篇由文化心理学者来谈论造字法的文章。汉语的造字过程相当曲折。后来，这些文字当中，有些被精练成文化的"关键词"，通常也就会被视为"文化智慧的型拟"——当然，其中也有些因为陷溺在"误拟"的过程，而显现为不可自拔的"文化之愚蠢"（cultural folly）。

一、汉语当中的几个与型拟及误拟相关的关键词

已经超过两千年了，人们为何一直把 sign 这个字只用来代表一个现象，然而这现象其实应该分成三个不同范畴才对？

——翁贝托·埃科（Umberto Eco, 1984）[4]

……（一事一物）与本身相同的这个关系……透过一种果断及独特的中介（mediation）方式才能使之浮现，亦即透过"对内在于同一性（identity）"的中介，才为这场灿烂的浮现找到一个可安身的所在，这在西方思想中所需花费的时间实应超过两千年。

——马丁·海德格尔（Martin Heidegger, 1969）[5]

"超过两千年"正是中国历史得以有文字纪录来加以保存的时间，但，当我们还在怀疑，即便到了现在我们还不能确定：传统汉语当中是否有，或曾经有过类似于 identity 及 sign 这种字的时候，我们是否能说，我们已经从这套文字资产中获益匪浅了？我们当然能用很多字来表示"同—异"，甚至"在—不在"，但当我们想要谈论 identity 和 sign 的时候，我们只能选用现代翻译，虽然有时明知那是误译，却也无可奈何[6]。换言之，我们不见得能从汉语当中找到能完全与 sign 相当，或与其字义完全相同的字。这很明显，我们只要从 semiotics 被现代汉语翻译成"符号学"[7]或"记号学"[8]就可看出来端倪。当然，翻译无法让我们从两种语言当中找出一组意义完全对等的字，这是整个萨沃二氏（Sapir-Whorf）假说的重点，但尽管如此，我们还是可对两种语言当中互相对应的两个字词做个评估，然后判断它们是否在某程度上相同——最少可经由韦日比茨卡（Wierzbicka，1992/1996/1997）[9]所主张的一些"语意始元"（semantic primes）或"关键词"（key words）那样，或就如 semiotics 本身所主张的那样，来作出我们所需的判断。

二、开场：太初伊始

*The Way Called Colonization*❶

1

What is it—In the beginning was the Word,

And the word is a way[10] which means colonization?

Not as docile subjects to the foreign Emperor

But as a ground that any vehicle can test its gyration

---

❶　宋文里两则诗作，取自未出版的手稿，原作系英文写成。

On the surface that lies there until

Now, not knowing what to do but still

Let running be without direction

Forever lying, having no reaction

Against any wind, any rain

any car, any train

2

To be or not to be

That is not our question

There must be something rotten in Denmark

It is lucky that only he who speaks Shakespeare

Worries about where the rotten should park

As to us, we are already lying on a waste sphere

As to us, we are already treading

Between whence we have come from, and

Wither to we are really heading

For the sphere is really but a pile of sand

像这样的哀歌，我们是要唱给西方人听的，让他们知道我们已经如此长叹了超过一个世纪之久，但在一个世纪之后的现在，我只想从我所经历的学术生涯来停止这种哀叹，开始放声谈去。

我从 1994 年起开授"文化心理学"，于 1998 年开授"社会符号学"。[11]当时，我所任教的研究所叫作"社会学及人类学研究所"，简称为"社人所"。我之所以开始提供这两门课，很明显地，一方面是为了维持我的心理学者专业身份，另一方面则是为了显示我具有相当的潜力，足以响应该研究所宣称的"跨领域研究"，也就是更早以前称为"科际整合"的研究。但这个高调的"科际整合"并未持续太久。在经过一阵短期的实验之后，很多学院的科际整合并未如皮亚杰（1973）[12]曾经期待及描绘的那般，生产出期待中的"杂交学科"（hybrid disciplines），而是退回到比较保守的学科定义当中。无论学院的历史应该如何发展，或实际发生了什么颠簸过程，我个人的信念却不曾随之动摇。但现实的阻力还真是现实，以至于我关于这个新兴"学科"的论著作品都无处发表。我曾试图压抑我自己，不要追随这个新兴的跨领域研究，但也因此使我自己被逼入一种可在医学上找到定义的忧郁症状中。所以，2006 年，我决定转往辅仁大学的心理系。

到了一个新地方可以开启一些新作为，我开始将我的知识背景做了进一步的整合，这包括精神分析、文化心理学以及 semiotics。我所谓的"象征初型"极类似于荣格的"原始意象"（primordial image），但不是"原型"（archetype）。我以某种特定的方式使用米歇尔（W. J. T. Mitchell）的图象学型拟（iconological model）去描述文字的演化，但我同时也批评他，因为他在解释象形文如何演化成表意文字及符号时，其说法并不适切。于是，在我的"符号学心理学初探"当中，我想要做的是基于普尔斯（Peirce）所定义的第一项（Firstness）、第二项（Secondness）及第三项（Thirdness）特性来对 semiotic 进行探索。而一如往常，我对于以"sign—物—诠释者"（signobject-interpretant）这个连接的公式并不很满意。就是因为普尔斯曾经强调：一个 sign 之所以能成为一个 sign，一定是它经过了某种 semiosic（意义发生）的程式："某种东西以某种方式出现在某人面前，而它之所以那样出现，是因为对那人而言，它具有某种特性或能力。"[13] 我当时的疑问与西比奥克所提出的问题非常接近："一个物件，在被意象化之后还会剩下些什么？况且，'某人'哪儿去了……也就是那个观察者或诠释者（使用者），当他完成那一串又一串的意象化过程之后，他跑哪儿去了？"[14] 而关于 sign 以及"某人"之间的关系，普尔斯所给的回答似乎是"人所用的话语或 sign，就是那人自身""人，与在其外的 sign 是同一个……因此，我的话语（language）是我自身的总和，因为人就是思考本身"。[15] 作为一个心理学家，这样的说法引起我更多疑惑。

其实，我先前接触某些古汉语的材料——尤其是"文字"，与西方语言当中的"word"不完全相等。当它们以单一的、如图形般的（pictographic）方式出现时，在现代的我们会为了方便而称之为"汉字"，但更精准一点来说，我们必须知道这些"文字"在汉语当中可以是文、是字或是词。它们可以是单个字、两个字的组合（或可达更多字的组合），是一个字根或部首—部件（这是最基本的单位），乃至只有一个字的文。东汉时代的许慎所编的字书《说文解字》堪称最古老的汉语字典。但就我们目前的讨论而言，须先知道的，就是赵元任强调"汉语不只是象形而已，还包括更成熟、更复杂的会意和指事"[16]。每个汉字当然是由可见的点、竖、钩、折、撇等不同形状所构成，但这些构成形式不只是象形或仿造自然的图像而已。若用普尔斯的概念来说，还包括指示性的，以及符号的形成（formations）。而最有趣的事情是，在这些字的形成过程当中，无论我们认为它有多原始[17]，我们仍可从许多字当中明显地看出它们同时经过了形式制作（form-making）以及元形式制作（metaform-making）。而这样的两层次制作过程，正是西比奥克与德尼西（Sebeok & Danasi，2000）的著作曾予以详加说明的。

三、提问

现代汉语加入新字的主要方法，是透过造新词，而不是造新字。[18] 也就是说，所谓现代汉语系统的字词，是将不同的单字组合成词，除了用来翻译那些来自外国的字词，也用来发明它自己的新词。[19] 然而，这种"造词"[20] 的方法从 1 世纪到 7 世纪早已被刻意采用。当时，有很大的部分是为了翻译梵文的佛教经典。后来，从 19 世纪开始，又被日本人及中国人自己，用来翻译西方的语文。直到今日，整个说汉语或使用汉字的世界，仍采用这种造词的方法。一位中国当代的"符号学家"（semiotician）李幼蒸（1966），认为这种"将两个字连起来以构成一个词"的主要机制，是让这两个字各自所代表的意象产生交集，如此可缩小它们单独存在时的语意范畴，以便在其交集中更精确地表达那个被翻译的外文。[21] 不过，如先前所提到的，翻译时发生的意义是否与原文相等的问题，并不在于某个字是否比另一个字"更精确"地表达另一种语言当中的某个字。我们主要的问题是来自许多错谬的组合，或者说，选一个字来跟另一个字结合造成一个新词时，就发生了许多难以预期的谬误。将 semiotics 译成"符号学"（本应是 symbology）或甚至"记号学"（本应是 signalogy）就是这种谬误的显例，而这项谬误竟然不曾被大多数当代使用汉语的"符号学家们"（semioticians）所质疑。这是我们真正的盲点所在。[22] 类似的谬误造词也大量发生于其他的人文学与社会科学当中。为了目前讨论的目的，我只聚焦在汉语中所谓的"符号学"上。Semiotics 是一颗很古老的星球，但却在当代变成了刚升起不久的明星学问，横跨了各个学科，预期它将会成为 21 世纪独立的热门学问，但每个具有专业知识的学者都应该知道，就它的字源学以及它的实际内容来说，它不能叫作"符号学"或"记号学"。

事实上，汉语的 semiotics 尚在起步，也正在发展当中，但很令人好奇的，乃是在上一代的语言学家当中，例如赵元任，[23] 他们如何能在不甚精通 semiotics 的情况下写出一篇讨论 semiotics 各种型拟[24] 的专题文章？同时（终其一生）却又忽视了"sign"与"符号"（symbol）之间的区别？目前的问题则是：我为何能对这些译文作出"不当"的宣称？亦即如果汉语当中不存在任何能表示"sign"及"symbol"概念区别的文字，那么，汉语的使用者要如何讨论它们？不过，请注意这点：当代所有的汉语语言学家及 semioticians，除了本身精熟的汉语，都至少学会使用一种以上的西方语言（赵博士就是个显著的例子），因而"开始讨论"的契机多半是来自外语。然而，依据韦日比茨卡（1992）所谓的"语意的始元"（即"语意的最初元素"）以及它们在各文化当中的普遍性来看，在汉语的本土语汇当中怎么可能找不到像"sign""symbol"和"model"这么基本的语意始元？

四、Aliquid stat pro aliquo 以及能与之相当的汉语

"Aliquid stat pro aliquo"（字面上是"某种东西站在另一种东西的前面"，意思是"某种东西代表另一种东西"）这个公式起源于希腊。后来，它在整个地中海地区的哲学中得到进一步发展。而在中国，确实可找到能与之相当的表示，那是在公元前 4—前 3 世纪，当时一位名家公孙龙（公元前320—公元前 250 年）曾留下一些关于"指"的言论。他用譬喻的方式说：

1. 物莫非指，而指非指。

意即：无一物未被指（这是第一指），而用来指的指（也就是第二指），未被指出来。

2. 天下无指物，无可以谓物。

意即：天下若没有被指之物，就不会有所谓的"物"。

在此，我刻意强调了"指—被指"有"第一指 V.S. 第二指"的区别，换言之，我是回到了"指"的字源形式（就是手指），但在公孙龙的时代，同时也是孟子、庄子、惠施及其他很多"哲学家"的时代，"指"这个字已经是个经过转注而演化出来的字，可作为名词，也可作为及物动词，同时，也可以表示指示（indexing）、指涉（referring）、指明（indicating）等抽象概念。因此，用当代精确的翻译，其原初的命题应是这样的：

3. 所有物都须被指才能成为物，但用来指物的指并未被指出来。天下若没有被指之物，那么就没有所谓的"物"。

后面这句话还可理解为："既然天下有这种未被指就存在之物，则未曾被指的'无'也可以是一种物。"虽然公孙龙真正关切的是：一个名称若未指向某种实体，也就是他所谓的"指物"，即某种被指出来的东西（an indicated thing），那么它还能成为一个名称吗？——在此，"指物"本身就是一个很好的造词法之例，也就是将两个字连起来以成为一个新词（请注意：这样的特殊造词法已出现于公元前 3 世纪），但庄子（公元前 369—前 286 年）反驳他说：

4. 以指喻指之非指，不若以非指喻指之非指也。

意即：与其用指来说它不是指，倒不如用一种本就不是指的东西来说"指不是指"。

在当前的哲学辩论里，例如经常很有见解的徐复观（1966），把"指（指示）—非指（未被指）"解释为"物，以及被指之物"，二者都是一种被提及的东西，而"那个未被指出来的指"是一种主观的状态，是某种精神活动的反映（reflection）或再现（representation）。这种客体—主体二元论的主张，似乎很合于当代中国哲学家的胃口，但此一主张其实是心理主义在作祟，它隐藏在所谓的"主观状态"之中。对于我这个想钻研文化心理学的人而言，实在觉得是粗糙不堪之论。就我的理解，在公孙龙的"两指"当中，有个混淆的地方，而庄子则是将此看得很明白的人。他知道在第一命题当中的第一指和第二指其实在说两件不同的事。首先是指的动作，其次是指这个动作的指，也就是所谓的元之指（meta-indication）。元之指并非一个主体正在再现客体，它与客体无关，它在说（或指）的是指本身，在说指的特性，并且只在元语言的层次上。所以，要说"指不是指"的精准方法，最好是用非指的东西来说指，这样就可将"指不是指"给指出来了，也就是指出了元之指。换言之，未被显示出来的东西，例如用来指向某样东西的指，即可用元形式（metaform）予以指出。

这只是对公元前 3 世纪的中国哲学及现代中国哲学所进行的讨论做个简介。我知道需要更多的说明才能将这样的理解说清楚，但为了节省篇幅，我就将它留给其他时机，尤其是当哲学家们聚在一起的时候，如果他们有意要捍卫他们所属的学术领域（并且当真是一种有规则可循的领域）的话。

现在，我想要继续往下谈，以便指出：为何我说西方的"aliquid stat pro aliquo"（"某种东西站在另一种东西的前面"）这种型拟与中国的"指物"型拟，二者应是互为"对位物"（counterpart）。依据赵元任之说，"这当然只是一件不证自明之事（truism）：没有任何字是绝不可少的，而且，任一个字，借由一个适当的型拟，都能被定义出来。"[25] 所以我们知道：这两个对位物其实是指两种型拟，也就是"用指的型拟"与"用脚的型拟"。虽然我们可能认为前者比后者更具有灵巧的本事，但可惜，结果不是这样。中国哲学并未沿着指物型拟的方向继续发展。公孙龙终其一生未吸引很多门徒，更谈不上建立一个学派。当西比奥克试着更清楚说明赵元任的"型拟的型拟"时，他必须将赵元任的陈述换成另一种，以强调另一个重点。

5. 世上有两种物，一种是物自身，另一种是对于物的型拟。后者也是一种物，只是它有一种特别的用法。[26]

——赵元任

6. 世上有物以及物的 sign。前者也是 sign，只是它有一种特别的用法。[27]

——西比奥克

我们都能看出上述引用有明显的不同——赵元任的重点在于物，而西比奥克的重点在于 sign。赵元任好似仍陷在公孙龙当初的混淆当中，或者，我们可以这么说：赵元任本人是一个明显的 sign，代表了中国知识传统对于 semiotics 的低度开发状态。

五、Sign 或 Symbol 作为对"物自身"的型拟与误拟

当"semiotics"被译成汉语的"符号学"时，我们必须知道：即便"符号"两字也太现代，因为我们无法从 20 世纪之前的汉语当中找到这个词。但我们现在说的"符号"是指什么？在现代汉语字典当中，这个词及另一个新词"象征"都是对同一个字 symbol 的翻译。那么，对于 sign 呢？它的翻译不是"符号"就是"记号"，而后者的意思更接近于 mark 或 signal。所以，我们应该可以明白这个语言的"灾难"了——当 symbol 及 sign 都被称为"符号"的时候；当 sign、mark 及 signal 都被称为"记号"的时候；当"符号"被同时当作是普尔斯（Peirce）所说的及数学上所用的 symbol 之时

［若用西比奥克的话来说，这应是基于它的符号性（symbolicity）使然］。无论如何，这个"符号"从来都不是为了精神分析，或为了很多其他艺术的或宗教的"symbol"所做的翻译（若用西比奥克的话来说，这乃是基于象征主义［symbolism］的意思），[28] 因为，若是为了后者，正确的译法正该是"象征"，而不该是"符号"。

造字的原则早在 1 世纪时就已被记录下来了，称为"六书"，也就是指事（指出一个动作或一件事）、象形（形状相似）、会意（借由指出某种东西而领会的意思或感觉）、形声（形式与声音的结合）、转注（透过声音相似而衍生）、假借（用各种方式借用）。这六个造字原则是文字学家许慎所说的，但历史学家班固稍早就已用略微不同的方式记下此原则：象形、象事、象意、象声、转注及假借。值得注意的是，班固所记下来的前四个原则都由作为动词的"象"开头，而且，这种造词的方式将"象"变成了造字原则的原则。我们须将"象"视为一个语意上的始元，然后用它来讨论当代在翻译"semiotics"时可能产生的含义。

如前所述，汉语的造字功能早在 1 世纪时就已消失不见，直到现在依然如此。取而代之的是造词法，但此一功能却没有任何如同"六书"那样的系统规则。当代汉语的语言学家正试图形成一些规则，以解释如何将一个字与另一个字组合起来，便能形成一个有意义的词。例如徐通锵（2005）的字词结构理论[29]，说明了如何将一个核心字用离心的、向心的或同心的方式与另一个字连结起来，以形成一个复合词。但因为每一个字都可以是核心，即便那些常被当成助动词的字也可被活化为字根，且变成一个词的核心；而且，任何字都可以与另一个字连结起来，不需任何规则，无论所用的方式是离心、向心或同心。所以，这些结构的原则实在是太模糊，即便说了出来，也很难具有解释力。有趣的是，在这种语言学的著作里，有些作者偶尔会未经解释地使用一些新词，实际上它们对于理论建构却意外地起了很大的作用，只是这些作者在使用的时候，是在理论的不自觉情况下进行的。有一个重要的例子，就是徐通锵所使用的"象义"一词。此词与传统的"六书"原则无关，但却是一个当代语言学家自由造词的鲜活例子，同时也是一个使用同心结合规则的好例子。这个例子太妙了，使我不由自主地想到：应该给它一些更有道理的交代，才能好好利用它来阐释核心字（或语意始元）是什么意思。

借着对于汉语，同时借着对中文使用者意识的讨论，我们在此回到 semiotics 本身应有的问题上。使用"符号学"来翻译 semiotics 的明显错误在于：semiotics 本质上是一门关于 sign 的学问，而其中最少有三个可研究的范畴，就如埃科所指出的，也就是能指（signifier）、所指（signified）以及 sign 本身。[30] 而我们所用的"符号学"这个译词，则会把这门学问误导成只剩一个范畴可谈，也就是所指（signified），亦即已被标示出来的记号（the indicated marks）。

在当代汉语中，依据徐通锵结构理论中的"向心—离心—同心"之说，[31]"符号"这个词一般可视为同心词，或是离心词。前者是因为"符"与"号"二字同是核心字，而后者则是因为第一个字的"符"渗进了第二个字的"号"，这使得"符"成了引导此词的核心。更而甚者，"符号"也还可视为向心词，因为第二个字的"号"扮演了主导的位置。我会解释以上三种情况为何都可成立的理由。让我们先看看这两个字在前现代脉络下的意思。为了找到它们详细的字义，我首先参考 18 世纪时的阮元（1797）所编辑的《经籍纂诂》，[32] 然后再参考当代人对于古汉语所编成的《王力古汉语字典》，[33] 把字义说明如下。

"符"

1. 信息，应该要相信的东西。

2. 经由信差所传达的指令或合约，通常以书写的形式出现。

3. 符节〔某个东西的一部分（符）与另一部分（节）放在一起时，就可凑成那个东西，叫作"符节"〕。

4. 律法。

5. 已证实的，或证实本身。

6. 痕迹或残留物。

7. 天象（吉或凶）。

关于第 3 项说明，阮元引用许慎的《说文解字》，仔细地描述何谓"符节"："在汉代的官府里，将一段六寸的竹子劈成两半，这两半竹子彼此完全吻合。"经由这段描述，我们知道它与希腊文的"σνμβολον"（sym bolon）[34] 完全等义。又如果我们回头检视古汉语当中的一些遗迹，例如源自我国东南地区至今仍在使用的闽南方言，我们就会发现一个字，"八"。[35] 这个字，不管是在官方语言还是方言当中，都表示数字 8。但尽管如此，它以稍稍不同的发音而保留了古汉语当中"吻合"的意思。如果你看仔细一点，就会由它的字形发现那就是被劈成两半的竹片。当"符"与另外一个字以向心或离心的方式组成一个词时，例如"符码"或"音符"，则它的"符号性"（symbolicity）含义就会清楚出现。

"号"

1. 作为一个人的第二个名字，例如"名号"。

2. 哭。

3. 喊叫。

在前现代汉语中"号"是一种"人名"（字号），可视为一个主要的字，与另一个字构成一个离心词，或构成一个向心词。前者，作为离心词，"号"同时有大声呼喊，或引人注意的含义，例如"号叫""号令""号志""号码"；而后者，也就是向心词，则有如"记号""名号""店号"等。

在解说了以上这些字义之后，我们现在可将焦点转向"符号"这个词的组合，并且看看它到底是如何能与"semiotics"及"science of the sign"产生关联。首先，若以离心的方式来看"符号"这个词，也就是将第一个字"符"作为这个词的核心。当代这类例子尚有"符咒""符箓""符命""符应"等，而"符码"则是到了 20 世纪末才发明出来的新词。其次，若以向心的方式来看"符号"这个词，就是将第二个字"号"当成主要的字。当代类似于此的词有"军号""车号""一号"（意思是"第一"，但在俚语中指"厕所"）。既然离心及向心的解读都可行，我的建议是将"符号"视为一个同心词，也就是前后两个字都是核心，将这两个字的交集作为这个词的真正意思。就现代汉语字典而言，其主要编辑方式是记录当代汉语用户的群体想法（group-think），其中，"符号"大多与"记号"及"符码"等义，很少能与"象征"（symbol）交换使用（若以象征主义［symbolism］来考虑的话）。所以，这当真就是现代汉语的"符号学家们"，也就是一群代表新兴群体想法（group-think）的人，要为 semiotics 取正式名号吗？它显然是个低度诠释（hypo-interpretation），或只是对于 semiotics 的片面理解。它距 aliquid 如此远，距 aliquo 如此近，以致它根本不需一个"站到面前"（stat pro）的过程。也就是说，知的学问（Wissenschaft，俗称"科学"）在此根本无用武之地，因为每样东西都已被信号、记号、数字，或是符码指出来了。如果我们想要知道的只是这样，那也就罢了，但情况绝非如此，我们更想知道的是 sign：一道来自"物自身"（thing-in-itself）的闪光，或是来自"物自身"的某种尚无法被指认的影子。

你可能好奇，为何我会在此时突然提到"物自身"，一个如此沉重的哲学字眼？为了节省我们的时间，容我引用《道德经》当中一段最精要的宣言：

> 人法地，地法天，天法道，道法自然。[36]

如果所有中国哲学传统都同意"道"是指最高的原则，不管它是或不是形而上学的范畴，若从康德的观点来看，"道"必定接近于或等同于"物自身"。若从普尔斯的观点来说，"道"必定能从当下的物（immediate object）转换成动态的物（dynamic object），然后又经由超越的过程回到它自身。如此，对于那些沉浸于这种哲学里的人而言，人在遭逢任何东西时，不管那是"物"（"das Ding"）或是"事"（"die Sache"），他将无法仅仅用那种预先设定好的"记号"或"符号"来说那个东西（尤其是那些尚未被指出的）。我们因此需要一个名称来指这种情况，也就是指这种尚未命名、无名可用的境况。所以，一个人——任何人或某个特定的"人"——该如何说它才好？

说来也实在够奇怪（或是够异化），在如此多的场合，以及在如此多的历史文献当中，"象"这个字经常会用到，例如在当代汉语中，symbol 被译成"象征"，又例如在两千年的中国哲学传统以及语言学当中，"象"这个字被用来表示生产意义的过程（很接近 semiosis [意义的产生过程] 的意思）。就像这个传统当中的每个有教养的"某个人"都会很熟悉这样的引述：

> 古者庖牺氏之王天下也，仰则观象于天，俯则观法于地，观鸟兽之文与地之宜，近取诸身，远取诸物，于是始作八卦，以通神明之德，以类万物之情。

而许慎在《说文解字》中对于"道"的介绍中提及的"象"，则是引述《老子》。

> 大器晚成，大音希声，大象无形，道隐无名。

但是，上文已经提过，《艺文志》的作者班固在许慎之前是将造字原则称为："象形""象事""象意"以及"象声"。从以上所有这些例子，我们不禁对一个问题感到好奇：为何所有这些哲学家以及语言学家都不曾将他们的手指刻意指向"象"这个字，或者，至少就像公孙龙谈论"指"那般，对"象"做些清楚的交代？

我无法证明"象"的概念与semiosis，或甚至与sign完全吻合，但我们从"象"这个字的文字学（grammatology），以及由它衍生出来的复合词，仍可找到很多如此的痕迹。就让我们用上文引用过的那本语言学工具书再考据一次吧。

> "象"
>
> 1. 大象，一种南方的巨大动物。
>
> 2. 人的肖像。
>
> 3. 近似，雷同。
>
> 4. 相似性。
>
> 5. 模拟，仿效。
>
> 6. 出现某种气候。
>
> 7. 兆头。
>
> 8. 以书写形式出现的神谕（尤指八卦）。
>
> 9. 意义、名字、形式、种类、时机、譬喻、模仿、事态、突然。
>
> 10. 出现在天空中的文字，例如"天象"。
>
> 11. 星云的样子，例如"星象"。

12. 天气，例如"气象"。

13. 翻译者，例如"象胥"。

以上所列，是"象"作为单字，以及它在现代汉语辞典中与其他字组成一个词时可能出现的意思，但仍未穷尽。在此，有三个与我们的主题密切相关的例子："象征"（symbol 或 to symbolize）"现象"（phenomenon）及"表象"（representation）[37]。有时，"象征"必须以"符号"代替，尤其是在数学及其他自然科学里，而"表象"经常被"再现"或"映象"取代（如前，由徐复观所提到的），尤其是在与图像有关的时候。在此，我们所能做的就是用某种"语意的交集"来抽取语意元素的核心，然后试着找出它与 semiotics 的重要关系。

事实上，在现代汉语中，我们并没有任何合宜的语言习性或语言规则可循，使我们必须将 semiotics 译为"符号学"，因为强调 sign 这个概念的汉语文献从来不曾出现，更别提 semiosis 了。我很确定当代汉语直到今天仍未找到 semiosis 的适当翻译，即便在谈 semiotics 的整本教科书里也是如此。在我所开设的"文化符号学"课程当中，每次讨论"semiosis"这个概念时，我们若不是直接用英文，就是用一个类似词组的翻译——"意义发生"；如果再把它倒译成英文，那就是 the emergence of meaning。我一直在想，何不用造词的方法，或甚至用造字的方法，来替它们找个正式的名称？如果能够如此，我就已用造词的方法，将 semiosis 译成"意义发生"；然后再用造字的方法，建议将意义发生的始元 sign 写成一个新字"彰"（见图 4-1）。我采用的造字法是造出一种与"形""影""彩"等字类似的字，也就是使用了"彡"来作为部首。这方式很基本，出自于可接受的传统，也很接近于语意发展的历史脉络。

影

图 4-1 新字"影":意义发生

我既建议将"sign"重新翻译为这个新字,则 semiotics 就是由"影"成象、再进一步确定其义的学问。我认为,如果埃科能读中文,他将会同意从"影"到"象"再到"义象",正好可以对应于"sign"的三个范畴:

"影= sign"

"象= signifier(能指)"

"义象= signified(所指)"

我还有许多其他理由[38]来恢复"象"起码的语意地位,并能用它来把"符号学"的翻译改为两种更能达义的语词——在古汉语曰"象论",在现代汉语用"征象学"。但在此,我至少应展示一串有趣的字源学考查:从"象—爱—为—此—是—莫"开始,使这些原本不确定的"影"(sign)果然可显现其意义初动,到成象(成为征象),到定义的过程。

若以西比奥克的方法,对衍生的含义进行系统分析[39],再加上针对汉语进行一场历史分析,我们难道看不出一个人可以从"大象,一种南方的巨大动物"开始,一路讲到"人的肖像",讲到"近似",讲到"雷同"等?让我们先看看图 4-2。

能指	象
初级指代	大象
次级指代①	近似、相像
次级指代②	好像要、几乎

图 4-2 "象"这个字的衍生含义分析

至于为何一种动物的名称会获得"近似"及"雷同"的含义，这就需要进一步的字源学阐述。从字形元素（morphemic，简称"形元"或"语素"）的观点看来，以下对于"象"的形状演变的叙述（见图4-3）会有些帮助。

图4-3 "象"的字形演变 [40]

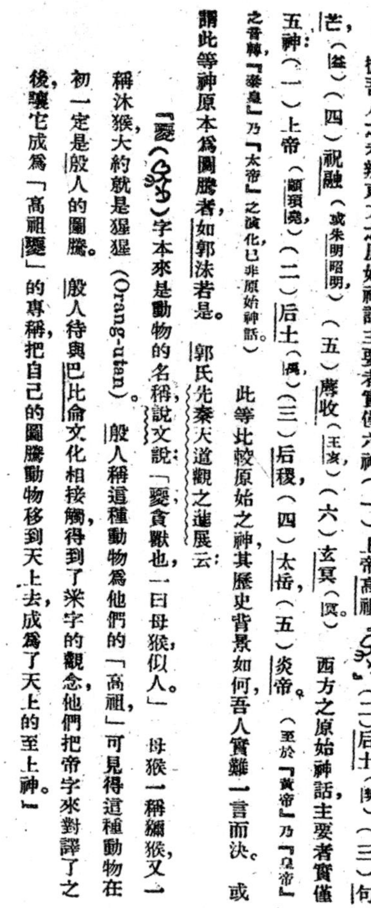

图4-4 第一位皇帝的发源神话——"夒"的字形 [41]

图4-5 各种"为"的样子——"为"：重要的行动 [42]

"象"这个象形字本身不太可能自己演变成或自行生产出"肖像""征象"的意思；但从其他地方，我们可以推测得出一点点可能性。若从印欧语源学去考察，例如梵文，一头大象称为"aJjana"（雄象）或"aJjanAvatal"（雌象），而梵文的"近似"即"象（sign）"，或"象征（token）"是"abhijJana"，其中"-Jjan-"的发音和古汉语中的"siong""ciong"以及现代汉语的"xiàng"等发音可视为相等。若果真如此，那么有没有可能，英文中的"sign"与梵文中的"-Jjan-"（elephant）也共有古印欧语的相同根源？在古代中国，居住于黄河中下游的民族，原本称为"商"，后来也称为"殷"的，当然会立刻吸引我们的视线。就是这个民族发明了最早的文字：甲骨文。这个民族也以能驱使大型动物以供耕田及作战之用而出名，而且他们能够使唤大象这件事也记载于历史文献当中。[42] 从甲骨文，我们也可以发现一个用来表示"做"或"行动"的字（尤其是在重大的时机）："为"。在古时候，这个字的样子其实是由一个手的部件及象的部件以"指事"的方式组合起来的，如图4-5。

　　在此，有一个问题发生，就是音元（phonemic，或称音素）及形元（morphemic，或称语素）两个系统之间的一致性。"为"的发音是"wéi"，它的声音接近于一个与象有关的字源："豫"（yù）。"豫"在古代汉语中的意思是"大象""皇帝的巡逻卫队""为了去做一件事而做准备""游移不决""一个叫作河南的地区（就是殷人发达起来的地方）"等，但只有最后两个意思在当代汉语中保留下来。在汉语的演变过程中，形元书写系统的变化并未与音元的变化之间形成良好的同步发展，尽管曾经出现过一些形音次系统，以协助每个字的发音，但这个系统比字符系统复杂太多，以至于它的造字法未能在保留声音方面发挥有意义的功能。

　　当一位语言学家试着解释"象"这个字是如何演变成"夒"之时，它的路径确实是曲折的，而且需要很多考古学以及诠释学的线索才能达成。简言之，传说中的第一位帝王（传说这位帝王就是发明如何驾驭大象的人）的名字之所以能与最大的动物名字混搭在一起，其原因不是声音，而是书写的形式。我们现在所能确知的是，在公元前 5 世纪时的老子[44]就已经神秘地将"象"与帝王关联起来。

道冲，而用之或不盈。

（道强而有力地流动，能被使用却不会过度泛滥）

渊兮似万物之宗。

（真是渊深啊，像万物的源起）

锉其锐，解其纷，和其光，同其尘。

（它将尖锐磨钝，将纠缠的结解开，以光使其和合，以尘使其混同）

湛兮似或存。

（真是好啊！好似曾在那儿）

吾不知谁之子，象帝之先。

（我不知他是谁的儿子，像极了先帝先祖）

在此，"象帝之先"可读成"像帝（王）的祖先"[45]，但也可读成"描绘帝（王）祖先的模样"，因此，成为帝王最初的肖像。"象"这个字就是个偶像（idol 或是 icon），用来表示崇敬的那位祖先——若将其视为他的名字（名称），会更有道理，尤其是当那个名字也在反映世界上所有东西的最高原则（即"道"）的时候。

这会将我们带回到原初的象，以及成象，并且有助于为 semiotics 打造出整套的"过程"（sign process, signification），让一个现代汉语的新名称"征象学"由此诞生。

六、两种，而不是两阶

我在讨论征象学的型拟议题时，其方式就如我先前已提到的，并不必然基于初级以及次级的分别，而是源自于"用脚的型拟"（footing modeling）与"用指的型拟"（fingering modeling）之别。当代汉语在翻译征象学相关的用语时，其中有两个最让我满意。它们虽是从一堆可能性当中"站出来"（stand out）的，但它们其实与脚无关，反而与手指有关。这两个是："能指"（某种具有"指功能"的东西），相当于"signifier"；以及"所指"（某种被指出来的东西），相当于"signified"。这段演绎当然不是从汉语哲学的初级或次级型拟中自然演化出来的，而是从西方文化移植过程当中翻译过来的。若非参考它们在西方语言的源出之处——不管它们是以"初级—次级"的阶层方式出现，或它们其实是突然间一起冒出来的过程（就像索绪尔所提供的公式）——我们很难把这个文化移植当中的变形过程说清楚。

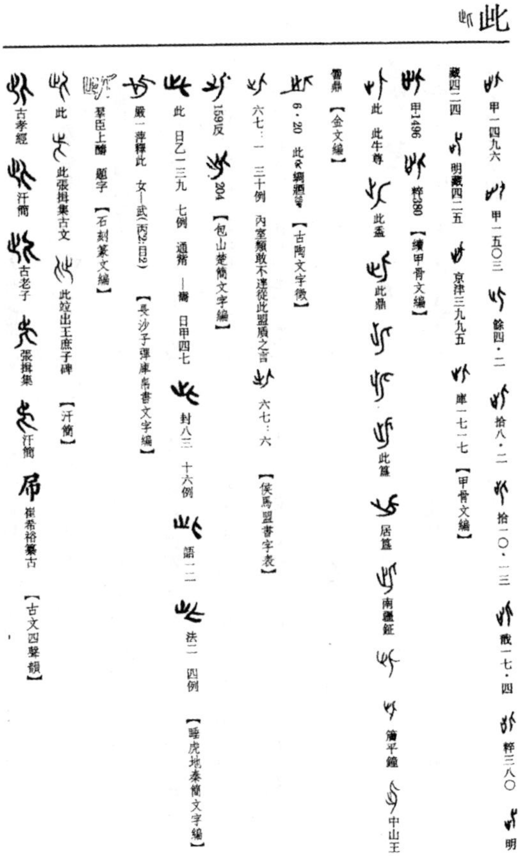

对于这个"用脚的型拟"，海德格尔提供了一个显著的例子，他的用语可帮助我们理解这种型拟。海德格尔说

图4-6 "此"：在这儿[46]

"Dasein"［意即"在那里"（being there）］及"Es gibt"［意即"在"（there is）；就我的理解而言，这是唯一能与之相当的英文］——确实可从古汉语的甲骨文当中找到与其相当的部分，就是空间上的"此"与时间上的"是"，见图4-6。

这就是"此"，在这里，一个脚的部件再加上一个人的部件，用来表示"走向一个人，并且与他/她在一起"（极可能是个女性）。我们无法直截了当地用"那里"来表示"there"，因为汉语中的"那里"与海德格尔的"there"相距太远。相反的，"此"以及"与某人在此"（here-with）更接近或更相当于"Dasein"。但这个"与某人在此"并非一个人站在那里，就像突然被抛投到这个世界里来，却不知是从何而来的。这个"与某人在此"更像是在描绘人被生出来，然后被养育，然后在母亲或阿姨身边跑来跑去，生活在一起的样子。同样的情境也可用于时间上的在此，也就是"是"（being-in-time），如图4-7。

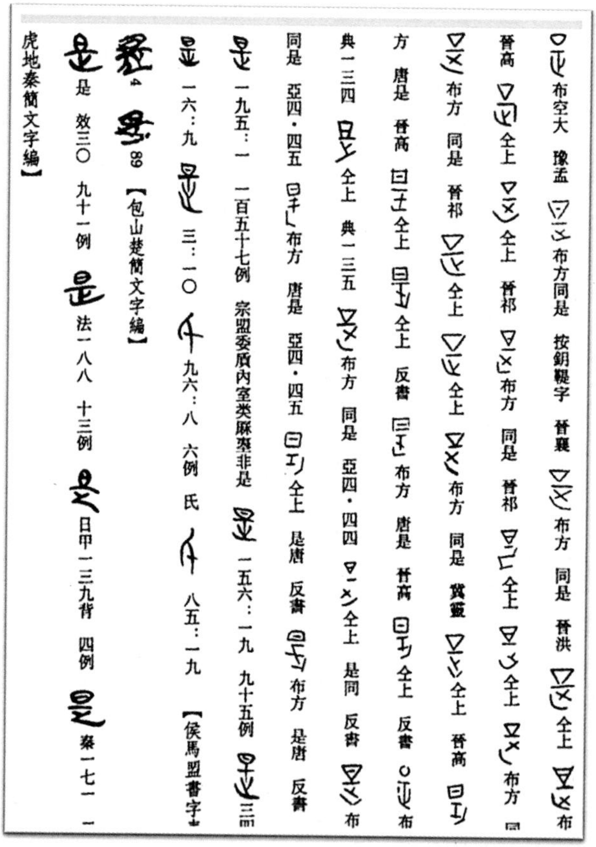

"成为"（to be），或是"出现，在此时此

图4-7 "是"："在当下"或"是，好的"[47]

地"（to exist, to be present here and now）的概念总是被甲骨文的使用者透过用脚的型拟捕捉到，尽管它必须朝向一个正确的方向。然而，什么是正确的方向？这难道不是暗含了一个型拟吗？这个提问之所以发生，是因为甲骨文的第一个型拟是来自一个女人，一位母亲。这是没有疑问的，因为现代汉语用来翻译"model"这个字的"模"，来自于"嫫"，也就是"第一位帝王"（也就是黄帝）的夫人。"嫫"不可与另一个字"莫"（暮）混淆，后者是音元的源起（就字面而言，它后来被用来表示"不可"；这是基于它最原初的意思："太阳下山了——晚上"）。参见图4-8、图4-9。

作为使用这个语言的后裔，我们很好奇祖先们当时为何未发展出一种用指的型拟。因为很明显地，在甲骨文当中，虽有许多用来表示整只手的字形，但除了拇指，在表示手指，尤其是食指时，它竟然不表示"指"的动作，而只是在勾食

图 4-8 "莫"（"暮"）　图 4-9 "嫫"[48]

物来尝味道，这也是为什么它的字根"旨"是代表甜味。

在此，对于"型拟"（modeling）的源起有个相当易于明白的解释：在"pro"的这件事上，用手，尤其是用手指，所需要的技巧比起用脚的"stat"高明得多。当一个人用双脚移动身体朝向他（她）的母亲走去时，并不需要刻意表示其中有任何抽象的思考或意向。这可能是所有"动物征象学"（zoosemiotics）当中最基本的意思（senses）："站在某物之前"。但这并不需特别"为了什么"，除非这个站着的人同时举起他的手，指向某物，或用他的手指做出某种抓取的姿势。然而，仅仅这么举手一指的动作，就已太超过动物的初级能耐，太过于像人，太属于次级（secondary），甚至远远超过人类开始纪录母亲之时的历史能耐。到此，我们可以对这段纷扰的历史下个结论了。

七、谁会认为我们都是"㣎"，以及为了什么？

经过仔细检视之后，在人类所创造出来的所有东西当中，即便是最抽象的，都在揭示它们都起源于象征性（iconic）……这不只是可能而已，那些创造出所有能指之物（**signifier**）的同种者试图模拟她/他所感知到的声音……及声音的来源……这种已经失传的证据相当广泛，它强烈地向我们暗示：造字并非一种偶然，它不是一个乱无章法的过程，而是由一种初级的型拟系统（primary modeling system，PMS）所引领。[49]

在谈到这个初级的型拟系统时，西比奥克用了一个假想的人，并称之为"所有能指之物的同种者"；此外，他还特别为我们留下一个无特定性别的第三人称，以便让我们往后能将她/他（She/he）指出来。我认为，西比奥克以这种方式来说这位不知是谁的祖先，是相当正确的说法。但关于这位祖先是谁的问题，皮尔斯提出了更具原创性及挑战性的叙述，只不过在这段描述中，他可能犯了一个错误。

> 人所说的话，或人所使用的"彰"（sign），就是人自己本身……这就
> 是人，骄傲的男人，对于他那灿烂透明的本质，[50] 亦即最能确认他本身之
> 事，却最无知。

在先前的段落里，我们已有了字源学的证据，说明型拟的最基本型拟，或传说中的最原初型拟，来自于最原初的母亲（the Original Mother）。在后来的人类历史里，很多"彰"（signs）必须转成文字，而这项繁复及革命性的工程必须由一代又一代的"能指之物的同种（创造）者"来完成。在中国人的传说当中，这些造字者有庖牺氏、神农氏及仓颉。其中，庖牺氏教导人民如何使用火及如何煮食，神农氏发明了农业，而仓颉则是一位为黄帝效命的历史学家及占卜者。在古代，所有这些帝王以及创造特殊功业的人都被称为"圣"。依据史前人类一些不难理解的状态，许多证据（或推论）都指出最初两位帝王都是母系社会的领袖，所以他们必须是"骄傲的女人"，而不是"骄傲的男人"。而且，这意味着什么呢？尽管我们无法真正知道他们的姓名，却只将他们称为"圣"？就我们所知，在两千两百年的帝国历史当中，

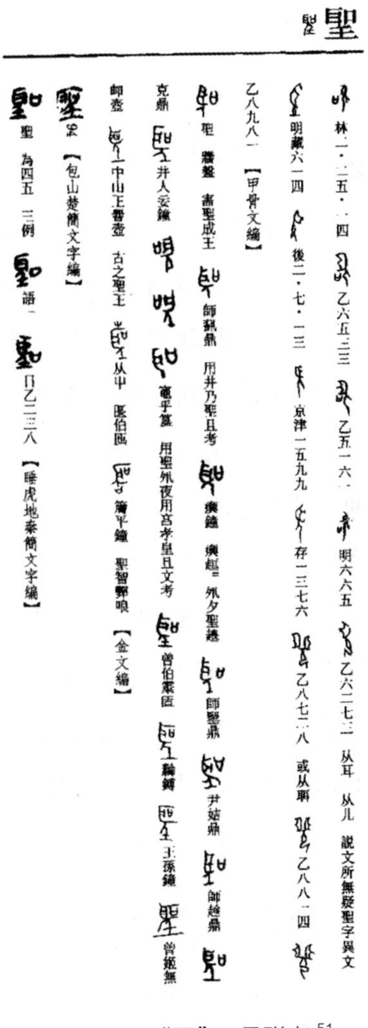

图4-10 "圣"：最聪者[51]

"圣"这个字专属于孔子。这个谦卑却也够骄傲的人，是所有中国人的老师。但是，说真的，孔子本人不敢视自己为"圣"。他宁可将这个封号保留给古代传说中的帝王，或给一个据说长得"像龙"的"某人"，也就是老子李聃。孔子于34岁时见到老子，而依据最近的研究，老子被视为中国思想史上的第一位女性主义思想家。虽然老子与孔子是同时代的人，但老子的哲学却来自于更为古老的"某人"。从甲骨文的遗迹里（见图4-10），我们看见这个人有一只大耳朵，也就是一个伟大的善听者；若以字面来理解，它的意思就是"最聪者"。同时，这种人有个特征，就是带着一个用来标示性别的记号"口"，在左边或右边下方。

　　就字源学而言，甲骨文中的"□""◇"或"▽"等符号可能是嘴巴（一个用来说话的器官），也可能是女性的器官，但在此，必定是后者，尤其是当它被放在身体部件的下方时。后来，这个符号随着父权的发展而演变，它的位置被提升到几乎与耳相齐的高度，成为一个说话的器官；当然，也成为一个专属于男性的器官，因为到了那个时代，女人都已跪在一边不说话了。普尔斯在提起"某人——不只是某个特定人的认知或意识——及其意象化过程时，说："如此，依据最原初的现实概念，'某人'这个概念实质上涉及社群的想法。它没有固定的疆界，且能无止境地增长智识"[52]。是的，社群意即"公开，共同，所有人都如此"，这就是汉文象形文字"公"这个字所表示的，尤其是当你检视它的甲骨文部件之时。你无疑会明白这个"灿烂透明的本质"，也就是男人最无知，而女人却最确定的状况。这就是当社群在分配东西时，女人说话的方式（见图4-11）。

　　那的确是一段纷乱的历史，比德里达所估算的还要长：

　　……髟（sign）的主题一直都是……一个传统的痛苦挣扎，执意将意义、事实、呈现、存有（being）等从意指（signification）这个动作当中撤除……然后我们为了那些还剩下来的东西感到困惑，因为在"彰"（sign）这个概念之下——它始终不曾在哲学（关于存在的哲学）史之外出现，也不曾在这个范畴之外起过任何作用——那些剩下来的东西仍需由历史以一种系统的及谱系的方式来决定。[53]

普尔斯的第二项（Secondness）有个过程，首先需花点时间将第一项（Firstness）当中的"彰"（sign）打破，使之区分成一个当下之物（immediate object）与一个动态之物

图4-11 "公"字的原始字形[54]

（dynamic object），然后，将后者转变成第三项（Thirdness），即解释项（interpretant）。当时，我们尚未明白的，或许是它所需的时间竟然会超过一千年，然后又花了另外一千年去激发（或动员，若用社群来考虑的话）一个消除的动作，为了去除一个由母权建立的意义生成系统，然后，终于达成现今的父权解释项（patriarchal interpretant）。从汉语的演变史，我们很幸运能够有证据来看见这段纷扰历史的蛛丝马迹，并且至少肯认了一件事：我们需要"超过两千年"的时间去理解：究竟哪一个会告诉我们什么是最初的型拟，以及由它所衍生出来的多种变型的误拟；而我们既然活在历史的末端，

那就必然要一直活在由误拟所主导的意义系统牢笼之中，重新开启型拟的下一个千禧年。

八、象论的余音：沉思两则

"彰"的前身，在汉语里曾经试图以"象"来表现，惜因理解的缺失，"象论"在中国思想史上一直没发展完成。如同在黎明的曙光中，我们也一直看见的是黑暗。在我和学生的读书会上，我们围坐讨论这个千古话题，比较像是在黑暗中摸索，等待曙光来临……

（一）沉思

再看一遍这句重要的引述：

> 已经超过两千年了，人们为何一直把 Sign 这个字只用来代表一个现象，然而这现象其实应该分成三个范畴才对？
>
> ——埃科（Umberto Eco, 1984）[55]

对于任何人而言，最初出现的什么，亦即会引人注意的"什么"，就只是个 sign（Zeichen，sengo）。这个"什么"绝对不可译为"符号"。

"Sign（s）"在当今的汉语文献中绝大部分都将它译为"符号"。我在我所有的著作中都曾反复说明：这是个严重的误译。"符号"只是"sign"的多种意义之中的一种，并且只是一个下游概念，不能包含上游到下游的全体。譬如蛛丝马迹、山雨欲来，这些"上游"都是 signs，但我们哪能在我们的语言中把它们称为"符号"？把 signs 以及研究 signs 的科学（即 semiotics）一概译作"符号—符号学"，这显然是汉语学界相当偷懒的学术输入法。

依据韦日比茨卡（1992）所谓的"文化中的语意始元"以及它们在各文化当中的普遍性来看，在汉语的原生语汇当中怎么可能找不到像 sign 及 symbol 这么基本的且可区别的语意始元？如果汉语当中不存在任何能表示 sign 和 symbol 概念及其区别的语词，那么，汉语的使用者怎么可能讨论它们？好在，汉语文献里确实存在一些关于此类基本语意始元的讨论，姑且不论是否能"包含上游到下游的全体"。但我们应该从这里开始，而不是使用简易速成的移植法，偷来一个没头没脑的"符号学"，就可以悠游其中。

我们先来看看王弼的《明象篇》——这应是汉语文献中对此问题最早的阐释，而其阐释的目标则是《易·系辞》。

> 夫象者，出意者也；言者，明象者也。

> 尽意莫若象，尽象莫若言。言生于象，故可寻言以观象；象生于意，故可寻象以观意。意以象尽，象以言着。故言者所以明象，得象而忘言；象者所以存意，得意而忘象。

> ——王弼《明象篇》

根据这段最古典的讨论，让我们来重新想一遍：对于那最初出现的、会引人注意的"什么"，我们可以先看看王弼所谓的"象"：其所出者是"意"，使"意—象"能有所明者乃是"言"。"意—象—言"是指其"生"的前后因果；而"言—象—意"则是由果"寻"其因的方法。但这段讨论虽然说了"意以象尽，象以言着"，但其实就还是有未尽、未着之处。这是在《易·系辞》中之所以还要把探寻之道推至"几者，动之微……君子见几而作，不俟终日……"的地步，也就是说，在"观象"之时，不一定可立即"寻象以观意"，而是在"观—寻"之中，会碰到比"象"更为意义不定的"几—微"。对此，若能持续探寻而致知，就会使《易·系辞》作者发出"知几其神乎"之叹。

我们常用的"符号"在上述的三段因果论中，就只是最后的"言"，而不能包含"象—意"，更不能包含"几—微"。这是为什么我要说："符号"只是"下游"的产出和发现；而"符号学"若仅仅只能在这下游中游动，那就是现代学术的超级沉沦，是致知的超级偷懒。由"sign"只是意义的初动，因此我们要说它接近于"几—微"，而还不到可尽可着的"象—意"，也就是说，虽有所动但不是人人可见，或即使看见也未必能说出那是什么。

普尔斯（Peirce）曾经强调：一个 sign 之所以能成为一个 sign，一定是它经过了某种 semiosic（意义发生）的程序："某种东西以某种方式出现在某人面前，而它之所以那样出现，是因为对那人而言，它具有某种特性或能力"[56] 到此为止，我们可勉强把 sign 译为"象"，即班固对于造字法（"六书"的前四书）所使用的名称。这种说法强调了"象"的作用，实际上比"象形、指事、会意、形声"更有利于讨论本文的议题。但在此，"象"的意思更接近于"征象"，即"物象""事象"或"意象"，因而还不是显然可见的"对象"。我们既强调"征象"的"几—微"难见，因此在不得已时，我要不厌其烦地反复说：我们需动用造字法来为它重新铸造一个新字，就是"𧰼"。

在往后的汉语中，我们对于这个新字须像开始认字的小学生一样，重新学习，直到学会，直到能精练地使用。在"山雨欲来风满楼"的处境中，我们必须学会说："风满楼"是个"𧰼"，我们若能见微知著，就会知道这个"𧰼"正指向"山雨欲来"，而不会说我们看见的"风满楼"是个"符号"。

（二）象论再沉思

我曾读到伽达墨尔（Gadamer）一段精辟的"𧰼"（sign）论，可用来继续阐述我所主张的造字法。但由于计算机里打不出这个字，姑且还是以"象论"来代用一下。伽达墨尔这样说：

一个影（sign）不是每个人都可看见的某事物，也不是人可加以指涉的某事物，然而，假若能视之为（sign），则其中必有某事某物，殆无疑义。赫拉克立特有句话可将此说得非常明白："德尔斐的神既不显示也不隐藏，而只是给个 sign。"我们只要理解"给个 sign"在此是什么意思。它不可取代看见的某事物，因为它不同于其另一极端（即静默）的所有报告，就在于此一事实：可以显现出来的东西，只对于为己而寻索者才可触及，并且实际上他就会看见那里有东西。在此若不引入 sign 的概念[57]，我们就不能够确切地描述诗意言说与宗教言说之间真正的差别。

在我们的传统思想中没有可以与此等量齐观的"象（sign）论"，即使有人主张"意象"在解经之时的重要性（譬如最早的王弼，以及近人谭家哲的《周易平解》），但这概念还是太接近于"每个人都可看见，也可加以指涉的某事物"，就用不着圣人来费工夫了。拿一位亦儒亦道的理学家邵雍，来谈谈某种走到半途的的混合论述。

"夫所以谓之观物者……非观之以目，而观之以心也，非观之以心，而观之以理也。圣人之所以能一万物之情者，谓其能反观也。所以谓之反观者，不以我观物也……以物观物之谓也。既能以物观物，又安有我于其间哉？"（取自《观物·内篇》）

"不以我观物也……以物观物之谓也"，这里的"以物观物"显然是吊诡之说，既然不以我观物，则在我与物之间，必有个"什么"可用以观物，但由于没有引入"影"（sign）的概念，邵雍只好根据前人的蒙混之说，叫作"以物观物"，并且也顺此一步导入道家的公式，即"无我"，谓之"不以我观物"（"安有我于其间哉？"）。这样的论述传统，玄虚有余，但已显得词穷。

“彰”（sign）的概念在汉语中并非全然不存在，由《周易》中确可看出一点蛛丝马迹，其讨论的对象就叫作“象”，但后来，“象”被等同于“喻示”“譬喻”，只是个“可取代看见的某事物”，因而缩减了它的意义，譬如钱锺书说：“《易》之有象，取譬明理也，‘言所以喻道，而非道也’（语本《淮南子·说山训》）。求道之能喻而理之能明，初不拘泥于某象，变其象也可；及道之既喻而理之能明，亦不恋着于象，舍象也可。”[58] 当然，钱锺书对于“象”的理解还稍有比此更复杂些的，譬如他说：“故《易》之拟象不即，指示意义之符（sign）也；《诗》之比喻不离，体示意义之迹（icon）也。不即者可以取代，不离者勿容更张。”[59] 由此可看出他所用的“符（sign）—迹（icon）”已是在试图消化现代西方之说，但仍不得其要而已。另外，钱还引述弗洛伊德所言：“描述心理，唯有出以拟喻。然必时时更易其喻，盖无一喻堪经久也。”这多少是在说“以喻指（sign）”有不即者，有不离者，但总是不足以说明“彰”（sign）的含义乃是在不显不隐之外，定能有所指。

注释

1 本文是由作者的英文原文翻译修订而成，见 Soong，Wen-Li（2011）. Modeling Presence and Absence in a Few Chinese Semantic Primes. Paper presented at Conference on The Historical Secondary Modeling Systems Approach of the Kääriku Summer Schools. University of Tartu，Estonia。初步的中文翻译由陈永祥所作，再由作者作了些增删修润。

2 需要反复叮咛的是，在汉语中，对于此字有个广泛流传的不当翻译：“符号学”。本文试图提供一个新的，更为适当的翻译，因此，在正式提出之前均暂时只写出原文。其他不当翻译的基本语词包括：sign（汉语的流行翻译是“符号”）、semiosis（“意义发生”）、semiotician（“符号学家”）、identity（“认同”）、mark（“记号”）、symbol（“符号”或“象征”分不清）等。

3 许慎 撰，段玉裁 注（2015），《说文解字注》。南京：凤凰出版社。

4 Eco，U.（1984）. Semiotics and the philosophy of language. Bloomington，IN.: Indiana University Press，p. 19.

5 Heidegger，M.（1957/1969）. Identity and difference. New York: Harper，p.25.

6 把 sign 译为"符号"是当代汉语相当普遍的错误，由于到处可见，恕不一一注明出处。

7 就字面来说，此词其实相当于 symbology，下文会作说明。

8 就字面来说，此词应相当于 signalogy。

9 Wierzbicka，A.（1992）. Semantics，culture，and cognition. Oxford: Oxford University Press；Wierzbicka，A.（1996）. Semantics: Primes and universals. New York: Oxford University Press；Wierzbicka，A.（1997）. Understanding cultures through their key words. New York: Oxford University Press.

10 在《圣经·约翰福音》当中有一段有著名的中文翻译，将"In the beginning was the Word"译成"太初有道"，转译回英文就可作"In the beginning was the Way"。

11 所谓的"文化心理学"课程，我采用的教材包括萨丕尔（E. Sapir, 1994）、维果茨基（L. Vygotsky 1986）、布鲁纳（J. Bruner, 1990）、寇尔（M. Cole, 1996）、哈瑞和吉利特（R. Harré & G. Gillet, 1994）、瓦西纳（J. Valsiner, 2007）等人的著作。至于"社会符号学"（原来的课名如此），我所指定的阅读材料包括下列作者的著作：叶尔姆斯列夫（L. Hjelmslev, 1961）、埃科（U. Eco, 1975, 1984）、温纳和伍米克—西比奥克（Winner，I. P. & Umiker-Sebeok、J. [eds.]，1979）、戈特迪纳（Gottdiener, M.，1995）、西比奥克（T. Sebeok，1994, 2000）等。参考：Bruner, J.（1990），Acts of meaning. Cambridge，MA: Harvard University Press；Cole，M.（1996）. Cultural psychology: A once and future discipline. Cambridge，Mass.: Belknap Press；Eco，U.（1975）. A theory of semiotics. Bloomington，IN.: Indiana University Press；Eco，U.（1984）. Semiotics and the philosophy of language. Bloomington，In Indiana University Press；Gottdiener，M.（1995）. Postmodern semiotics: Material culture and the forms of postmodern Life. Oxford: Blackwell；Harré，R. & G. Gillet（1994）. The discursive mind. London，UK: Sage.；Hjelmslev，L.（1961）. Prolegomena to a theory of language. Madison: University of Wisconsin Press；Sapir，E.（1994）. The psychology of culture: A course of lectures. New York: Mouton de Gruyter；Sebeok，T. A.（1994）. An introduction to semiotics. Lindon: Pinter；Sebeok，T. A. & Danesi，

M.（2000）. The forms of meaning: Modeling systems theory and semiotic analysis. New York: Mouton de Gruyter. Valsiner，J.（2007）. Culture in minds and societies: Foundations of cultural psychology. London: Sage；Vygotsky，L.（1934/1986）. Thought and language. Cambridge，MA: MIT Press；Winner，Irene P. & Jean Umiker-Sebeok（eds.）（1979）. Semiotics of culture. The Hague: Mouton.

12 Piaget，J.（1973），Main trends in interdisciplinary research. New York: Harper & Row.

13 引述 Thomas Sebeok（1991）. A sign is just a sign. Bloomington，Indiana: Indiana University Press，p. 17.

14 参见注释 13，p. 19。

15 参见注释 13，p. 19。粗体是我的强调。

16 Chao，Yuen-Ren（1940）. A Note on an Early Logographic Theory of Chinese Writing，In Wu & Zhao（eds.）. Linguistic Essays by Yuenren Chao，Beijing: The Commercial Press，2006: 299-303.

17 这些最原初的文字在现代被称为"甲骨文"。20 世纪初才考掘发现，总计大约有 4500 字，且经考古证实，它们是公元前 14 世纪的遗存，也是早期商代及后继的周代的遗迹；目前能被解译的，只占其中的大约 1/3。

18 仅存的极少数例外出现在当代的化学及物理学当中，例如，为了替一些汉语所无的化学元素命名，造出"氢"（hydrogen）、"氧"（oxygen）、"镭"（radium）、"钚"（plutonium）等，或例如热力学当中的"熵"（entropy）。

19 尽管在古代许多单字本身就可成为"语词"，还是有些自发性的演变，会使用两个字来造词，以增加词汇。

20 "造词"之外，也另可细分出"构词"之法。但这两法的重叠之处很多，合并称为"造词"并无不妥。参见刁晏斌《现代汉语史》（福建人民出版社，2006）。

21 李幼蒸（Li，Y-Z）（1996），《略论中国哲学字词的意素结构》，《哲学杂志》，18 期，182-188。

22 当李幼蒸（1993）有系统地写下中文第一本关于 semiotics 的书时，他不曾解释为何"semiotics"必须称为"符号学"（symbology），以及为 sign 叫作"记号"（mark 或 signal）。他只是说他"随俗"。参考：李幼蒸（2007），《理论符号学导论》。北京：

中国人民大学出版社。

23 在赵元任的著作合集（包括他所有的英文及中文著作）中，他甚少提起普尔斯（C. S. Peirce）的名字，而且，他对于 signs 及 symbols 的讨论在很大程度上是受到较晚近的莫里斯（Charles Morris）影响。

24 Chao，Yuen-Ren（1960）. Models in Linguistics and Models in General. In Wu & Zhao（eds.）. Linguistic Essays by Yuenren Chao，Beijing: The Commercial Press，2006: 728-743. 西比奥克（1991）曾谈到这本书在 20 世纪的重要性，他把赵元任视为里程碑，这样说："在赵之前，及在赵之后的各种 semiosis 模型"。

25 赵元任（1960 / 2006），p. 742。

26 参见注释 25，p. 739。

27 Sebeok，1991: 51.

28 西比奥克对于符号性（symbolicity）及象征主义（symbolism）的区别，见 T. Sebeok & Danesi（2000）. The forms of meaning: Modeling systems theory and semiotic analysis. New York: Mouton de Gruyter.

29 徐通锵（2005），《汉语结构的基本原理：字本位和语言研究》，青岛：中国海洋大学出版社。

30 Eco，U.，参见注释 29。

31 简言之，所谓"向心词"是指重心在后，"离心词"是指重心在前，"同心词"则是前后重心相等。

32 阮元等（撰集）（1989），《经籍纂诂》，上海：上海古籍出版社影印本 ，p. 107，271。

33 王力等（编著）（2000），《王力古汉语字典》，北京：中华书局。

34 就如埃科（1984: 130）所提到的。

35 若将这些发音与 "bolon"（bol）相较，就会发现一个合理的怀疑，也就是它们是否同样都来自三千年前的某个源头。古汉语与印欧语有数百甚至上千个共同的字根并非一件不可想象的发现，参见：Tsung-tung Chang（张聪东，1988）. Indo-European Vocabulary in Old Chinese: A New Thesis on the Emergence of Chinese

Civilization and Language in the Neolithic Age. Sino-Platonic Papers，7-i，p. 1-56；周及徐（Zhou Jixu，2002），《汉语印欧语词汇比较》（A Comparison of Sino-Indo-European Lexicons），成都：四川民族出版社。

36 《道德经》：25。"法"通常是指"法律"，但当作动词使用时，有"遵循法律"，或"依法行事"的意思，当然也有"当作榜样"的意思，所以为了我们的目的，"法"可译成"以……为模范"。许抗生（1985），《帛书老子注译及研究》。杭州：浙江人民出版社。

37 Representation 在很多文献中就译为"表象"，但我在本书中不采用此译名，而都用"再现"。

38 对这些"理由"的沉思表现在我的两则"象论"。

39 Sebeok，T. & Danesi，M.（2000）.

40 取自帅初阳等（编）（2010），《甲金篆隶大字典》。成都：四川辞书出版社。

41 取自杨宽（2016），《中国上古史导论》，上海：上海人民出版社。

42 王国维先生也重新审视了《吕氏春秋·古乐篇》中"商人服象，为虐于东夷"记载的可靠性，认为"此是殷代有象之确证矣"……徐中舒先生则于1928年专门写了《殷人服象及象之南迁》一文，他根据甲骨文中"获象""来象"的记载，结合古史传说，指出殷墟之象，"必殷墟产物"，并非"他处贡献"而来。他又考释出"豫"字为"象邑"之合文，得出"殷代河南实为产象之区"的结论。以上引述取自《商代的生态环境与农业发展》。

43 同注释40。

44 《老子》，第四章。括号中的文字是我的阐释。

45 事实上，现代汉语"帝王"在殷商的语言中分别称"王"与"帝"——生时谓"王"逝后谓"帝"。这里的白话翻译（现代汉语）有点语义淆乱，因为"帝"就是"王"的祖先。

46 取自古文字诂林编纂委员会（1999），《古文字诂林》。上海：上海教育出版社。

47 同注释46。

48 同注释40。

49 Sebeok，T. & Danesi，M.（2000: 48-49），粗体字是我标上的。

50 Peirce，C. S.（Hoopes，J. ed.）（1868/1991）. Peirce on signs: Writings on semiotics by Charles Sanders Peirce. Chapel Hill: University of North Carolina Press.

51 同注释46。

52 Peirce，C. S.，ibid: 82.

53 Derrida，J.（1974/1976）. Of grammatology. Baltimore: Johns Hopkins University Press.

54 同注释46。

55 Eco，U.（1984），Semiotics and the philosophy of language. Bloomington，IN: Indiana University Press，p. 19.

56 引 述 Thomas Sebeok（1991）. A sign is just a sign. Bloomington，Indiana: Indiana University Press，p. 17.

57 Gadamer，H.-G.（1986），The Relevance of the Beautiful and other essays . N. Walker tr.，Cambridge University Press. p. 152.

58 钱锺书，《钱锺书论学文选》，卷一，p. 67

59 同注释58。

05

物的意义：
言不尽意的奥秘

一、文化物项：物究竟是什么

我几乎可说：对于任何东西，尤其可称为"文物"（artifact）者，我们都可视之为文化物项，并对它进行重新观察和研究。1993 年，我曾在哈佛大学的卡朋特中心（Carpenter Center）看过一个极有意思的展览，它的题名就叫"物究竟是什么？"（What is an Object?）我把展览走完一圈，看见的每一样被展出的"物"（东西）原都是日常生活里常见之物，只是不曾用那种展览表现的方式看见罢了。譬如，我记得有几块硅胶，连成一串挂在那儿。你说它是什么？作为一罐建筑用的接合剂，或作为一块隆乳用的填充剂等都可以，但若加上它们所连接的意义脉络，那就会造成一个繁复的意义联想。譬如，它可用来建筑房屋，也可用来"建筑"女体？它们之间的关系若即若离，但对这些东西提供这样的联结关系，却使展览会场弥漫着一股像接龙诗般的气味，绕梁三日，循环不已，引人遐思。任何一个东西，总有它背后的脉络（又称"语境"）支撑它的意义。而脉络和脉络之间又有第二层以上的连结，造成意义的层层扩张，如是如是，使得一个意义的世界，似乎总隐藏着言不尽意的奥秘，也使我们在经验中所看见的，常常只是它的一点点征象兆头或蛛丝马迹。

二、从征象到意义显化

埃科（Umberto Eco）在《征象学理论》[1]（*A Theory of Semiotics*）一书里曾引述普尔斯（C. S. Peirce）关于经验和观念之间的关系之论，他说，普尔斯的意思是："我们总在尝试把观念细致化（elaborated）之后，才能知道它是什么。"（p.165）若用普尔斯自己的话来说："这些观念乃是暗示此观念的经验现象之第一个合于逻辑的解释项（interpretant），而这些经验现象，就在暗示之时，乃是些征象（sign），并且又是它们所暗示之物的……解释项。"（p.165）这段话所说的，就是把他自己的征象学理论之中最基本的第一项（彩，sign）、[2] 第二项（物，object）、第三项（解释项，interpretant）之间拉出个循环关系的说明：征象来自于物的经验，而一旦这经验以现身，它就会被推向解释项，并且即刻成为另一层次的，且如是继续衍伸。

征象学对于一个长期浸润在经验科学（譬如心理学）研究之中的我来说，只要有这样一点点不同的起点就好像颇能乍现灵光，但它的三项式知识结构的本身也同时是令人困思的，因为，就在翻译这段短短的引文之时，我也发现：拗口的皮尔斯，他所要说的，原就是不容易望尽、不容易走完的"彩"（sign）到意义显化（signification）之路。可是这条曲折的道路一旦得以打通，那就会一方面承接古代世界里的知识处境，一方面开启新世代知识。古代世界曾为了"天不言、地不语"的困境——这是金兹堡（Ginzburg，1979）[3] 说的基础问题，它是和"科学典范"相对而言的——以致长久仰赖着占卜巫术来作为意义指陈和传达的媒介，使神秘的意义来源（"天—地"）得以现身显化。而我们在经过科学知识典范转化之后，对于知识的期望则已发生根本的改变。占卜典范转为科学典范之后，又有第三波的转化发生，而这正在诞生中的第三类典范，也许就是被称为"科学"或"意义显化理论"的征象学。

我在接触征象学的短暂经验里，发现这是一种一方面看似很有希望，另一方面又是吊诡无限的知识系统重建问题。我所经历的经验科学训练，是一种看似必须熟练庞大系统以及操作方式的知识工作。它需要极其繁复的证据数据来构筑一套又一套客观的经验事实，作为它运作的基础。我长期陷落在琐碎的资料处理技术之中，常自觉不见天日，但我也曾百般尝试突破的可能，因而领会一种甚至在错误经验之中也能学习知识门道的方法——现在也许称之为"作者行动"比较恰当——而我就把征象学视为一种作者实践其职志的知识门道。若要对于这种实践知识有所谈论，该有的基本态度就是要把知识门道转化成人人可解（从前或叫作"妇孺皆通"）的形式之后表现出来。我这就回到埃科，来说说这个意思。在《符号学原理》中，埃科用了很简单的几段话来展开我所知的征象学基本问题。

三、文化物项：是不是"猫"

　　假若我正穿过一条黑暗的街道，瞥见街边有个不清楚的影子。直到我能辨认它之前，我会想："究竟是什么东西？"但这"究竟是什么东西？"也许会（实际上也常会）被翻译成"到底是什么意思？"当我的注意力调整好了之后，这组感觉素材经过更好的评估，我就终于认出"那是一只猫"。我之所以能认出来，是因为我曾经看过其他的猫。于是，我就把一个文化物项（a cultural unit）"猫"应用到这组不清楚的感觉刺激上来了。我甚至可以把这次经验翻译成一段解释项（叫作：我看见一只猫）。所以这组刺激对我来说，就变成一个可能意义的彰载体（sign-vehicle），而这意义乃是我在这次知觉事件之前已经拥有的（意义经验）。

　　这个例子里说："我就终于认出那是一只猫"，是在说：他认出"猫"本身，还是"猫"的意思呢？是"猫"这个东西，还是"猫"的名称呢？听起来，有点像是古典哲学里绵亘长久的争辩题目，也就是实在论（realism）和唯名论（nominalism）之间，以及客观实体论（objectivism）与观念论（idealism）的争辩。[4] 近代经验科学对于这个问题的回答显然是偏向实在论和客观实体论传统的：在我们所谈论的那个问题发生之时，首先必须设定有个"猫"的客观物体存在，使接续下去的所谓"感觉刺激"和所谓"意义经验"的后随项从而发生。在这个思想传统的设定之中有一个值得特别讨论的基础是：它已经明明摆着一种"预知后事"的观点，也就是不受事态影响的抽离观点。就像在福尔摩斯探案时，案子开始虽只有些蛛丝马迹可循，但最后总会发现客观的"事实"，而事实也就代表着"真相"的存在，因为，除了福尔摩斯尖锐的眼光和细密的推理，讲故事的华生医师也是个很值得信赖的绅士；或说，我们总是信赖化身为华生医师的那位背后叙事者，也就是作者柯南·道尔（Conan Doyle），因为不管原来的案情多么曲折复杂，这位作者最后总是会把故事的原委一一道出。

可惜的是，根据"征象科学"的观点，我们的文化处境在结构上就和这个预知后事的事实真相结构迥然不同——我们甚至得说，在很多方面是正好相反的：我们的处境比较像是福尔摩斯本人，他永远只能站在一堆征象兆头之中，而我们的好朋友华生也只不过是个普通的医师，不是个无所不知的天使。更糟的是：我们根本找不到背后的叙事者——所以我们就只能活在故事里，并在其中用线索来编织知识。所以，透过征象的意义显现，它的问题设定方式可以肯定是不属实在论的。反过来说，普尔斯的"解释项"之论是否比较倾向于另一极的观念论呢？

"在故事中"的意思其实也不是这样。因为解释项所指的不是一种本质的名称（观念），而是一种能对任何影载体（sign-vehicle）所载之物而作的命名。一条视觉影像的线索可以被命名为"猫"，使故事中的人相信他们在谈的是"猫"，但并不指涉着"猫"这个东西的存在。到了这个地步，我们已经否认了解释项具有实在—实体性质，也否认了它的观念性质，因此我们只好像萧特（John Shotter，1990）[5] 那般，说它属于一种"第三类知识"。

承认我们活在故事之中也罢，那么，什么是"福尔摩斯处境"呢？在此例中，应该就是指他"瞥见街边有个不清楚的影子"。如果我们要进入的是悬疑小说般的故事，那就不妨再增添一点很可能会发生的悬疑情节："听说这附近邻居有只黑猫，才刚被一群混混的少年仔吊死……你说你刚才看见一只猫？黑猫？会不会是……？"就这样，那个不清楚的影子现在接上的解释项就是个不折不扣的文化物项，而在福尔摩斯所活动的那个国度里，它很可能会叫作"九命怪猫"。福尔摩斯看见的明明是一闪而过的影子（感觉刺激），而不一定是什么猫，但如果与他同行的华生医师提起在附近邻居发生的事，那也是他很难避免的联想。否则除了说"不知道"，对于这个瞥见某物的经验你还能说什么？

被征象学转化过的心理学语言就会这样说："这组刺激对我来说，就变成一个可能意义的载体。"这"载体"（能承载征象的框架），就是普尔斯所说的"暗示（某）观念的经验现象"，所以，"就在暗示之时，乃是些（彰，signs），并且又是它们所暗示之物的……解释项（interpretant）。"也就是说，那黑暗街道所闪过的影子到底是不是猫，我们仍然不得而知，但我们最终却难免要把征象推到某个位置才能获得意义的安止，那就是把它推送到一个被过去文化经验所写就的意义系统里去。即使最后你可以肯定它是一只猫，其实那也只肯定了一种被个人经验接受，以及被对话者们共同接受的"猫的某种意思"。于是在这样的意义世界里，人所能了解的（或确实有以了解的）就只是解释项而不是物本身，而物的存在与否（以及它是否重要）就全赖于它是否能对人显现为有意义的征象而决定了。所以埃科才说：征象学本不是在乎物的存在与否的学问，而是一种在出现之后，在乎能不能把话讲出来的学问。我认为，这就是征象学的一条重要门道：

> 一个征象（sign）就是能被认为可以有意义地取代它物的东西。这个它物并不一定要存在，或在该征象代表它的时刻实际存在于某地。所以，征象学原则上就是这样一门学问：它要研究的是每一种可用来讲谎话的东西。一个东西如果不能用来讲谎话，那么相反地，也就不能用来讲实话：事实上它就是什么也不能"讲"。

四、意义体系

文化的地盘是语言，也就是由象征、符号加上它们的用法所圈围而成。意义的生灭只在文化之中才有可能。我们研究文化，难道只是为了得到文化之中的"物自身"吗？或者，更极端地说：我们有什么途径可以获得语言之外的知识？譬如说，我们可不可以先肯定有个自然的世界，而后才说：语言只不过是用来将它再现或回放而已？这样的主张虽然接近常识，但却和文化的现实相左。我们再来看看埃科给的一个例子，这次他问的是："女人是什么？"

> 让我们来想想（关于）"用女人作交易"（这回事），以何种意义来说，我们可以把这问题理解成一种象征（symbol，符号）的历程呢？[6]在这种说法的脉络中，女人看起来好像就是个物对象，只要通过身体操作的手段就可加以使用（也就是说：可以像食物或其他物品一样被人消费）。然而如果女人真的只是个物理的身体，而她的丈夫只要和她进入性关系生个孩子就好，那就根本不能解释：为什么不是每个男人都可以和每个女人交往？为什么男人必须遵照某种习俗来娶一个女人（或几个女人，看当地习俗而定），并且只能遵照非常确定不变的选择规则？因为那正是女人

在该习俗系统中的象征（符号）价值使她和别的女人之间构成对立关系。女人，一旦她变成一个"妻"之后，就不只是个物理的身体了：她是个征象，而在此征象背后隐含着一个社会义务的体系。（ECO，1976：26）

女人在文化的现实中不可能只是个"物理的（或自然的）身体"，而是个文化物项，以征象现身。所以，男人或任何人也都莫不如是。首先，在此值得强调的是：在征象出现之时，它（她—他）的背后所隐含的并非自然，而是一个意义体系。这个意义体系决定了这个征象和其他征象之间的关系，也决定了我们和这个征象之间的关系，因为我们也以征象的方式存在于这个体系之内。其次，就身体而言，包括医师看病时所处理的任何患者的身体，在医师的训练过程中都必须先透过解剖学、生理学、病理和药理的符号体系来加以重构，之后他才能对这个体系化的身体来作医学的处置，所以这套知识之中重要的并不是什么"自然"。用征象学来理解的"自然"，就是一种征象体系的名号（象征—符号），换句话说，只有在文化之中的自然，而没有自然的自然。所以，容我再问一次：如果我们不是要在文化的背后找到客观自然，不是要在文化物项的背后找到物自身，那么，研究文化者，究竟又是所为何事？

格尔茨（Clifford Geertz，1973）说得好："对文化采用征象学取向，其全部要点就只在于……帮助我们获得一条门径，以便进入我们（所研究）的主体所生活于其中的概念世界，以此我们才能够（以很广义的方式来说）和他们交谈（to converse with them）。"我们（研究者）需要和人交谈，以便能够获得理解、形成社会关系，换言之：我们本来要问的就不是什么"东西"；我们之所以需要不断交谈，是为了要维持文化地盘上各个意义系统之间的畅通处境。我们透过交谈而获得理解，所谈的内容无非都是物物物物（指涉和关系），但这些物却又都只是解释项。我们把这叫作什么来理解呢？根据格尔茨（Geertz，1973）的意思，文化分析（也就是这里说的"文化研究"）是要做出一些——格尔茨借用高利（W. B. Gallie）的话来说——"essentially contestable"（"基本上可以竞论"）的作品，用来加强论题中的可疑之处，惹恼那些参与竞论的人，以便维持一场又一场精致化的争辩（refined debate）。我认为这样的争辩和"（文化间）畅通处境"是一体两面，也算是我为"理解"和"社会关系"所下的一个社会科学定义；而其终极意义则是我对于作为"文化研究者"的唯一安身立命之计，虽然我一定需要再进一步反身自问："安身立命在意义系统中究竟又是什么意思？它是什么东西的名号呢？"

"Stories only exist in stories."（"故事只存在于故事中。"）[7]

"请别卖关子""请干脆告诉我结局是什么"这样的问法在文化处境的经验上终究不可能有令人满意的答案。

五、语言（la langue）和讲话（parole）

在索绪尔（Ferdinand de Saussure）语言学的基本设定上，语言（language，la langue）和讲话（speech，parole）是两个不同的体系。它们之间的差距一旦被发现，就会使很多语言文明的文本变得必须改写。在人类所有的讲话中，我们都知道其中的意思是必须经过理解才能完成的——而所谓"完成"也只是完成一次谈话脉络中的意思交换而已。讲话永远是从语言中撷取部分的潜在意义而加以拼凑的偶然结果，但是"潜在意义"本身却只能说是没有意义，因为它没有任何可以"出现"的脉络，因此也不会有任何时空中的具体结果。也就是只要努力加以拼凑的话，它可以同时暗示许多不同的脉络。

范德莱乌（G. van der Leeuw, 1986）[8] 曾引述列维 - 布留尔（Levy-Bruhl）的意思可谓一语道破："……所以，预言虽是和未来有关的，但那只能以附带的意义来看待。因为求问者想要知道的并不是将来会发生什么，而是他本人所欲求的究竟会怎样发生。"换言之，重要的是求问者本身的欲望，而不是问题和回答，并且问题的提出也不是在真空中开始的——他是带着一套背景而来，他的背景就是他的欲望，因此当他开始求问时，答案已经被欲望的逻辑所设定。所以，对于每一个问题，他所得的答案当然只有"是不是如我所欲"而已。真正的答案，其实只有"好、不好""是、不是""对、不对"等就尽够了，至于卦象图则只是这种回答方式之外的一些加料变化，而稍稍不同的只在于其过程中所产生的任意性，也就是避开同一逻辑的单调反复而已。其中所拼凑的文字符号基本上和任意发生的字符串没有什么不同，至于为什么又会被转译成有意义的征象，那道理也和欲望背景、设定答案的逻辑一样——有意义也者，就是合乎我意也。

回到本文一开始时提到的普尔斯：他说征象会被推到"第一个合于逻辑的解释项"。并且在其他地方，他也说："符号乃是指涉某物的征象，而这样的意指乃是通过一种法则，通常是由一般观念的联想而来，在这样的操作中，符号就被诠释成和该物有关……所以，一定有某种存在对象是符号所指涉的，虽然我们还是要这样理解存在对象：它存在于可能的想象宇宙中，而符号就是指涉着这个宇宙。"（Peirce，1933，quoted in Silverman，1983）[9] 法则也者，一般观念也者，和"可能的想象宇宙"，是指什么？

六、意义的主体

首先，一个物，作为"客体"或"对象"而言，它的定义是从主体而来的。用现象学方法为物所作的定义乃是"that which confronts the I"（和我相遇者）波亨斯基（Bochenski，1968）[10]。而威廉姆斯（Raymond Williams，1976）[11] 说，物就是 "as thrown before this（the subject's）consciousness"（如同被抛投在此 [主体的] 意识之前的东西）。埃科（Eco，1979）[12] 则说：物是作为 "积极经验（所导致）的场合和结果而存在的"，他解释道："发现一物，就意指发现一种方式，使我们得以向世界运作，而那个世界就是产生物或产生对于物之实践用法的世界。"

在汉语的世界里，"对象"一词说的是和主体对立，而"客体"则是指和主体相遇的关系。我们都是以讲话主体的身份而和另外一个讲话者互相遇见。

（一）讲话的主体

征象学主体的第一个面向就是"讲话的主体"（speaking subject）。什么是讲话的主体？这和心理学报告里常用的 "subject" 一词有什么关系？波特和韦斯雷尔（Potter & Wetherell，1987）[13] 曾经检视过心理学里对于主体的三种理论模型和它们据以发展的基本隐喻——人格特质理论（trait theory）的隐喻为"诚实的灵魂"；角色理论（role theory）的隐喻为"舞台演出者"；而人本理论（humanistic theory）则为"浪漫主义式的人类潜能"。但他们认为这三种隐喻都只能导致对于主体的局部理解。在经历了一个世纪封闭性发展之后的心理学，需要根据社会建构论（social constructionism）的观点，加上征象学的理解，来使之更加"社会化"或"文化化"。仅从征象学的观点，很吊诡地来说：心理学的所谓 "subject" 和文化的主体截然不同，就连在本体论的基本设定上，他们两者也有不同的关切。我这就来为此作一番阐释。在仰赖心理计量学（psychometrics）而建立的心理学理论之中，所理解的 "subject" 究竟是什么？在初期译介西方心理学的汉语翻译者，用他们朴素的理解，把它叫作"被试"，而此一译法一直沿用至今。"被试"所指的乃是个被动接受测量而且能在标准化、程序化的问答设计上给出自陈回答或流露出可观察行为的个体。特质论很能代表这样的理解方式，而它的理解之产品就是"人格"，也就是一套有关特定性质的描述语词组成的对象。这套人格对象和真实的人以及人类社会脉络都有极大的差异。它只是在特定情境下可用来把人作定性归类之用的描述法，譬如在学校、军队、工商机构、医院等。离开特定情境后，它们都会表现出低水平的预测效度。受到形色各异的社会建构机制所塑并且能在不同的意义脉络中游走的文化主体戛然消失，代之而呈现的是单面向、定性化的侧写。在这样的理解下的"被试"显然不是任何意义下的"主体"，而是绝对被动的"客体物"，并且也和这个字眼在其发源地的封建时代用法——即"臣属"之义遥相呼应。服役和纳粮的人民被称为"丁口"，其义和"被试"差可比拟。从掌握测量工具的一方来看，被测量者和被观察的自然物本来不必有别，因此对于离开观察脉络后的同一对象是否还可能有其他表现，常常并不在意。心理学之非社会性的本色可以说基本上就是源自于此一理解。

（二）讲话、对谈与联手行动

其次，在征象学关照之下的讲话主体确实具有远超过心理学所理解的一个"行为个体"之外的多重含义。因为讲话之中包含着对话关系，于是从讲话主体到对谈者之间就形成主体性的两重含义。

主体作为一个文化脉络中的发言者，或和发言者相对的对谈者（interlocutor），以及这对谈所形成的共同意义之塑造者，它所承载的主体是一片社会空间，或是一套意义生成与意义复制的关系。用我们熟知的例子来说：一个"发言人"通常是为一个机构发言，于是这个发言现象的主体就是透过那个使用语言的个体呈现的那个机构，但这当然并不等于机构本身，因为机构本来并不会用这样的方式现身，所以最好的说法是：发言人和它所代表的机构形成一次联手行动（joint-action），于是这里的发言主体就是指在这个联手行动的关系中所呈现的整体，它的代名词不是一个点状的个体——"我"，而是由众多的点、线、面所集合而成的社会空间——"我们"。再进一步，当发言成为对话时，我们先用一个机构的代表人为例来开始说明：当他向另一个机构的窗口交涉事务时，他所面对的对谈者也不只是一个柜台办事员，而是通过办事员所体现的机构规则。同样的，这个人和他自己所携带的机构规则便和他所面对的办事员之间因对话而形成第二度的联手行动现象，如果要再一次用代名词来指称，那就是"咱"，一个包含着对谈者的主词。这些例子其实并不一定非用"机构代表人"来开头不可，因为任何一个人都是一套社会体制的代表人，也就是说，任何的对话其实都是像这样的两套社会关系网络的交集。交集形成交集的主体，这是理所当然。发现这种主体性的理论家很多，他们分别为此订下不同的名称，譬如，"超有机体"（the superorganic）[14] "超个人主体"（transindividual subject）[15] 等。要之，当我们能明确认知主体的性质时，我们便无法再用单一个体来作为心理学研究的单位——这也使得用个体分别计分的心理测量学，如同不连续的粒子（particle）理论碰上连续性的波（wave）理论一样，在基础层面变得摇摇欲坠。

（三）意义的生成与复制

再次，主体既是透过讲话而成为意义交换的起点，那么，在意义交换关系中，最基本的意义复制（如同"语法"所暗示的语句重复现象，以及词汇符号所暗示的再现现象），和意义生成（如同"讲话"中的发声 [utterance]，以及发声所涉及的社会过程），都在指向主体所具有的一种时空范畴，就是在空间中运动的性质。就拿这个符号主体所参与的意义空间来看，霍奇和克雷斯（Hodge & Kress，1988）[16] 就对于它的两种运动形态以一种一体两面的方式来理解，并称之为"意义复制平面"（mimetic plane）和"意义生成平面"（semiosic plane）。在"意义复制平面"上，历史的实在"就在那里"不断重复再现，如同语言系统；而对于它的词汇和句法，人只能牙牙学语，且必须依样画葫芦，不容差错；但说来奇怪，在"意义生成平面"上，如同讲话的情境，却没有什么只是现成、给定的，在句法允许的范围内，词汇的选择性之高到会令人无法预料的程度，而一句千篇一律的招呼问好都必须由发声去完成，并由对方去听取——发声的抑扬高低就会被接收为讲话者的"有心"或"无意"。换个方式来说，在"意义复制平面"所生产的语言样本就是文本（text），而在"意义生成平面"所进行的社会过程就会成为论述（discourse）。文本仰赖着既有的符号系统来复制它的每一次事例；论述则在交换文本的同时使文本之间的联络关系改变——于是文本就会被拉到它所隐含的脉络里去进行语境的重设（recontextualization）。假若说：文本是传统的现身，那么论述则是当下的发生，是传统之有物可传的基础。这两者之间的关系恰恰构成历史辩证的基本形式。

七、意义与理解

萧特（John Shotter，1993）[17] 对于联手行动这个概念可能发生的疑虑做了如下的解释：和他者交谈所构成的联手行动，其要点既不只是一次"行动"（action），也不只是一次"事态的发生"（event），而是介于两者之间；交谈不只是给"出"话语，而是"讲'入'一个非我自身所作的语境之中"（speak "into" a context not of our own making）。所以，文化心理学变成一种研究"介于两者之间"的学问，而这中介状态一方面并不是个真空状态，而是被文化里的语言埋好管线、铺好地面的状态；另一方面，它也是个范围不定的意义场域，对于身涉其中的人来说，没有什么是可以具体讲明的。就在这个理解的难关上，萧特举了一个例子来说明联手行动以及它被人理解的后果：

> 确实，联手行动的结果……会被视为"来自无何有之地"（out of nowhere）——既然不能把行动归之于任何一位行动者，则它对于任何一位参与者都是开放的。于是，根据它所发生的情况来看，它一方面可以被视为创造性的事件、意外的发生、互动的非意料后果；另一方面也可以被视为只是凑巧的发生；最后则可以视为非人的事件，只可归之于"外在的"原因或行动者……。

没错，在他的说明中，和文化的常识层面可以发生关联的应该就是所谓"来自无何有之地"（out of nowhere）的问题，以及关于究竟是具有创造性，还是只可归因于"外在的"原因？萧特到底做了什么具体而又切实的回答呢？当然没有。他正如任何一位文化心理学家一样，是站在社会建构理论的观点上回答这个问题，他说，这个问题对于参与者而言是"开放的"，它可以有两种结果：第一种是变成非人的、异化的操作，也就是变成被外力所左右的局面，而第二种则是成为富有创意、可以引发不在意料中的变化——我认为这可以说是：它会出现令人惊异的局面。

关于"来自无何有之地"的说法，比较严重的本地文化论调就会解为玄秘异数和神灵鬼怪。有一种"外在行动者"，亦即常识中惯称的"超自然存在"，就是一种自然化的客体，只是带着日常生活的手段所不可触及的性质而已。然则，假若有建构论者所谓的"开放性"，也就是创意的可能性，那究竟是在哪？首先，就"不可意料"的性质来说：摩尔（Moore，1979）[18]

曾诠释北美 Naskapi 族人对于原始巫术的用法，藉此来说明开放性的一种面向。他说：因为在捕猎野牛时，对于野牛出没的时间、地点的猜测方式有一定的局限，并且还可能因为猜测的形态被一定的规则所限，因此使用巫术本身的随机性，就可以在规则之外增加不规则的可能性。利用随机性来形成的决策形态虽是彻底非理性的，但它却可能是最好的选择，因为理性的计算有时穷尽，在计算而得不到答案时，难道一定只能留下束手无策的结局吗？在人类经验之中，任意的选择至少可以导致下一步行动，for better or worse（为了更好或更坏），而不会停留不动，所以这可以说是"开放"的第一种意思。

八、在对话之间

在我们的讲话习惯中，任何东西（对象）都只是一点点征象的闪现，如果深入到语境里去，我们就会发现那是个文化的黑洞，我们不可能穷尽它的意义；更何况，我们和那东西碰上了，在那里我们开始说"咱们"，在对话之间，意义更不知会有多少永无停歇的变化。可是为什么一个文化物项却总是会有某种惯性，好像它的意义可以停留在一定的传统之内，也就是停留在某种看似合理的解释项之中？而这样的问题，放入研究的脉络，究竟又该如何看待？

一个研究三叶虫的古生物学家要知道的是那个时代的生态，而不只是要知道一只特定的三叶虫；同样的，研究汉语要知道的是心灵和意义的脉络关系，而不只是要知道一种特定的构字法。只是，心灵和意义似乎不会因为我们使用了断代法来记录历史，就一定得遵守断代的逻辑——它的历史连续性似乎比我们所期望的要更为坚韧。

至于置身在这样的文化脉络中，我们到底能知道什么？或说，在知识上我们究竟能有什么行动？作为人类而言，我们确实是征象和意义的动物——

我们活在各种征象兆头和它们所组成的故事之中。至于在这样的处境中我们能干什么？回忆格尔茨说的话，在此就变得十分明白：因为如此接近它们，所以我们能够持续和他（它）们交谈。

注释

1　Eco，U.（1976）. A Theory of Semiotics. Bloomington，Indiana: Indiana University Press.

2　在上文中，我曾建议把 sign 译为新造的字"彫"，因为常见的译法"符号"太离谱了。但由于只有我的计算机里可以打出这个新字，别人的不行，因此，在我们的字典收入此字之前，我们常需改用另一个可用的词来说它——这就是本文常用的替换词"征象"。

3　Ginzburg，C.（1979）. Clues: Morelli，Freud，and Sherlock Holmes，in U. Eco & T. A. Sebeok（eds.）. The Sign of Three: Dupin，Holmes，Peirce. Bloomington，Indiana: Indiana University Press，1983，p. 81-118.

4　埃科（Eco,1976:166）就明白说：皮尔斯事实上是遵循着一个非常古老的哲学传统，也就是奥卡姆（Ockham）的唯名论。

5　Shotter，J.（1990）. Knowing of the Third Kind: Selected Writings on Psychology，Rhetoric，and Culture on Everyday Social Life. ISOR.

6　这里用的字是 symbol，汉语对此字可译为"象征"或"符号"，但在普尔斯的征象学体系中，在此语境更精确的译法应是"符号"。值得注意的是：本地使用的"符号"一词又常用来作"sign"字的译名。这种词汇混乱的局面应是源于对征象学的理解不清之故。我现在要澄清的是语词的用法——我再说一遍，征象（sign）是一种意义未明的显现，而符号（symbol）则是一套用来确定意义的表示，譬如一个辞汇、一个号志。

7　The State of Things（Der Stand der Dinge），1982 出品的电影，由 Wim Wenders 导演。

8　van der Leeuw，G.（tr. by J. E. Turner）（1986）. Religion in Essence and Manifestation. Princeton. N.J.: Princeton University Press. p.379.

9   Liszka, J. J. (1989). The semiotic of myth: A Critical Study of the Symbol. Bloomington, Indiana: Indiana University press. p. 23.

10   Bochenski, J. M. (1968). The Methods of Contemporary Thought. New York: Harper & Row.p.20.

11   Williams, R. (1976). Keywords: A Vocabulary of Culture and Society. New York: Oxford University Press. p.261.

12   Eco, U. (1979). The Role of the Reader: Explorations in the Semiotics of Texts. Bloomington, Indiana: Indiana University Press. p.94.

13   Potter, J. & Wetherell, M. (1987). Discourse and Social Psychology. London: Sage. p.95-115.

14   Kroeber, A. L. (1917). The Superorganic, American Anthropologist. 19 (2), p.163-213.

15   Goldmann, L. (1981). Method in the Sociology of Literature p.91-110. Oxford, UK: Basil Blackwell.

16   Hodge, R. & Kress, G. (1988). Social Semiotics. Ithaca, N.Y.: Cornell University Press.

17   Shotter, J. (1993). Cultural Politics of Everyday Life: Social Constructionism, Rhetoric and Knowing of the Third Kind. Buckingham. UK: Open University Press. p.4.

18   Moore, O. K. (1979). Divination - A New Perspective, in W.A. Lessa & E. Z. Vogt (eds.). Reader in Comparative Religion: An Anthropological Approach. New York: Harper & Row, p.376-379.

06

研究与实践：

理心行动所为何事[1]

在开始之前，先从一个问题事例谈起：学院中的人走出校外没几步，就可能发现"自我"是怎样的一个"动词"：自我的第一种现身方式，以理心术的观点而言，该理的心是"良心"，而良心即"是且唯是"自我的行动。对于"良心"这个问题，就道德哲学而言本应会缠讼不休才对，但很多教育工作者宁可相信这种问题在学校走廊的布告栏上已有行动的样板可循；只不过，当我们回到日常生活的实践中，总是每次都还需要从打柴、生火开始——即发现新的问题和重新论述的必要。我的发现，就理论而言，可称为"冲突下的辩证实践"以及"矛盾对立的认知"，但在我的日志[2]上所作的描述则是这样：

> 有一天中午，我和两位同事要到校外用餐。我开车进了一条小巷，看见路边没有违停标志，就在那里停了车。下车后，看见车子挡在一个卖包子馒头的小铺前方。铺里卖馒头的一位老先生。他说我的车挡住他做生意，要我把车开走。我就回他说："这里没有禁止停车的标志，而且路也不是你的，你怎么能叫我把车开走？"他听了，颈子一横，脱口说："你凭良心吧！"我听了这句话，突然觉得双脚一软，然后，我二话不说，钻进车里，把车开走了。[3]

这是日常实践的一则记事，但就在其中，我们可以发现两个和本文有关的命题，也就是在此产生的"开题"：

1. 置身在对立的紧张关系之中，会引起动态的（道德—良心）辩证，这就等于有某种自我反思的行动发生。

2. 社会—文化研究不会只是学院里的研究，而是在任何地方都可能发生的反思，只是在发生后，必须以研究行动（譬如把事情记下来）才可能形成此反思的命题。

一、从行动研究说起

在从事社会—文化研究的圈子里，多半人都以为"行动研究"就是指实验研究传统之外新典范的总称。我很有兴趣来参与这个树立新典范的研究工作。也许可以说：从过去的研究史来看，社会—文化研究的领域中，有很多人在对于实验研究的种种限制有了许多体认之后，终于被逼得非另寻出路不可。这就是我所知道的社会—文化研究发展至今的梗概。我想探讨的问题就是以此为起点的，但是，当然，我不是只想为已经出现的研究成果锦上添花，而是必须对此提出一些问题，来为新兴的研究方法谋求精益求精的探索之道。

关于研究史的问题，也可以从另一个字眼的发生来看：相对于把实验研究称为"量化研究"，和量化传统相对的另类研究就常被称为"质性研究"——虽然这个字眼已经逐渐成为一个广被接受的学术用语，但我仍觉得难以采用，因为它所包含的范围过于含混庞杂而常无法讨论。事实上，"行动研究"这个名称也有类似的弊病——我先把我所读到的东西做个简要的综合摘述：

"行动研究"一词指的是一个包含很广的研究方式之总称，它的特征是：

1. 研究者身处于问题情境之中；

2. 问题情境所牵涉的人常成为研究的协作者（collabo rators）；

3. 对于问题的界定和回答是不断反复尝试的过程；

4. 研究的目的不是为了满足求知欲，或为了增添学术研究的文献，而是为了造成研究者本人及其社会—文化处境的改变。

但以上所列的几个条件特征在研究行动的过程中却会造成无数的变形，并且牵引出很多迥然不同的哲学反思。我想，在这样的典范兴起过程中，虽然大家正如大旱望云霓般殷殷企盼着新典范的诞生，但这样的典范（至少在我们的学术环境里）看来仍只像一片模糊的乌云，因此，会有很多像"学术气象预报员"那般的人出来发言。我在这里所要做的事情，也不外乎此。但我既已说过，不想用庞杂含混的语言来谈论这种问题，所以我打算以我自己的研究经验所形成的理心术观点，提出几个实际上已经付诸行动的研究来作起点，谈谈一些具体可能的行动研究方式，藉此引发一些关于"理心研究所为何事"的讨论。而在提出那些例子之前，我要先就"行动"这个几乎只等同于日常行事的概念，来说说我对于其意义的理解。

二、题解：行动与实践

很多年前，我就发现，我们的研讨会非常习惯使用"理论与实务"这一组词汇来作为各种社会—文化研究的总称。"实务"（有人把它翻译为"实践"）一词本来是"practice"的意思，其中富含多种值得细思的意义，但它的意义却慢慢被僵化、窄化、弱化并且滑转为行政事务和公文处理的代名词。有一次看见一篇研究报告，其作者把一所大学和中学合作的方案称为"理论与实务"，并且不假思索地意指其中由大学教师负责的部分叫"理论"，而中学教师负责的部分就叫"实务"。还有一个常见的问题是：不论是谈理论或谈实务，都太像是文本剪贴的报告，因此不管它是叫"理论"或叫"实务"，实际上都变成了"理论报告"和"实务报告"，显得隔靴搔痒，只是说说嘴而毫无行事实践的意义，并且和上文提到的命题毫不相干，也就是说，那既非行事，也不能期待其中能有所作为。

本土社会—文化学术发展史的问题始终没有真正贴近问题情境。我所谓的"问题情境"，也就是研究者必须"置身在境"者，究竟是指什么？我想，只要加上一个形容词，应该会很容易明白——我说的是知识所需面对的"社会—文化问题"，并且也蕴含着：在此一问题意识的前提下，必然引出"知识就是社会—文化行动"的理解。换言之，问题情境就是指："问题—问题意识—针对问题而发的解决行动"这一连串关系所组成的现场行动。和这个问题情境相关的实践行动，我想换用"praxis"而不用"practice"来称呼，为的是在语词符号的层面上就具体标明其意义的差异。

关于用字的讨论，我们首先要从教育的文化着手。选定一本够份量的著作，是巴西教育哲学家加多蒂（Moacir Gadotti,1996）[4]的《实践的教育》（*Pedagogy of Praxis*）一书。该书的第一篇导言是美国批判教育学的代表人之一麦克拉伦（Peter McLaren）和加多蒂的对话，其中麦克拉伦几番追问加多蒂为什么用"praxis"而不用英文更常见的"practice"？加多蒂除了表示"praxis"一字来自马克思主义传统之外，还强调了这个字眼和冲突及辩证概念的关系。他说："Praxis 的概念在传统西方哲学中是比 practice 或冲突的概念要更具有分析上的复杂性。说真的，对于意图把理论和实践的关系融合起来的人来说，praxis 这个辩证的观念是更有吸引力的。"（Gadotti，1996）对我来说，它的吸引力正在于此：因为我们所使用的汉语没有让 practice 和 praxis 发生有效的区分，因此，如果都用"实践"一词来表达其义，那么我就希望把 praxis 特别称为"在冲突（尤其是意识冲突）情境中的辩证实践"，简要一点就可以说 praxis 不只是在行动实践，而是在行事，并且必定要有所作为。加上这样一段性质条件说明语（qualification）之后，我终于可以说："行事"才是我心目中最能和"行动"研究搭配成一体两面的概念。过去在实用主义和功利主义的传统下，"实践"里的"真实"之义常被转换成"有用"或"实际"（这也刚好是英文"practical"一字最常用的汉语译名），因此也就接近于我在上文中所说的那种意义僵化的情况。

三、意识冲突的图像

我要先提一下布迪厄（Pierre Bourdieu），他是一位对于知识的教育体制很有独到见解的社会学家，他说："……教育理性的整套诡计就在于：它所强求的正是本质，但它所命令的，看起来却全是细枝末节。"[5] 它所通过的手段竟是像"站好一点""不可以用左手拿刀子"那般琐碎的命令（1977）。像这种琐碎而又深入本质的命令，我们耳熟能详的还有"头发不可以太长""裙子不可以太短""袜子不可以太花""胸口的扣子不可以不扣"等。在基层工作的教师们一定都知道：我们还不太能期望它对于地上的花草树木造成春风化雨的效果。

四、"后社会—文化"的转向

接下来，我要提的是另一位当代批判理论阵营的大将哈贝马斯（Jürgen Habermas）。对于行动研究，他几乎像个先知般提出了他的警告。我们既然期待行动研究可以为我们打开一条通往知识理想的真实道路，但是，我们在方法论上会不会有个盲点呢？我们以为新典范已经来临了，但是我们有没有注意到：过于早熟的拥抱会有什么危机呢？譬如我们已经长久习惯于一种实证主义和实用主义式的思考方式，对于研究，我们一直相信一种单向寻找真理或发现客观答案的研究哲学，也就是说，研究者的自说自话主导着研究的活动，以致被研究的对象不论是被冠以何种堂皇的名号（譬如叫作 subject，其原义是"主体"，汉语译作"被试"，算是一种老实招认），都难免于被物化的命运。这样的研究思想铺天盖地的弥漫之下，所谓"对话式的研究"或"辩证思考"几乎都被贬谪到边缘蛮荒之地。虽然我们现在可以在世界性的风潮影响之下也高举起"行动研究"的大旗，但哈贝马斯就提醒我们："现在流行倡议的某种'行动研究'忽视了一件重要的区别：对于研究田野采用非控制的形态，和同时在该田野里搜集素材（collecting data），这两者其实是互不相容的。"[6] 因为，根据哈贝马斯的说法，在"搜集素材"时，我们一定是在使用某种形式的测量工具（measurement instrument），而所谓"测量工具"就是对于种种行为的征象透过某种语言表达所作的系统观察，但这些不同种类的观察无论使用何种技术之助（譬如像多变量分析这般复杂的统计学技术）都不能使之纳入一套完整的坐标之内，进而获得协和的描述意义。换句话说，研究主体在田野里所获得的任何东西都不能在这套技术处置之后就不证自明地"代表"被观察对象的整体，而只能再经过诠释来产生对于对象的某种拼凑的理解。这样一来，数据素材的意义就一定会被还原到技术处理之前的状态。更有甚者，所谓主体和对象的关系，其实就是理解的主体（即研究者）和相逢而相异的主体（alter ego，即被研究者）之间的关系。既然有此理解，则"对象"一词在实际的研究行动中应属方法论上的谬误，因为在双方的主体之间，并不是永远只有一方能成为观点的基础，其间的关系连到底谁会站在上风都不可预料，更遑论使用自以为是的"控制"法了（譬如使用"标准化刺激"之类的实验设计）。

这些考虑促使研究者对于知识的目的产生一种"第三类的自觉"

（knowing of the third kind），和哈贝马斯在《知识与人类旨趣》[7]一书中所倡议的第三类知识旨趣相当，使得社会—文化认知必须发生"后社会—文化"的转向。这种转向的自觉对于研究的目的和研究行动的方式一定会发生根本的影响。为了说明之便，我要提出比较容易理解又不失其深度的作者萧特（John Shotter，1990，1993）[8]来做个帮手。萧特说过，在主体与主体对话的当下情境中，我们所需要的知识既非"knowing-that"的理论知识，也非"knowing-how"的技术知识，而是"knowledge of the practical-moral kind"（属行事道德类的知识）——这是怎么说的呢？就萧特（1990）提供的说明，我把它分成两个要点，分别用来解释"行事"和"道德"两义。

1. 日常生活行事之中的事态以及其中所包含的知识，若就其经验事实（empirical fact）来说，乃是奠基于人的关系，也就是人和人的口头相遇（oral encounter）以及来回言谈（reciprocal speech），而不是在于单方面的书写或事后的沉思；"换言之，我们所过的日常社会生活乃是在会话、讨论、争执、商议、批评和辩护所形成的氛围之中……"

2. 这个"氛围"里有个坚实的"根基"（rooting）是和言语之是否可懂（intelligibility）以及是否具有正当性（legitimacy）有关，而要维持这样的根基，就必须在加入交谈的各方之间维持着一种相当程度的"能讲理"（sensibility），否则就不免会陷入无谓的混乱。

由此观之，能够包含这些交谈、理解和判断活动内容的科学，就应该叫作一种"道德科学"（moral science），而绝不是一种"自然科学"。[9]在萧特行文中所说的"科学"原是指心理学，但在经过这番转化（所谓"后现代转向"）之后，这门科学是否还能再叫作"心理学"那就很可疑了，因为对于研究者而言，最重要的对象已经不是"心灵之理"，而是交谈中的语言以及交谈中所隐含的社会—道德关系，而在其中，有关"心灵"的形而上推想或演绎而得的"经验"就变得偏离研究的题旨，乃致和知识的目的毫不相干了。我们之所以要另造出"理心术"的知识型态，也是为了要把知识导入转向之道。社会—文化研究和心理学的关系非常近，光从其研究报告的写作体例之大量遵循 APA 格式就可以看出端倪。如今，当心理学可以转变为道德科学乃至理心术的时候，社会—文化研究是不是更应该先此而转变呢？知识本是最不能离开社会关系，也最不能缺乏实践—道德知识的一个行动场域，但是社会—文化研究却因为对于本身当下的活动发生自我误解而致陷入反知识和反道德的泥淖中。

五、被研究者是谁？莫名的他者

上文曾经说过，很多人对于自己究竟是在研究什么，通常都会以研究对象的普通名称来回答，譬如，我研究"儿童"、我研究"青少年"、我研究"课程"、我研究"李白""杜甫"等，好像这样说的合法性已经俱足而无疑。我很不幸和这样简明易懂的语言越来越没有缘份。

在解释赌徒的赌博行为时，有人请问数学家的意见。数学家说：根据一般规矩，下注者和庄家得分相同时，算是庄家赢，如果不论赌场的作弊行为，光用期望值来计算就会知道：玩的次数多到一定程度时，赌徒的胜算一定少于庄家。这样的数学其实只是高中程度，赌徒们难道都不了解吗？为什么还是无法克制自己的赌瘾？为什么还屡败屡战？拉夫（Jean Lave）作了个关于日常行事中的数学用法研究，间接回答了这个问题。[10] 她的发现是：生活实践中的数学和数学方程式所包含的东西并不一样。光拿计算的动作来说，就会牵涉各种情况脉络间的拿捏，譬如在超市买苹果该买多少个才好，则冰箱容量、孩子的吃食习惯、苹果的货色等都会和数算的动作发生互动，而最后究竟决定买多少个，并没有一个简单的公式可循。

反过来说，复杂的数学又常常对于充满特殊规则的日常生活不尽相干，譬如在保龄球馆里的计分，它的数学只是简单的加减法，但却有一个特定的规则，非要进入规则之中去熟习不可，否则对于一个从未见过计分板的数学家来说，也一样会显得难以理解。总之，关于计算的数学知识和在生活行事中的计算并不是同样的行事。用数学方程来再现（represent）生活中的计算，其实常会变成一种知识上的误现（misrepresentation）。

那么，回到比计算更复杂的文化操作，当我们仍踟蹰于方法与概念的模糊状态之时，却会发现文化传统早已先此不知几步备好了各种说帖。

六、关联的位置（心灵关联）

在推动行动研究方面，夏林清的学术贡献功不可没，她以《寻找一个对话的位置》[11]一文来努力企图表现那个既是对话者又是行动实践者的位置。可是，我发现：在该文中，最多的篇幅仍然显示那是个理论论述者的位置——怎么说呢？一言以蔽之：作者在实践行动中所能动员者（也就是劳动教育的对象）恐怕是不耐烦阅读这些东西的。所以说，真正的对话者应该还是理论阅读者，也就是作者自谓她所"侧身"于其中的学院中人——包括学生和学者等。

不过，我不会只从字面上解读夏林清写的东西（和她讲的话）。当她把自己这样的站立"姿态"（是从 stance 这个字翻译而来）说成一种"侧身"的行事，我又看到，她在理论论述中说自己在实践与阅读之间所采取的作为是"平行参看"。由于我对于批判研究里所谓的"位置""立场"以及一个人"涉足"于某一战场、在其中"参一脚的方式"等，早已培养起知识的敏感带，于是，在读完全文之后，我对于夏林清姿态所联想到的样子就是：一位西班牙斗牛士，挥洒着红色布块，以一寸之隔而"侧身"于巨大的野牛身边。所以，虽然这一忽儿、那一忽儿很少会在同一时空出现，但那位斗牛士实际上是被夹在两头野牛中间的。然后我就想到：这样结局会是什么呢？

对于这样的联想，我也会反思到两个问题，一是关于喻示法使用，二是关于行动和知识之间的空间，也就是说，我从喻示法要谈的是叙事法的问题，而在行动与知识之间则是意识的问题。我要先谈前者。

（一）斗牛士与讲述者

竞技场、斗牛士，战场，这些喻示法和边缝百衲被边讲故事的老祖母，以及听故事听得入神的小女孩，当然会牵连到很不一样的符号系统。也使我想起麦克拉伦这个人：一个高大的汉子，一头海盗般的棕黄色乱发批到肩头，穿黑色皮夹克，皱皱的长裤和黑色长统靴——至少这是他受邀来访的那一周里所表现的模样，也和他在书上出现的照片[12]大致相同。他和他那些擅长争取各种计划来培养一大批研究生的同事们，竟然互相视同陌路，连个招呼都懒得打一下。这和斗士的形象实在很吻合。但我和他谈过一个小时，才发现他是个讲话率直但语调温和的学者，孤单的骑士，常常待在咖啡馆里孜孜不倦地写作。他会写些文体自由的作品，但是他说，他写的阅读笔记和脚注，一条都不能漏。我认识的基进教育论者实在不多，所以，夏林清和麦克拉伦会被我拼贴在一起，一女一男，构成一张很特别的画像。

事实上，夏所标举的"基进教育"（radical education）和我所理解的"批判教育学"（critical pedagogy）[13]在理论和实践的层面都极为相似。夏把批判教育学和基进教育论述几乎视为同一，这大致是不错的，不过，我还是要特别指出它们的相融之处，譬如它们都常引用保罗·弗莱雷（Paulo Freire）

的论点来阐发教育的文化观点，它们既是知识之学也是行动之学；而基进教育背后的批判心理学（critical psychology），也和我目前正潜心钻研的文化心理学（cultural psychology）颇有渊源流转的关联。不过，我和夏的对话基础是特别建立在辩证法（dialectics）、对话逻辑（dialogic）的重新理解，以及对反思（reflexivity）的强调之上。

（二）"学院派"的姿态

我参与过的"社会运动"实在不多——假若社会运动真能有个通俗定义的话。每次碰到来自各种抗争邀约，我总是说：我的运动场在研究室而不在街头。换句话说，在讨论各种有关社会实践问题的场合，我总是会被归类为某种"学院派"。我发现学院派的职务至少有两种做法：有些人会把它作得很像植物，而我为了要维护我的动物姿态，所以就避之惟恐不及。但这些说法实在无法澄清任何问题。唯一能澄清的办法是：请你在讨论（任何）问题之时，表现一次看看吧。

你瞧，我正要和夏教授讨论这篇文章。假若文化心理学能声称它是对于意义的研究，则对于文章，它也必有个特殊的读法——它一定得从文章的"意思"和"意谓"这两面交叉起来而开始解读。"意思"是指向文本，"意谓"则包含语境（或上下文、文化脉络）。至于为什么是"它"而不是"我"呢？我的"学院派"会选择这样的回答：能用来解读任何文本的文化工具，总不是我的发明，而是来自层层讨论所积淀出来的语言。只不过，从文本要推到语境，这样的工具使用法却常会逸离工具本身的功能——碰到一个不太清楚的问题情境时，你在说明书里常常看不出哪一项功能可以让你拿来对付问题，这时候，使用者毕竟仍是用上了，而这使用者所声称的"我"主体，其实仍是个用法的 agent（行事者—代理人），用法和 agent 交叉而成为一个模糊不明的"它"，来源暧昧却是水量丰沛的"它"。

这说法究竟是在"表现"什么呢？让我说明白：这是在表现某一种基进的方法论。对于习惯用普通话来思考的人来说，可能很难懂，不过，也有些人不会觉得这样的语言有什么困难。

"基进"这个词汇原是译自"radical"，意思是要"彻底回到根部"，不过，我在上文提到的"植物—动物"之别，会使得这个"根部"变成冬虫夏草。请不要时时刻刻都在乎每一句话的意思，因为你无法在短促的阅读中，就把所有的文本都推到适当而饱足的语境。听听我的意谓吧——我是在说：学院派的语汇里充满了特定的术语，和江湖黑话没两样，不在其中的人常不易听懂，但这问题不是谁的错——我就常会看不懂标语牌，听不懂他们呼喊的口号。到底谁的话比较"黑"，我们需要慎思明辨之。

让我们回到对话。"学院派"其实不是个简单的归类。在这里，我要把它说成"另一个对话的位置"，而我挑中的焦点话题就是"叙事"与"意识"——从日常语言的角度来说，这两个词汇都是如假包换的黑话，因为普通人要是没进入学院派的语脉中，一定不会有事没事去提它，而我相信，关于这两个话题写了很多东西的夏教授，她自己也晓得。

（三）叙事，是灯塔还是黑洞？

"叙事法""叙事探究"在目前的社会—文化研究方法论之中俨然已经是一座新灯塔，但有些时候所谓的"叙事"却是个可怕的黑洞。弗莱雷在讨论教师—学生关系的时候曾经说："认真地分析师生关系，不管在任何层次，不管在校里校外，都会发现其中含有根本的叙事性质（narrative character）。这关系里包含着一个叙说的主体（教师），和一个耐受聆听的客体（学生）。其内容……倾向于在此过程中被叙说到变成僵固死硬。教育正在苦受着叙说之病。"[14]

显然弗莱雷对于叙说的方法，和由此而得的故事，并没有好感。他把语言和意义的希望放在对话沟通（communication），并且把那单向的叙事称为诏告谕命（communiqué）——同样的字根，却是指完全对立的两种姿态：从市井小民相互间亲和的开讲（kai-gang），到千军万马的帝国对手无寸铁的百姓发令。

我会发现叙事法之中的矛盾，其实就是在读夏文之时才联想起来。老祖母讲的聊斋或包青天故事固然可能非常引人入胜，挑起一个小女孩日后丰富的遐想；但很不幸的，它也可能是另一种结果：我的外婆故事虽然不多，但每次都是人鬼蛇妖故事。外婆不是用谐谑逗弄的姿态讲鬼，而是用恐惧；小孙子们则在同样的恐惧中吞声苦受，以致在走回家的黑暗小巷里，只好拔腿狂奔。当时听故事的我，是完全没有招架能力的。这故事的霸道，除了是经由老人的口中叙说，也还因为故事的来源就是铺天盖地的民族信仰——这类扭曲至极的女鬼形象，正如虎姑婆故事一样，真的可以摧残每一个小孩对女性长者自然的信赖。

但叙事法之所以能构成启明性的探究之法，仍然有个清楚的道理。叙事法就像喻示法一样，是把异质之物融合为一的方法（a synthesis of the heterogeneous）。我最近翻查有关叙事法的简明定义时，找到了这种说法。这是讨论利科（Paul Ricoeur）后期作品的一篇文章，作者是梅廷格（Serge Meitinger）[15]，我只是采用了这种文学研究的前提——叙事法和喻示法[16]中都含有"语意革新"（semantic innovation）的意谓。梅廷格根据利科的意思说：喻示法把一种原创（但不一定容易被随手理解）的属性压进文字里，尽管那种文字本来对这样的新属性是有抗拒的；原来的文字所传达的形象本身并不接受这个新属性。所以，我就看出：喻示法的产生不是来自于日常语言中的语法规则，而是来自诗意的创作——讲话者如诗般的主体活动。假若读者们对于这样的"语意革新"可以理解的话，那么，我们就可以进一步看叙事法又是如何进行类似的语意革新："叙事法（就是）发明一段情节，把纯粹给定的事件（就是一般所说的"事实"）之中的几个异质元素，以及不连贯的元素，都结合起来，从而能图绘出一个统一而易懂的组态（configuration）。"[17] "要之，我引述这一点点对于利科的讨论，是要强调：在讨论文学美学的人看来，叙事法的显著性质是要"把未说的、未写的新东西给拿出来"[18]。叙事探究是给诗人或故事作者使用的手法，而不是给查问"事实"者使用的方法。

叙事的矛盾最后能得以解决的，是在于能改用喻示法来叙事，而不是重复使用调查真相的方式。更进一步，我要说说我对于心理学、教育学以及其他社会科学研究者的一些牢骚了。有很多宣称使用叙事探究的研究者，其实只是在采访故事。这种"研究法"最大量的使用者就是无数的"跑新闻工作者"。每天每天，我们在各种各样的"传播媒体"上看见、听见这些数以吨计的报导垃圾。然后，我们的研究生乃至学者们都在模仿这种垃圾制作法。其中，除了在标题上搬弄些简单的一语双关俏皮话，常常没有任何"新东西"。没有喻示法，也没有叙事，而最没有的就是方法论。采访报导本身并不是方法，而我更担忧的是：听故事也常常不是方法。

（四）"第三只耳朵"与故事的共同建构

唯一可能的方法是对话，然后，更重要的是，不要把作者权让渡给那个原始的说故事人。研究者参与对话的理由是要重新抓取故事，为它铺陈一个"语意革新"的情节，而不是要把"事实搬上银幕"[19]。我知道夏林清有一个基本立场，就是对于故事采取 interventionist（介入者，这通常是以心理咨询的工作方式为范本）的方法，一般叫作"聆听"，或是"倾听"。但这方法最后的流行式样就是被捡便宜地转变成采访，或是被动接收信息，然后只要作些文字转搬工作，剪剪贴贴就变成报导（或是学术界里叫作"报告"的陈腔滥调）。当然，还有不捡便宜，也很不容易的方法，夏林清是这样一位力行实践者，可是在她的写作中，却还是不容易看出来，所以我要帮她多说几句。这个"不容易的方法"，赖克（Theodore Reik）把它叫作"用第三只耳的聆听"[20]——各位读者可知，此公就是弗洛伊德写《外行分析的问题》（The Question of Lay Analysis）一书之时，所要倾力为之辩护的一位精神分析作者。[21]

对于心理治疗之类的工作者而言，精神分析是多数人不会没听说过，却很少人仔细研究过的东西。如果翻阅过精神分析的各种个案研究，当会发现精神分析直到今天甚至都还不鼓励使用录音机之类的信息保留工具。他们都只用耳朵听，然后凭记忆写报告。这和采访记者常会吹牛说他们有多么先进的 SNG，真是迥然不同的思维方式。我要强调的也是这种思维：需要记下的，乃是对话的意谓，而不是每一句话的意思。于是这样的聆听只有被重述，而没有"原原本本"记录的可能。参与对话是方法的第一步，但重述对话就变成不可避免的第二步。这位重述者必须成为一位作者，而不是报导者。在他的重述之中，分析的第三只耳朵所听到的东西早已悄悄溜进他的"记录"里。接下来，方法的第三步——咱们回到参与对话的原始动机来说——分析师非但不是要采访什么事实，而是根本知道不可能有事实存在，他要的是参与共同回忆的故事，也就是说，他要引发的乃是一场"故事的共同建构"。说到这里，我才可以回到我说的什么"另一个对话的位置"。

我要说的是：故事不只是听来的，而是得要去作出来——正如能和野牛一起狂舞，才能去平行参看。但是，在此，夏文很自觉地提到葛林（Maxine Greene）所指出的难题：压迫者并不是只要和被压迫者站在一起，就能够转变压迫的意识。说真的，老师和教授比起其他的劳动者来说，怎样有可能轻易地转变意识？

七、社会—文化研究——意识的问题

对于这个大哉问，我想要再给的一点点回答是：①要在行动与知识之间的缝隙里找寻，以及，②为什么那"是意识的问题"。这要从文化心理学谈起。如果要讲得细一点，如夏文所说的，是维果茨基（Vygotsky）、列昂捷夫（Leontiev）、鲁利亚（Luria）那个俄国传统的心理学更好。它有个基本前提（对于盎格鲁—撒克逊传统的心理学来说，就叫作"基进的批判"），就是认定"意识"并非发生在人的内心，而是散布在人的周身四处。从智能的问题到知觉的问题，都可以全部改写成社会关系的问题。所以这里所说的意识就是指社会—文化作为意识的整体。在此之外，再增加一个所谓"集体意识"，则是完全多余的。"在行动与知识之间的缝隙"难题就会转变成社会—文化论述的问题，而不必陷溺在个体的心物二元之分裂与矛盾之中。

这样的问题一直有个现成的答案，叫作"意识提升"，而这是来自弗雷勒的"意识醒觉"（conscientization）。但我们千万不要以为这个"提升"所需要的是个人的顿悟。不是的，我们需要的是重新敞开沟通对话的关系。可是我们不能用大众心理学的方式说："让我们每一个人来重新敞开吧！"不是这样的。我们需要的是一种社会行动，经过一些分工的安排，让沟通对话容易发生，让阻挠对话的障碍得以排除。在这样一组的社会行动（那就是"产生一种活动"）之中，有一个关键，就是作为"介入者"的那种人在中间的策动。不是由上而下，也不是由下而上，而是在中间向两旁扩散。在助人的心理学中，这种介入者常常是咨询师、辅导员，而在教育工作中，那就是老师——当然，这种老师和咨询辅导工作者都是转型变化而来的那种，而不是现在常看见的样子，而是热心奔走的助人专业者。

可是，中间的推动者，他们的动力来源又是什么？她可以像夏林清所说的一样，在中间向右侧身，找到一个对话位置，向左侧身，又找到一个对话位置吗？不不，这回，我要真的拉出另一个对话位置来：在精神分析运动中所发明的社会行动结构里，有一个人担任的工作叫"督导"（supervisor），是分析师的分析师。这是我们想象的行动结构里一直没发展出来位置，或说，现在已经发展的督导（督学）制度，多半也只是虚幌一招，假假的，但大家都直觉地发现那是极为重要的位置，所以，目前这位置多半是被一些"背后高人"所卡位。分析师的分析师不只是个喋喋不休的询问者，只是直言无隐的批判者，只是个愿意倾听你的任何疯言疯语的聆听者，并且，只因为是你肯自愿去找他，他才能获得这般言语的对话位置。我想，这样的说法，也许可以对应上托尔曼（Tolman）所说的某种"真实联系的思想之社会形式（societal forms of thought）"——我要为此再加一条脚注：societal 和 social 之不同，就在于前者是具体化的社会，而后者只是关系或想象的、隐含的关系。

这些说法都只能算是大纲。要仔细进入其中，还得要仔仔细细去看社会实践的过程。一个大学女生怎样从"贤淑端庄""静若处子"的意识中醒觉过来而成为"聪明刁钻""动若脱兔"？答案是：第一，"她必须有机会去参与社会运动"——但这样的机会百不一得；第二，"要有真正解放意识的女性主义课程让她学习"——但我们的女性主义又常常被"两性关系"之类的保守课程所攻克，所以，意识提升还需要再经过一个世纪吗？这答案令人心碎。那么，谁是他们的帮手？是各种居于中间的介入者，这就是我说的另一个位置的对话者了。好，那么，他们在哪里？

我会说，他们就隐身、藏身并且至终要立身在"学院派"里。有些时候，她（他）的姿态还真是非常严峻的样子，以便把学院阵地固守住，譬如他会在和你对话之前，要求你先写好论题的纲要，把参考文献排出来，一条都不能漏。这算是我对于夏林清式"侧身"的最确切脚注，也是我自己对研究行动作行动研究时，作为作者所需遵奉的第一条无上律令。

八、结语

文化心理学的研究本意指置身于文化情境中，以行动实践来解决文化的问题。因此这个问题情境相关的实践行动应换用理论与知识合一的"praxis"，而不能只用强调实务工作的"practice"来称呼。本文在此前提之下，对于目前风行的"行动研究"采取了一种批判诠释的重新理解。从最为基进（根底）的层面开始谈起：研究理想中所忽视的意识冲突，在意识中包含着许多不可用概念言说的细微体验，但每一个细微体验都具体而微地反映了文化全貌。

当我们在意识与体验中进行"研究"（即本文所针对的"行动研究"）时，这种研究行动已经包含着一些研究传统所遗留的方法论盲点，譬如美名为"客观"实则为控制而服务的方法论，以及合法化了隐含在此方法背后的潜在控制者。我们必须采用解构的（"后结构"的）转向，来揭露这些方法论对于学术研究目的所造成的危机。

行动研究与研究行动，在意识过程的问题中，必须透过叙事法的分析与批判反思才得以看出其中的混淆。而这种叙事法必不可免的行动就是以重新观看来展开层层的叙事与对话：包括让研究的对象重新呈现，以及研究者与研究对象间的对话，最终目的就是要展开行动研究（一种研究方法）与研究行动（一种作者现身）的对话。有此对话的发生才能保证"研究"是饶有意义的知识行动，而非以报告量产来交差的学院滥调。

注释

1　本文原系一篇演讲稿。最早一次于 2006 年，之后经多次修订，也将刊登在《心理传记与生命叙说》期刊。但本文是最新的修订版，与刊登的版本稍有出入。

2　这种"日志"我称为 Notes，不是写日记，而更像是日常的研究笔记，把生活场域当作一种田野，除了记下当天发生的事情，也记当天回想起来的过去见闻。

3　这是一段经验的记忆，当时未曾留下任何记事文本，故在此只是记忆的重述。

4　Gadotti，M.（1996）. Pedagogy of Praxis: A Dialectical Philosophy of Education. Albany，NY: SUNY Press.

5　Bourdieu，P.（1977）. Outline of a Theary of Praotice Cambridge，UK: Cambridge University Press. p. 94-95.

6　Habermas，J.（1973）. Theory and Practice. Boston: Beacon Press. p. 11.

7　Habermas，J.（1971）. Knowledge and Human Interest. Boston: Beacon Press.

8　Shotter，J.（1990）. Knowing of the Third Kind. ISOR ／ University of Utrecht. Shotter，J.（1993）. Cultural Politics of Everyday Life: Social Construc- tionism, Rhetoric and Knowing of the Third Kind. Buckingham，UK: Open University Press.

9　萧特（Shotter）在 Knowing of the Third Kind 一书的序言（Preface）中说道，他从 1984 年起开始谈日常生活中所具有的"道德生态学"（moral ecology）——"宛若人（都是）在道德所定义的地景（landscape）之内取得一个立足的所在（place）而后得以行动。"（p. 7）。这个简短的说明在后面的第三章（p. 35-46）才有较为详尽的发挥，也就是对人的心理生活所作的后现代科学必须具有的元方法论（meta methodology）叫作"以接触为之"（by getting in touch）；相对之下，科学心理学的传统方法论都是建立在"以旁观为之"（by looking）的基础上。由此可知，"道德科学"的要义是要研究者投入接触关系，在其中有所作为，这正好跟"自然科学"所标榜的"客观"（也就是"旁观"但无所适事），是站在对立的位置。

10 Lave，J.（1988）. Cognition in Practice: Mind，Mathematics and Culture in Everyday Life. Cambridge，UK: Cambridge University Press.

11 夏林清（2002），《寻找一个对话的位置》，《应用心理研究》，第 16 期，p. 119-156。

12 见：McLaren，P.（1995）. Critical Pedagogy and Predatory Culture. New York: Routledge. 麦克拉伦的作者近照出现在这本著作封面里。

13 我所说的批判心理学，除了夏文提到的托尔曼（Charles W. Tolman）之外，有一套丛书叫《批判心理学》（Critical Psychology）收录十几本有关女性主义、新马克思主义、后结构主义及后现代主义的心理学（大多数作者为欧洲人），值得参看。另外，我曾经摸索过的相关作者还有 Klaus F. Riegel，Joseph Rychlak，Edmund V. Sullivan，Allan R. Buss，John Shotter 和 Michael Billig 等，由于作品众多故不在参考文献中一一列举。

14 Paulo Freire（1993）. Pedagogy of the Oppressed. New York: Continuum. 原书出版于 1973，我用的版本是"修订二十周年纪念版"。

15 Serge Meitinger（1989）. Between 'Plot' and 'Metaphor'：Ricoeur's Poetics Cambridge，Mass.: MIT Press，p. 47-64.

16 梅廷格（Meitinger）所说的是"喻示法"中的一种特例：隐喻（metaphor）。

17 Serge Meitinger，1989: 48，引文系我的翻译。

18 Serge Meitinger, 1989: 49。这个引号内的文字是作者引述保罗·利科（Paul Ricoeur）。Applied on the Specificity of the Poem. In T. Peter Kemp and David Rasmussen（eds.）. The Narrative Path: The Later Works of Paul Ricoeur.

19 我忍不住想起一句名言：有一种笨问题，当大学生问我的时候，我真的会不想回答，那就是问我如何把"事实搬上银幕"，或搬进报告里。换言之，"搬"的动作如果不是创作，那就一定是抄书或抄人家讲好的现成话语。

20 Reik，T.（1948）. Listening with the Third Ear: The Inner Experience of a Psychoanalyst. N. Y.: Farrar.

21 说赖克（Theodore Reik）是一位"精神分析者"而不是"精神分析师"，他因为主张从事精神分析不必接受精神医学训练，因而成为一宗医学"执照"案件的被告。当然这事说来话长，我们可以为此另辟讨论园地。

卷三

疗遇时刻：理心的汉语行动

首先要把我们都已惯用的"心理治疗"（psychotherapy）这个概念用汉语重译为"疗遇"（也可倒翻回英文 healing encounter），然后展开一段中国思想史对这种问题的处理或实践方式的讨论。思想史家余英时说过，中国思想史中没有发展出神学；我也接着说，在儒学的高峰，即吸取释道融会而成的思想中，也没有可对等于"心理治疗"的论述。但若要谈的是"疗遇"，那我们就可能很有话说。

在此之后，我认为心理治疗作为学问，实系传统存养修身之学的根本，但在这个传统的本身中，其实只能忸忸怩怩地发展，而我们却必须把它实践为一套可以陈显的意义系统及方法。当代心理治疗的理论，除了少数例外，都是滥觞于弗洛伊德的精神分析。我们至少要知道：精神分析如何应以一种根本的学问来与我们的传统学问接合。

第 9 篇是用语录体写下的临床实践纪要，讨论如何能具体把疗遇社群的活动纳入文化心理学，并以此观点来重述"疗遇时刻"的实践课题。我把它称为"临床—本土"的心理学问题，而其前提是：我们（作为一个具有自主性的研究社群）可以从心理病理学和心理治疗实践的根本之处谈起。我的主张是：对于这个根本问题的叙述，不应是回到传统汉语来寻求解决，而是要从思索传统汉语如何翻译成现代汉语来着手，于是"临床—本土"的问题（经过翻译）就变成"临在—自身"的问题。从文化的心理病理学来说，当代汉语世界的失语症和新语症，构成了讲话、行事和意思的根本难题。从临床实践来说，正因为以观察法为基础的客观心理学完全忽视了人在面对面的情境中可能发生的"存在之交互参与"的本质为何，所以如何以解构的方式来离弃观察法，成为一个心理学自身的方法论问题。当我们自己要来为临床—本土（临在—自身）的问题讲话时，会发现讲话所涉及的言—语有两个阶序：讲出话来，以及在回话时对于语言本身的注意，而使得文化的发生转变成文化的理论问题——失语症的问题将在如新语症般跌跌撞撞的尝试中寻求解决。文末提出两个临床实例，说明"自我"和"他者"这两个根本的语词如何在摸索中出现。此两例的临床实践过程和结果是交互参与的分析和讨论。其实践性质颇类似精神分析，但又不尽然如此。我们要用怎样的心理学来重新吸收它？

但对于稍有一点知识社会学（sociology of knowledge）常识的人来说，关于研究典范（paradigm）的这种"主流设定"，起码都是心知肚明的——在填写计划申请书表格时，那种"典范"不就具体呈现在每一位申请者的眼前？作计划研究的人最后要交的成果是一份"结项报告"，而不是一篇文章——这样的研究者并非一个作者——最能引发这种疑点的证据在于：报告里的研究者第一人称都得称为"笔者"（是个"他"）而不是"我"。一字之差，差以千里。

负显化

这篇文章是在一段时日的田野观察之后所作的总结报告，把这些文字综合起来的概念乃是社会学的诗学（sociological poetics），或是美学（aesthetics）。在我所进入的田野里，在我读过苏珊·桑塔格（Susan Sontag）的著作后，发现她在讨论摄影术所显现的真实之时，有一个由她自己造的新词，叫作"negative epiphany"，非常适用于表达本文的观察发现，因此决定采用来作为篇名。我之所以把它译为"负显化"，是因为 epiphany 在本文里所表达的就是"显化"之义，至于"负"字，在最早的初稿中，我称之为"反面"，但桑塔格原是为讨论摄影术而成文，她所用的字眼当然都隐含有摄影术语的意思，譬如摄影用的软片直接冲洗的成品就是"负片"，所以我就把"反面"改译为"负"，于是，"负显化"一词就这样诞生。

一、美学方法

米尔斯（C. Wright Mills）[1] 的《社会学的想象力》一书对于 20 世纪 60 年代以后作社会研究的人来说，像是一块专业精神的里程碑。他说：社会要达到学艺精湛的地步，其精进的历程就会像是一种"craftsmanship"，该书的汉语译者管它叫"工匠精神"，而我觉得更好的译名应是"意匠"，其义接近于我们在用"匠心独运"，或日本人在用"大匠作"时所想到的"匠"意。一位 craftsman 的工作就是要完成艺品，他对于"理念""精神""意境"或

"方法原则"之类空洞的语言通常是毫无兴趣，相反地，他沉迷在手触与目视的工作细节中，在作品的任何必要之处都会作出微妙的选择和果决的判断，以使整个工作的最后成品能显出令人惊思的精巧。在我看来，这样的美学过程，对于社会研究的工作者来说，并不只是个言不及义的比喻。

印第安纳大学的社会学教授布朗（Richard H. Brown）没有受到社会研究者足够的注意，真是一件憾事。他有几本浅显易读而非拮倨聱牙的理论著作，其中有一本值得为社会研究者推介，书名叫《社会学的一种诗学》[2]。他的不同之处是采用文学的原则来进行社会学的理论思考，因此他在讨论社会学理论建构的概念时，使用了几个文学范畴，而在本文里，我将会特别运用的是关于隐喻（metaphor）和讽喻（irony）两者。在运用时，布朗确实给了我很多思考和写作上的启发。

斯温伍德（Allan Swingewood）的《社会学的诗学》[3]一书也回顾了一些社会美学作者，譬如马尔库塞（Herbert Marcuse）、阿多诺（Theodore W. Adorno）、布洛赫（Ernst Bloch）、布莱希特（Berthold Brecht）、巴赫金（M. M. Bakhtin）和一些东欧征象学者。对于期望打开"美学向度"的社会学学生来说，非常值得参阅。

上述的诗学或美学方法，就其最精要的一点来说，就是诱练法（abduction）。"诱练法"这个词是我自己根据"归纳法""演绎法"的汉语造词原则而撰作的译名（因为《辞海》里没有现成的译名）。[4]和"归纳法""演绎法"一样，这也是一种基本的"科学方法"，原由美国哲学家，也就是当今征象学两大巨擘之一的普尔斯（Charles Sanders Peirce）所提出。根据谢夫（Thomas J. Scheff）的说法，诱练的意思乃是"在观察与想象之间的快速穿梭来回"[5]说得更清楚些，就是：

在有效的社会互动与思维之中，一个人并不只是在观察（归纳）和想象（演绎），而是不断地（以微秒的速度）[6]相互核对。我的建议是：诱练乃是这样一个过程——它可以使参与者将那看似不可思议的"在语境之中理解其意义"这样复杂的程序得以完成。（Scheff, T. J., 1990）

而文化心理学家施威德（Richard A. Shweder）的阐释是这样的：

> "诱练的官能"乃是想象的官能，它是用来补救感官和逻辑的，而它的方式是提供一种知识的手法来把经验看穿，并跳跃到空洞的三段论和套套逻辑之外，而达成把底层的实在予以创意再现到可以把捉、可以有所反应的程度，即使这样想象的实在不能被后续的归纳或演绎规则所发现、证明或否证。（Shweder, 1990）[7]

> 美学方法既是一种透过诱练而实践的知识手法，则其目的无非是要达成施威德所谓的"创意再现"，也就是指要对于研究题材"提出一个隐喻、一个前提、一个模拟、一个范畴等，并借此而得以重新生活，或重新安排体验，并得以重新诠释这样安排过的体验。"（Shweder, 1990）

在一段时日的观察之后，我决定把论点重心摆在美学方法论。

二、关于观看

（一）"我们所看见的"和"我们所知道的"

否定的观看是观看把我们在世界包围之中的位置建立起来，我们用话语解释了那个世界，但话语却永远不能解消这样的事实：我们是被世界所包围着。"我们所看见的"和"我们所知道的"这两者之间的关系也永远未曾被安顿。

每一个傍晚，我们看见日落。我们知道地面正慢慢转离太阳。然而这种知识，这种解释，却永远未曾贴合于我们的视觉。

——约翰·伯哲（John Berger）[8]

一个人第一次和摄影所详载的极端恐怖遭逢，乃是一场天启，是摄影的现代天启：一场负显化。

——苏珊·桑塔格（Susan Sontag）[9]

伯哲[9]（John Berger）确实是在谈艺术批评的美学问题，可是当他跳出自然景观的场面而进入人世时，他开始举的第一个例子就是宗教经验。他说：

我们观看事物的方式乃是被我们所知道者或所相信者影响的。在中世纪，当人们相信地狱之确实存在时，他们对于火的视觉必定和今天的人所看见的火有不同的意思。不如说"只是如此而已"，他们对于地狱的观念也泰半是由他们对于被火焰所吞噬之物和残存灰烬的视觉而来……（1972）

这意思是说，中世纪欧洲人的视觉被宗教观念引导，因此他们可以从眼前的火焰和灰烬而看见地狱之火。可是，眼睛真能看见的东西远比当时正引导着人的观念更多，或至少是还有非常不同于该观念的其他内容。我们很容易想起宗教的例子，是因为宗教里的视觉似乎特别容易被观念所限定。

伯哲这位"看的专家"背后其实还有另一位高人指点着他的看法，那就是桑塔格（Susan Sontag）。在伯哲的另一本名著《关于观看》（About Looking, 1980）[10]里头收了一篇文章《摄影之用》（*Uses of Photography*），就是题献给桑塔格的。桑塔格较早的一本著作《论摄影》（*On photographg*）[11]对伯哲有极为明显的影响。在该书中，桑塔格说：摄影已经变成当代人的一种强迫症,"它使经验本身转化成为一种看的方法(a way of seeing)。"也就是说,摄影把经验停格在一张照片中,犹如观看行为的一个切片,但这种看的方法最后竟然取代了经验本身,而成为唯一具体存在的记忆。

所以桑塔格才感叹说:就像19世纪诗人马拉美说的,世上每一事物的存在最终都是为了要死在一本书里,那么今天每一事物存在的目的则是要死在一张照片中(Sontag, 1977)。但是,有眼睛的人对于他所身处的世界不会只有这一种看的方法。在摄影上,桑塔格说:必须发展出另一种的摄影术;那么在看法上,也必须发展出另一种看的方法。怎么才是另一种看的方法呢?只把摄影机显现的影像看成真实是不够的,因为摄影机所能显示的真实远不如它所隐藏的多,摄影的记录"正是理解的相反,理解的起点应是不把世界接受成像它看起来所是的样子。理解之所有的可能性乃是根植于说不的能力。"(Sontag, 1977)所以,透过摄影美学,或是关于看的美学,我们就能清楚知道,我们果真要用观看来理解世界,那就是必须能以扬弃显现之物的方式,来揭露它所隐藏之物。

在贝尔(Catherine Bell, 1994)对此一概念的讨论中曾提及阿图塞(Althusser)的"oversight"(bévues,暂译作"忽视")。阿图塞对于"见识"(sighting)和"忽视"之别有极为精辟的洞见,但贝尔却未曾详说。根据我的了解,阿图塞原意是说:亚当·史密斯的政治经济学所没看见的,马克思却看见了。而"马克思常常解释道:这些删除(omissions)是由于史密斯的注意力分散,或更严格说,是由于他的不在场(absences):他没看见那些……睁眼盯着他的脸的东西,他没抓住那些……就在他手里的东西。"(Althusser & Balibar, 1979)而这么显然的视觉失误乃是起因于一种知识的镜照迷思(the mirror myth of knowledge)——以为知识可以像一面镜子般映照出实体,并且只能看见给定的实体对象,或只能阅读已经建立的文本

（Althusser & Balibar, 1979）[12]。

所以，忽视就是指一个人没看见他自己之所见，他的忽视（使他）不再关切对象而只关切自己的视觉……政治经济学所没看见的并不是什么预存的对象，不是它原先可以看见却没看见的东西——而是在它自身的知识运作中所生产的对象……它的盲点和它的"忽视"乃在于这样的误解，在于它所生产者和它所看见者之间，在于这样的"代换"（substitution），而马克思在别处说过是一场"文字游戏"（Wortspiel），而那些文字作者本身竟然无法看透。

（二）观点的美学

阿多诺的美学是拿艺术作品来作为一种引发认知判断的课题（Adorno, 1984）[13] 他有一句名言说："'艺术上的坏作品'其意思本身就是个矛盾措辞法。"（The very idea of a bad work of art is an oxymoron.）[14]（1984）就像"寂静的喧嚣""冰冷的火焰"或"聪明的呆子"这些修辞的例子一样，矛盾措辞法同时暗示了两种东西：要么是诗，要么是废话——但阿多诺对于"坏作品"的意思显然是指后者。对矛盾措辞法的知识延伸到社会文本上也一样会存在，譬如当我们把很多种社会再现（social representation）看成社会剧（social drama）时，在解读之同时也会产生美学批判的向度。

美学批判的观点是一种知识建构，但它当然和一般社会科学知识有其不同之处，因为它相当敏感于观察者观点的设立，反之社会科学则常会不自觉地把观点隐没成一种叫作"客观"的模糊状态。在和本文相关的议题上，阿多诺曾站在美学观点对于社会文本提出一番鞭辟入里的解读，他曾用了一句拉丁谚语来写意地传达美学批判的观点如何设立："一位法师看见另一位法师（作法时），他会忍不住发笑。"（An augur laughs when he sees another.）

¹⁵ 这句话最有意思的是它提醒我们：站在信徒观点去看魔法的施作，只能看到热闹场面而看不见内行门道；反之，如果设身处境成为另一位法术施作者，则你将会因为看见和观众所见不一样的东西——或是看见自己太熟悉的东西——而忍不住发笑。

这个观点的提议，对于一个从事社会观察的人来说，究竟有什么重要性？正因为我的专业身份是个教书匠，于是在进入观察的脉络时，这个观点竟然发生了一种原先未曾预期的作用——我是以一个"老师"的身份在观看另外一些"老师"们的表演。我可以同情地了解他们的表演方式，但同时我也确实忍不住发笑。这意思是说，我一方面觉得："你这也叫教书吗？"另一方面则同时觉得："我不也就是这样教书的吗？"所以这种笑法就像精神分析学的艺术研究者克里斯（Ernst Kris, 1952）¹⁶ 所说的，是含有来自对于竞争对手之鄙视的成分，以及来自认同上的尴尬而然。

（三）仪式的阅读

阅读并不只包含对于语言或书写文字的译码；相反的，在它之前以及在它之中已经纠缠着世界的知识……对于文本作批判的阅读而获得的理解就隐涵着看见文本和语境之间的关系。

——弗莱雷和马赛多（Paulo Freire & Donaldo Macedo,1987）¹⁷

弗莱雷（Paulo Freire）说的阅读是同时读到话语（the word）和世界（the world），并且也是同时读到文本（text）和语境（context）之间的关系。这样的说法对于一个社会研究者可能有特别的启示，譬如对于"观察"这样的阅读行动来说，就会把看到的平面延伸而成为一个具有景深的透视法空间。

仪式读者是怎样诞生的？当然是因为参与仪式，并在其中观看仪式而然。环顾当代的文学世界，"读者"早已经从读印刷品的人演进到读电影、读计算机信息、读无线电广播、读剧场舞台、读街头表演，进而到直接阅读身边发生的社会事件，所以在这个脉络下，对于仪式的阅读，毋宁说是一个活在当代社会中的读者所有可能的阅读行为之中，自然会包含的一个项目。格里梅斯（Ronald Grimes, 1990）[18] 所作的仪式研究之所以会发展成"仪式批评"（ritual criticism），正是根据这样的社会演变逻辑而然。但是，对于宗教人来说，要迎接这种读者的"诞生"可并不容易，因为那就表示要在他所固有的读法之外迎接另一种读法，并且承认了信徒与仪式施作者之间的矛盾。在仪式研究的传统里早已创制了一套对于仪式知识的光谱，大意是说：在神学观点的一极总是认定仪式之全部所为即是神秘化（mystification），而社会科学观点的一极则倾向于看出仪式本身的神秘化背后另有他义，也就是倾向于去神秘化（demystification）。阅读仪式的意思总是可以同时包含这两极，而不会只像神学家或社会科学家所期望的那一单极。

信徒参与宗教仪式，有一大部分的行为就是观看，所以我们会把这样的参与叫作"观礼"，其相对的英文就是"observance"。从这个英文的常用字开始谈起，其实我们很容易导出仪式观看行为之中隐含的内在矛盾。我们大多数人从小学自然课就开始学习的观察法，就是"observation"，它和"observance"用的是同一字根，就是动词态"to observe"。确实，在《美国传统辞典》（American Heritage Dictionary）[19] 里，"observe"一字至少可以有两个意思：① to watch attentively（注意观看）；② to adhere to or abide by（附和或遵从）。对于观礼者来说，重要的是遵从仪式进行的步骤，并且进一步附和仪式所敷设的情感气氛；对于观察者呢，他虽然要很注意观看，但却不一定会涉入他所看到的场景中。于是在从事参与观察之时，我们进入的第一层辩证就是关于"参与"程度或层面的问题。

仪式参与的辩证至少涉及两种在性质上迥然不同的主体，也就是观礼者和观察者。虽然过去的文化研究者一直强调要用所谓的"从在地人的观点"（from the native's point-of-view）（Geertz, 1983）[20] 来谈他们所看见的。但"参与者观察"的逻辑却不会受限于观礼者观点的同构型，而会像任何一个观察者一样，看到仪式现场里和正常状态并存的异常状态（anomaly）[21]。布洛维（Michael Burawoy）进一步解释这种观察发现的原因说："参与观察的好处是在于不只能直接观察到人们的行为，而且能（知道）他们如何理解和体验那些行为。它使得我们能把'人们说他们在做什么'和'他们实际上在做什么'放在一起作个比对。"（Burawoy, 1991）[22] 也就是说，在比对之下，"人们说他们在做什么"和"他们实际上在做什么"之间如果存在着不一致之处，观察者应能把它看出来。而既然看出来之后，对于一个现场就不能说其中只有一种"在地人观点"，而其中的气氛也不会只是一团和气，而应是充满各种观点和不及言宣的矛盾。

虽然如此，"观点的异质性"或"观点之间的矛盾"却成为一个不容易表达的问题。仪式的读者确实不像一本书的读者那么容易表现读者的主体性。在崇拜礼仪的氛围中，恭敬的姿态是起码的要求。读者没有任意诠释的自由，或必须假定没有这种读者的存在。我们只要进一步问：这氛围究竟是什么东西？这是特别值得观察的问题之一。

三、观看者：研究的主体

"研究"行动的意思，只单纯地说是人类都具有的"反思"功能或意识的二阶组织之发挥就已俱足矣。因为人都会讲话，而讲话、对话本身就含有足够的反身自省性质。关于反思，我会在下文讨论分别讨论意识上的二阶组织以及社会关系上的二阶组织，但在此要先说的是我自己和我与研究助理所组成的研究群队，也就是说，我必须先在此交待我们的研究条件，以及研究者本身的文化视框。这种交待的必要性在于：上述的美学观点、立场以及对于研究对象形成否定性的语境重设（recontextualization），其中最重要的方法机制毋宁更是属于本体论的问题，也就是说：这个主体必然不只是个自我，而是以交互主体（intersubjectivity）来呈现的。如果不是因为研究者在本身的体验以及在研究群队的社会关系里发现这种反身自省的二阶组织，则光是引述各种理论文献的说词也无法构成任何批判理解的行动。我们所身处的文化在表面上并不是很自然地呈现着反思的功能，而文化文本里头如果有反思的可能，那都是由人和人的关系去读出来的。所以，我们必须先谈谈这样的读法到底是怎样发生。我要谈的就是我本人，以及我和几位协作者（collaborators）在文化体验的脉络之下的交互主体观点如何发展出来。

这次阅读行动的发动者在本文中叫作"我"。他和坐在发言台上讲话的"我"有个起码的差别，那就是：他是被讲座内容所建构的一个实体。他只在回忆中现身。提起这个差别，在理论上非常重要，因为我们必须避免阿图塞所说的"不在场"难题。然而为了行文上的简便（这是大家都惯常这么作的），以上两个"我"要暂时在叙述中统一，并且把引号删除。必要的时候（当差异的意义必须被密切注意时），我会再次提醒读者。

在童话中，众所周知的那个小孩之所以能看见国王没穿衣服，就只因为他是唯一的在场者之故，而其他人之所以会没看见国王没穿新衣，则是因为他们都因为许多语言所敷设的氛围而陷入不在场状态。如果我们能把这个"理论难题"应用一下，也会立刻发现它的重大意义：我们在场的人里头一定不乏经常参与仪式，或甚至主持仪式的人在内。仪式和会议构成两个性质极端差异的社会空间，而当我们理解一个人可以在两个不同的社会空间中来去自如的道理，我们就更可以理解仪式本身的性质——特纳（Victor Turner）

说仪式之中必然包含着"假设法语气"（subjunctive mood），是因为我们可以拿它来和日常生活里的现实性作对比。对仪式投入得再深也不会完全脱离这种对比的管制。

有一位朋友告诉我，他母亲去拜神，虽然会不自觉地掏腰包（就是"添油香"），但是一套仪式值多少钱，却总有个定数，譬如说可以丢下五百者，未必值得捐出一千。这个掂算的机制对大多数人来说都不难使用，而它正好可以说明仪式框架所构成的一套假设法语气，而根据我们对语言的了解，我们就知道，在这种语气的背后还应该有个能够使用语法规则而说话的假设者存在。我在此直接把他称为"讲话主体"（speaking subject），这就让我们回到"我"的问题。作为一个讲话主体的"我"，他永远能够意识到讲话和被讲出来的话语不同。我要提醒大家注意我讲的故事，因此也就同时在提醒大家注意任何人讲的任何故事。

故事之一

我先从祖先崇拜的背景讲起。

大约刚读大学时，我曾参加大伯的出殡礼仪。对于我们家人来说，参加近亲家属的殡葬是极为重要的事，就像参加每年一度的扫墓仪式一样，不能随便缺席。我在那里拈香祭拜，但同时我看见几位女性家眷在灵柩抬出房间时，一边狂乱地哭泣一边向着灵柩抬出的方向拼命扫地。家中的长者告诫那些姑嫂们要把东西扫干净。可是我看见的哭泣似乎还有不甘把大伯送走的意思。也就是说：在这扫地出门的行为中，就同时包含着两种很不一样的成分。

在我的经验中，有个无法避免的联想，和这个场景构成很鲜明的对比，就是那位大伯的孩子之中的老幺，我的堂哥，在之前十几年所发生的事情。我曾经亲眼看见堂哥在这同一个房间中抱着他所宠爱的狗（狗尸，我应该说）

痛哭不止，我被勾起的回忆是：那只狗和大伯一样是被车撞伤而致死的；当时堂哥抱着他所挚爱却遭横死的狗，躲在那里哀悼哭泣，久久不肯离开房间，但现在大家所挚爱的大伯和灵柩却像什么可怕而不可理解的东西一样，被抬出那个房间。回想起来，我就是看见人对于死亡有两种截然不同的态度，同时模模糊糊地觉得：有些时候人只是留恋不舍或恐惧排斥，但有些时候人会又留恋又害怕。我当时还不了解的是：人的情感除了会自然流露，也还会被文化所给定。一旦文化和人交会之后，我们的情感就会变得相当暧昧模棱，甚而至不知"自然"为何物。

故事之二

在说完了第一个故事之后，接着要谈文化如何在反思中被自我所认知。

这是属于另一个普遍的文化背景。不久前有一天晚上我开车赶赴某地，为了想抄快捷方式，结果迷了路，开到一个四下无人的荒郊野地。我知道继续往前开一定会越走越远，于是决定掉头。就在倒车时，我发现车后有一座小庙，在黑暗的林子和一阵阵寒风的衬托之下，我不禁猛打了个寒颤，浑身疙瘩四起。我写过论文说：即使有人自称"不信"也很少是真的——大多数人会陷落在"信"的文化之中难以自拔。我说的是特别关于"鬼"的信仰。怕鬼是属于我们的文化传统之中很基本的一条文法。

这则故事并不是到此就算结论。我在恐惧之余，突然豁开来想说：到底我在怕什么？于是我停下车来，摇开车窗，往车后仔细瞧瞧。结果除了小庙和黑暗的背景，当然没看见别的东西。可是我刚刚经历的恐惧是切肤的真实。所以我怕的是什么？我没有看见鬼，而是看见鬼场景；我怕的不是鬼，而是鬼故事。在那当下我确实曾经飘离现场，而陷在某种历史叙述之中。我的那阵惊悚之情所见证者，就是我自己身不由己的陷落。可是，我也会因为反思而发现这种叙述法和这种故事与我的处境之间的距离——我的意思是：我发现没有鬼，并不表示鬼故事不存在。

那么，在距离的背后又是什么？我能不能再往后退一步，想说：那个嚣开来、摇开车窗往后观看的，究竟又是什么人？当时他又在什么叙述法之中？但我不打算直接回答，只愿说：那就对了，反思会把人拉出历史叙述而抛回思维的现场，能这样的话，提起"我"这个话题的意义就算起码达成了。

四、综论与结语

虽然不是什么普适性的经验，但祖先崇拜和鬼文化至少是我们容易理解的文化语言。作为一个研究者，我至少先要弄清楚我们是否有个共通的语言基础，然后我们才能开始像在生活世界里评价什么好吃和什么不好吃一样，也就是像对于品味有个口舌的语法一样，能自然地开始评价。

但是构成批评的条件并不只是共同的经验或语法，而是语言里的反思性。语言不是只有说出来的话语，而是包含着它的说法在内，共同构成讲话这回事。正因此故，布洛维（Burawoy）所作的区分，即"人们说他们在做什么"和"他们实际上在做什么"，才会显得有意义。话语是被说法说出来的。

注释

1 Mills，C. W.（1959）. The Sociological Imagination. New York: Oxford University Press. 中译本：李康译（北京师范大学出版社，2017）。

2 Brown，R.H.（1976）.A Poetic for Sociology: Toward a Logic of Discovery for the Human Sciences. Chicago: University of Chicago Press.

3 Swingewood，A.（1986）. Sociological Poetics and Aesthetic Theory. London: Macmillan.

4　我最早把 Abduction 译为"转练法"，后来看到古添洪所作的另一种译法叫"设诱法"，颇有可观。后来我把两种译法结合为一，是为"诱练法"。

5　Scheff，T. J.（1990）. Microsociology: Discourse，Emotion，and Social Structure. Chicago: University of Chicago Press. p.30-31.

6　有些读者曾向我反应说"以微秒的速度"很难理解。这里提供一种简要的理解之法：这是借用原子物理学的说法，因为所有的微粒子都必须至少是"以微秒的速度"而运动。人类的意识活动正可以此来拟喻。

7　Shweder，R. A.（1990）. Cultural Psychology: What Is It? In Stigler，J. W.，Shweder，R. A. & Herdt，G.（eds.）Cultural Psychology: Essays on Comparative Human Development. New York: Cambridge University Press. 本文的修订版另刊于 Shweder，R.A.（1991）Thinking Through Cultures: Expeditions in Cultural Psychology. Cambridge，MA.: Harvard University Press.

8　Berger，J（1972）. Ways of Seeing. Harmondsworth . U K : British Broadcasting Corporation.

9　很多人误读这个名字为"伯格"，事实上他本人就曾对着镜头声称他的名字读作"伯哲"（/Ber-jer/）。

10　Berger，J（1980）. About Looking. New York: Vintage Books.

11　Sontag，S.（1977）. On Photography. New York: Anchor Books.

12　Althusser，L & Etienne B.（1979）. Reading Capital. London: Verso.

13　Adorno，T. W.（1984）. Aesthetic Theory. London: Routledge.p.22.

14　"矛盾措辞法"对于"oxymoron"这个字实在是不得已的意译，看不出这个措辞中所包含的不屑和贬抑意味——如果照字面来说，译成"氧化白痴"更能表达此义。

15　Adorno，Theodore（1994）. The Stars down to Earth and Other Essays on the Irrational Culture. London: Routledge，p. 36.

16　Kris，E（1952）. Psychoanalytic Explorations in Art. New York: International Universities Press. p.173-188.

17　Freire，P & Macedo，D（1987）. Literacy: Reading the Word and the World. South

Hadley，MA: Bergin and Harvey. p.29.

18 Grimes，R. L.（1990）. Ritual Criticism: Case Studies in Its Practice，Essays on Its Theory. Columbia，S. Carolina: University of South Carolina Press.

19 Morris，W.（1969）. American Heritage Dictionary of the English Language. New York: American Heritage Pub. Co.

20 Geertz，C（1983）. Local Knowledge. New York: Basic Books.

21 Anomaly 在英汉字典上一般译作"微扰反常"。

22 Burawoy，M（1991）. Ethnography Unbound: Power and Resistance in the Modern Metropolis. Berkeley: University of California Press. p.2.

疗遇时刻：

理心与疗愈的两种文化

> 对于人类和物体，可以赋予一个可接受的名字；而对于不可见的事物，则是一个无法发音的名字。

> ——埃德蒙·雅贝斯（Edmond Jabès）[1]

当利奥塔（Jean-François Lyotard）在作他的知识状况报告时，[2]为了说明什么是"在陈显的本身中推出其不可陈显者"（puts forward the unpresentable in presentation itself），他用了一组对比，就是普鲁斯特（Marcel Proust）和乔伊斯（James Joyce）两人的作品。同样在捕捉（或"典用"，allude）追忆，普鲁斯特使用了小说叙事现有的形式，而乔伊斯却在他的书写本身中把不可陈显者推到可见的眼前。他的这个说法，后来更大规模地用来说明前卫艺术相对于写实主义艺术时的知识状况——这是对于后现代知识状况的一种反身自觉以及元论述[3]——我因此而半自觉、半不自觉地堕入一个有关古今与东西，以及陈显与不可陈显之交叉叙事的元时刻。

一、如何称呼，才是适当的

（一）"有道理"与"没道理"

当现代西方文化中产生的心理治疗（psychotherapy）叙事形式，伴随着整套治疗行动的社会系统条件移植入汉语社会之时，我们用以承接它的方式，正如我们所承接的大量其他种种文化叙事，到底该如何来称呼它才是适当的？我们都知道汉语系和印欧语系之间存有极大的鸿沟，任何在历史上出现过的翻译（包括历史上最大规模的佛教经典——即梵语译为汉语，以及在现代化之中仍然进行着的各种西方语文译为现代汉语）在意义上都不能视为"对等"或"相当"的。具体而言，就语源学而言，我们能在汉语中找到的印欧语源，至多不过几百个词汇（并且都还不无可疑之处），相较于我们所使用的几十万汉语词汇而言，实在微不足道。正因如此，我们对于习以为常的翻译都必须重新留意，而在我们目前所要面对的所谓"心理治疗"，我们也许可以根据汉语本身的遣词造字方式，给它一个新译名，叫作"理心术"，[4]然后，根据这个新的汉语所可能座落的语境，我们要来对它进行一场介于presentable—unpresentable（即"可陈显—不可陈显"）之间一种知识交叉的叙事活动——这活动称之为"觉察"恐怕还太早，正如在曙光初露的时刻，在周遭一片黯蒙蒙的氛围中，你要说它是天亮了，还是天没亮呢？那真是"天晓得"。

虽然我们的起点是文化叙事，但我们必须从所谓"现代性的系统条件"开始论起，而我们已知和理心术关系最密切的系统条件至少有两种，那就是医疗系统和教育系统；但我们也必须讨论另一种和现代条件相关的前现代的条件，那就是民俗疗法（folk healing），因为除此之外，我们并没有在知识传统中建立过足以和当代心理治疗相提并论的理心术。我们可以用历史回顾的方式来检视民俗疗法和现代心理治疗之间的关系，但也可以从当今的心理治疗者受到民俗疗法的影响有多深来开始设问，那就是：理心术所要处理的问题，亦即意义的病理与疗愈的道理之交叉碰撞，究竟是发生在何时—何处？

不是所有的理心士（或及现代术语所谓的心理治疗者）都能承认这种问

题的"发生"——他们甚至在意识上还倾向于否认此一问题的存在，因为他们有两种理由可以不讨论我们所提的问题：第一，他们总是从"接案"作为开始，因此那已经就是个 presented 的给定状况，而没有 unpresentable 的问题；第二，根据现有的系统，他们总是使用系统术语而自称"心理（治疗）师"，而不会承认"理心术士"的称谓。但基于对意识的历史结构观察，和我们对于文化惰性理论的熟知，我要设法针对此一充满问题感的"伪意识"而进行翻盘。

我们现有的民俗治疗法在基础上其实都属于从先秦时代开始奠基，到秦汉帝国而大盛，然后传下来的不是属于远古时代圣巫不分的传统，更不是一种和自我成长有关的现代炼金术——精神分析以及由此而衍伸的种种心理治疗。我们所知的民俗疗法基本上是以提供某种抚慰、某种神话想象的社群支持为目的，而不是以人自身的革面洗心为目的；人是以接受抚慰的身姿进入（或被接入）疗愈场域，而不是以发下奋战誓愿的态度，自行杀进炼金术的自我战场。

在此，有几个汉语本身的用语需要先行交代，这也是构成本文新问题意识的主要关键词。第一组语词就是"病理"和"道理"。我要先谈谈"道理"，然后才能用它来反面证成什么叫作"病理"。在此所谓的"道理"决不是什么"道学"和"理学"的产物，而是一个属于日常语言中的词汇，它有久远的渊源，而且，最有意义的是：它不是来自于翻译的西方语词，它是地道地的本土语——虽然有些当代思想史家都觉得有种强迫症式的语汇非用不可，就是把它称为"儒家"传统，但我们如果知道那是早在"儒家"诞生之前就已经在汉语里变成了意义的根基，那么称它为"儒家"根本是不对的；而在此同时，我们也不必为它找到一个英文、德文或拉丁文、希腊文的相对语源——它就是在汉语中已经存在五千年以上，而且你我至今还经常在使用的词汇，但今天，这个"道理"却要转身一变，如同歌仔戏进入大剧院去上演一样，为我们保障了一种"精致叙事"的意义根基。"有道理"不等于"有道"或"有理"，但你我皆知什么叫"有道理"，并且，在碰到"没道理"的事情之时，我们就更知道它是如何以否定的认识而确定其"没道理"了——这种否定的认识还有两个极有意义的相似词："不义""没天良"，在我们的日常生活中，像是一支永恒的指南针般，对于我们的善恶是非判断提供了明确无误的表陈方式。要理解"道理"这个语汇，事实上对于经历过语言现代化的我们来说，都知道它是建立在一个文化深厚的"共通感"（sensus communis）之上。说到这里，我们当然就有义务从现代化的脉络中寻找这种元理解的根源——在此，我该说明的是：为什么要引用意大利哲学家维柯（Giambatista Vico）的用语，以及它在当代文化心理学之中所发展出来的意思，来支撑一个汉语词汇的正当性。

每一个民族文化都会产生某种用以维护其基本价值信念的语汇。在汉语里，你可以发现一组道术话语，譬如"道德、道义、德行、品行、品德、品格、良心"和一组智理话语，譬如"有理、有知、说得通、讲得成、是个说法"等词汇，而在这里，我要特别强调，其中有意摒斥了先秦诸子和宋儒特有的（哲学）语汇，譬如"天理人欲""良知良能""性善性恶"等，因为能使用这些语汇的人口在这个文化中非常有限，并且一旦使用就有陷入学究圈子里自说自话的危险——我曾经亲耳听见一位当今的思想史学者这样说：关于那些天理人欲、心性善恶还要加上太极两仪、四象八卦来解释的学说，真能理解的人，他伸出手掌作了个手势一比，"在整个思想史上，大概只有七、八个——不，大概只有五、六个人。"然而，假若我们用相对的观点来看，具有相当程度泛文化观点的语意学者韦日比茨卡（Anna Wierzbicka）却会说，没有一个文化对于那么重要的观念会没有一些"语意始元"（semantic primes）去表达它，[5] 而这些语意始元都会成为一个文化之核心价值的关键词（key words）。在此暂先不谈这些关键词如何发现的方法论问题，要之，拿这些关键词来当作研究的焦点，则整个文化界域会在其周遭组织起来："透过对这些焦点作深度的探索，将可使我们看出概括整体的组织原则，并使其中的结构与连贯性如何将一个文化界域变成一个整体。"[6] 是的，"道理"或"没道理"是以某种"语意始元"的关键词来表达了我们这个文化对于善恶是非的某种"共同知识"和整体结构。我们要在这种知识基础上来开始讨论，而不是要在"道学"或"理学"的浑水中作个自身难保的泥菩萨。我们并不透过系统来"接案"，而是要在任何人与人的关系中发现被"没道理"的处境所困，因而让我们有可能用理心术的"道理"来开始对他进行脱离困局的协助。

（二）从"心理师"到"理心士"

其次要谈的关键词就是有关"心理师"和"理心士"这组关于专业身份称呼的问题，而我是要以平行观察[7] 的行动来陈显这个身份立场的方式。我的用语所对应的语境位置不只是治疗法，而更像是从施疗者（therapist，以下简称"thpst"）到求愈者（therapant，以下简称"thpnt"）之间的关系（旧说即是"医病关系"）之生成，但后来这谈法必须延伸到上述两者的遭逢，乃至一个人文疗愈社群的形成，而谈论的焦点当然就会落在施疗者与求愈者交遇的发生时刻。既然我们在学院里关切的首要对象就是施疗者的养成，那么，我们必须真切了解在汉语的文化境遇中，这种人的身份首先就是个"士"（譬如大学毕业生叫作"学士"），而未必能滥称为"师"，因为这两者显然有身份意义的高低之别——"士"在现代化的教育系统施行之后，是普遍存在于民间的，而"师"则总是稀少的——他必需位居高位，能以言教身教而创立文化的楷模，总之就是在人间不易发现、不易接触的。所以我们要谈的身份养成应是指"士"的养成，至于他究竟该称为"术士"还是"儒生"，我们可以不必陷落在秦汉之际的语境中来自寻烦恼。我现在认为，以现代汉语作为讨论的张本，我本该给他取个简易而合理的新名，那就应是个"疗士"——在撇开证照系统之后，你我都应了，"治疗师"（咨询师、临床师，或总称"心理师"）的称谓确实可以保留给那个自以为是的半调子系统去继续滥用。[8] 由于我们所要讨论的"疗"和"愈"是以两种不同立场的主体之自省、自觉、自发行动，以及在此行动中的交会，来作为立论之基，所以这个引发交会行动立场的状态须称为"疗遇"，而这里所谓的"行动"则不只是一两个人之间的行动，而应是一整个行动社群之自我维护的行动总称。

二、问题的发端

有道是"天不言、地不语"，而"本土"这片天地亦然。所以本土除了由我们（斯土斯民）来予以陈显（to present），再没有其他的本土可言。我们对本土的讨论必须奠基于某种本土陈显（presentation），而不是本土本身（itself）。

所谓的民间文化、民俗医疗都是在现代陈显中被制作而现身。我们已经很难说什么是它的"原汁原味"——尤其当这些原汁原味都已经被"古法传承""祖传秘方"所包裹时，我们仍需透过手艺传承来拆解所谓的"古法"和"秘方"，但这和当代的知识状况之中的其他问题还不都是一样？上文已经提过：根据利奥塔（Lyotard）的看法，我们在当代知识状况之下的任务，应该是要"陈显那不可陈显者"。而德里达（Derrida）对此说得更明白：

> ……它反覆显示为深渊一般的问题——涉及自然的兴现（φυσις），涉及存在，涉及出生之中的呈现，开端之中的呈现，哺育和生长之中的呈现，被动创造之创造活动的呈现。这不就是生命吗？这就是生命为了获得承

认而受思考的方式。[9]

余德慧所谓的"没有语言可以显露"者，几乎与此同义，而这正是我们当头的问题。

三、施疗与求愈

我首次接触"疗愈"两字时，觉得词义难解。和"理心术"作个比较，汉文"疗"字是特指医疗的行为，而"愈"则是指病情（往康复方向）的转变。但之所以使用"疗愈"一词，原意就是要摆脱现代医疗体系所用的"治疗"观念，并且也是意图翻译"healing"这个词汇的意思。所以我愿意把我的汉文语法习惯向他们妥协，但我的理解是说：施疗和求愈的两种状态合并简称叫作"疗愈"，但若要把两者合而为一，我们也可以称之为"理心术"，而不能把"疗愈"直接拿来当个名词，尤其不能当作动词来使用。

疗愈是两种状态的合并，那么，哪两种？怎样合并？"intersubjectivity"，交互主体——这是我们在讲道理时所必须植入的一个外来语，[10]使得我们原有的语意始元获得一种有如神话般的一片"息壤"。[11]让双方的互动在我们的语言中可以成为"一个"过程：在时间序列之中的相互推移过程，于是，问题就只在于这相互推移都只是针对着人的心而起作用的，至于那应该是谁的心，在汉语中确实不必区分所谓"主体""客体"或甚至是"交互主体"。"心—性""性—命"的这套关联体系中所需要的，只是同一的一套"理心术"，而在理心的同时，它也就意指了"理性""理命"。但这些语意上的说明并不等于我们在现实世界可以看见它的对应施为或行动。

余德慧的情形比较难说。有一天，他终于说："在临终病房，很多人的心都变得很柔软，没有批判的'眉角'，主要是因为有一种完全不同于俗事的氛围，彷佛有一种新生成的生命价值在酝酿着……"这"批判的眉角"在我所知的批判心理学中称作"知识的距离"（epistemic distance），不是要区分临终的氛围和俗事的氛围，而是作为研究者的行动者总是能意识到两种氛围的同时存在。在此当下，什么话语会浮上心头？不只是疗者和愈者的同一，而竟是疗愈的情况和语言的区分。当余德慧在回想那临终场景时，为什么会想到"批判的眉角"（虽然是以负面的形式）？因为他有研究者的语言紧临着他当时的意识，"论述并不等于现象自身"，他们这班研究者都很清楚，所以他们不会"跟着现场起舞"；也所以"心变得柔软"确实只是一种退让，而没有被覆盖、被取消，特别没有取消研究者的知识距离。在疗者和愈者之间，一直都有第三方（the third）的存在，它取用的身形是话语或象征，其具现的方式如同一只会讲话的鹦鹉，站在一旁的树枝上，虽然你翻身去看它的时候，它不一定会在那里。我最近一直想要参透现象学里的悬置法（还原法），想要了解为什么会有这种存而不论的力量出现在任何主客相对或交融的关系中，后来只要想到这只鹦鹉，它之所以会不见，不就是因为像会闭嘴也会隐身一样，会取消话语以及身形的参与？这个第三方，它既会现身，也会隐身，等到必要时再出现；它既会说话，也会停止说话，也就是会暂时闭嘴，等到必要时再说。在离开现场之后的回忆和重新注意，亦即在反思之中，它自会现身也会回荡出它所带来的话语。

四、求愈者和当代知识人的关系

引导未必是把"疗"导往"愈"的力量。求愈者之所以得到疗而愈之，比较像是原始儒家所谓"求仁得仁"的道理。但是至少有一位往古之士，他的圣明使他知道神的说法没有必要，他不语怪力乱神（或至少不语"怪力"与"乱神"），然后说："我欲仁斯仁至矣"。他的门徒当然会问他：那你是什么？他说："述，而不作"，亦即为师（他连"圣"都不敢自居）。他只是还讲不清楚"仁"和"神"的区别在于我们和语言以及象征的关系，而他的弟子们则以"子罕言性与命"来描述他的语言。

注释

1　Edmond Jabès（1993）. The Book of Margins. Chicago: The University of Chicago Press , p. 14.

2　Jean-François Lyotard（197/1984）. The Postmodern Condition: A Report on Knowledge. Manchester，UN: Manchester University Press.

3　Jean-François Lyotard（1988/1991）. The Inhuman: Reflections on Time. Stanford: Stanford University Press.

4　此词已出现于宋文里（2025）《心理与理心：心灵的社会建构八讲》，北京：中国纺织出版社。

5　Wierzbicka，A.（1992 ）. Semantics，Culture，and Cognition. Oxford: Oxford University Press.

6　Wierzbicka，A.（1997）. Understanding cultures through their key words. Oxford: Oxford University Press，pp. 16-17.

7　"平行观察"一语系借自夏林清的用法，见夏林清（2002），《寻找一个对话的位置：基进教育与社会学习历程》，《应用心理研究》，16 期，119-156。

8　"半调子"之说，系因在欧美各国，这种可以授证的专业身份只能授予拿到博士学位的人，而在我国却授证给取得硕士学位者。这些有证照的"心理师"显然都是在理论与实务上都属训练不足者，却被准备不足的体制给赶鸭子上架了。

9　德里达（Jacques Derrida）（2006），《友爱的政治学》（胡继华译），长春：吉林人民出版社。引文见 p. 5，译文稍作修饰。

10　值得注意的事实是：到目前为止，我们的心理学教科书及心理学辞典中，还未曾出现"intersubjectivity"这个字词和条目。

11　大禹治水神话中，对于鲧或禹所敷下的土方称为"息土"（《淮南子》）或"息壤"（《山海经》，见：杨宽（1938），《中国上古史导论》，载于顾颉刚等编《古史辨》第七册，p. 65-415。

09

临床与本土：
理心寻语路[1]

"临床"这个来自日本的汉语借词，其最吸引人的乃是第一个字"临"：临在、临场、面临的意思；至于第二个字"床"：病床、躺椅或咨询室，我比较不在意，留给其他的临床专家者们去发挥；不过对此，我想要回到现代心理学的一种操作原型，即观察的实验室，来作为开场。

开场之时，我们还要先确认几个前提。

我们从实验室到咨询室所使用的台词基本上使用的是现代汉语，[2] 虽然其中偶尔会掺杂一点点英语作为外来语（借词）。这是个重要的文化现象——我是说，在这里确认我们自己所使用的语言。对于有些人倡议在这类场合改用国际语言（英语）来表演，我则认为我无法作这般虚拟的想象——我深切感觉到研讨会像个剧场：如果使用自己惯熟的语言，把表演叫作舞台剧，那么对我们而言，用英语讲话就会是一场木偶戏——我常有一种强迫症般的恐惧，就是一直担心大家的绳子打起结来，而我们知道木偶的手通常都有摸不到绳子、摸不到头脑的问题。

此外，还有另一条路线，是关于"心理治疗"（psychotherapy）这样的专业实践，打从弗洛伊德的精神分析开始，它就被取了个诨号叫"谈话治疗法"（talking cure）。直到今日，精神分析仍然是一种谈话的方式，而本文里将会提到一位当今的精神分析师奥格登（Thomas H. Ogden），他把分析叫作"诠释行动"（interpretive action）。总之，我们在此必须专注的是讲话本身的语言问题。

最后一段有关"文化心理学"，我们的大学里还没有这个学问分类，但是，它不是什么新东西，不分类也无所谓。为了言简意赅，我对于"文化"采取了一条两层次的双轨快捷方式来予以界定，那就是：如何用讲话做出事情，又如何用讲话来谈论事情的林林总总活动。什么事情、怎么讲话，还有，讲出什么意思，这就是文化心理学探讨的问题对象了。虽然很简单，但是，就像奥斯汀（J. L. Austin）在威廉·詹姆斯讲堂（William James Lecture）开场时所说的：

> 我们要讨论的现象是流传得非常广泛，也非常明显的，我保准已经有别人注意（noticed）到了，哪里都有吧。但是，我还没发现有人对此投以特别的注意（attention paid to it specifically）。[3]

也像弗洛伊德在他的精神分析技法学里说的：

> 他（患者）必须发现一种勇气来导引他对自己的病况加以注意。他的病本身对他自己应该不再是该鄙视的东西，而是必须变成一个敌人，值得他去全力迎战。[4]

就是这么回事——我也把弗洛伊德说的这句话看成"夫唯病病，是以不病"[5]的现代性转译。文化心理学固然不是像精神分析那么清晰可辨的学科概念，但我现在只能说，它将协助我们一起来对这一块地界不清的"临床—本土"投以特别的注意。

一、为我们的语言铺开寻找的路

（一）对镜观看、模糊不清

我作孩子的时候、话语像孩子、心思像孩子、意念像孩子。既成了人，就把孩子的事丢弃了。我们如今彷佛对着镜子观看、模糊不清（模糊不清原文作"如同猜谜"），到那时、就要面对面了。我如今所知道的有限。到那时就全知道、如同主知道我一样。

——《哥林多前书》

对镜观看时，镜中影像虽然也好似有观看的动作，但这动作其实是有且唯有一个主体，观看者看到镜中影像，但由于后者并不回观，所以造成了一种没有互动的单面主观现象。

但是，从前面所引的典故来看，我们还会多出一个衍生的问题，就是中文版所说的"镜子"，在英文版里是"glass"，是玻璃，而不是镜子。英文版里说的意思是："透过玻璃观看，幽暗不明"（through a glass, darkly），中文版则说是："对着镜子观看、模糊不清"。那么，到底应是哪个？

《哥林多前书》里的这个词组经常被人引用，在西方语文中更已成为通用的成语。但是，在中文的日常语言里头，它不是同样流行的成语，至少在《大辞典》之类的辞书中并未收录。我们很难讨论中英文版本究竟哪个才是真正的"神的话语"，或是使徒保罗所说的原意，只知这些和"观看"及"主观"有关的行动里深含着话语般的意义。我们必须从实验室的情境来开始讨论这个问题。

在读大学时，每当有亲朋好友要来参观心理系，这里的学生总会想带他们去看一间设有单面镜的行为观察室，因为那是心理系教学的一个招牌卖点。单面镜的一边是儿童游戏室，另一边是学生老师们的观察室；在使用时，前者是明室，后者是暗房。在明室里看到的那面大镜子，在暗房里则是一块可透视的大玻璃。当小孩在明室里游戏，他不知道有人在隔壁的暗房里观看他。单面镜的设备肯定不是《哥林多前书》作者的原意，但却可同时用来响应中英版本差异的问题：它既是镜子，也是玻璃；[6]它既是反映，也是透视。《新约》的这位作者也许暗示了现代心理学实验室的建造者，让他把幽暗不明的问题用明暗倒反的设计予以克服。它甚至让人产生一种错觉，就是暗房里的人正在现场观察着明室中的行为。但是一面玻璃、镜子所隔开的，正是让人能互相参与的机会。观察就是刻意设计的隔阂。

（二）面对面

在游戏室里的小孩，我们不能说他是"主观"的，他顶多是个不自知的主体；而在另一边暗室里有意观察的人，也就是上文提到的单面主观者，我们能说他是"客观"的吗？主观—客观的二分法，对习惯于实验室操作的研究者来说，现在该是予以进一步明辨的时候。

透过镜子或玻璃之所不能知，必得等到面对面的时刻才能既知道，也能"如同主知道我一样"，但他所说的"面对面"并不只是一个人面对另一个人。假若我们必须切换到人文主义的语言所构成的知识脉络来说话，那么，人在面对什么？

我们先从人和人面对面的动作谈起。其中当然包含着观看，但这时对人而言的要点，却常常不只是观看而已。面面相觑的观看，我们说它会造成"主观交互"，且只怕实验室的心理学还无法给予能操作的定义，所以，说到这里，我们必须跃入另一种知识引介的状态。

面对面的动作，会发生许多超越观看的事情——四目相接的时刻，哪怕只有几秒钟，也会令人浑身紧张。[7]人的脸孔和眼神不只是构成一张图像，而是呈现一种深邃的存在，不能停止在其表面上，而必定会穿透到如同语言的空间，对观看者显化成各种近乎无限的意义。脸孔和眼神都在说话，所以不能用单纯的视觉来理解，却只能用理解来理解。

我说的另一种知识，不是故意和通用的语言以及客观主义唱反调；"只能用理解来理解"这样的汉语也绝不是一句谜语，虽然有时一些翻译式的批注是免不了的。我们试用西方神学的语言来翻译看看：人面对着意义，就像是人面对着某种显现（epiphany）一样，由此而获得了启示（revelation）。面对面就是人以"面对"的动作接合着脸孔（面）的意义。我们必须把这个行动的图景以分析的方式重写为"面对面"，意思是指：它不只是在观看，而是当着面以存在来参与存在。其中显现的意义对于客观论者之所以会显得如此难以理解，是因为他是被单面镜养大的，只是有单面的主体性，没有养出任何交互的穿透性，虽然单面镜表面上看起来好像是个透视的观看装置。我们常常忘记：单面镜的透视是包含着"该看什么"和"不该看什么"的观察规范（也就是学科本身的规范）在内。的确，在这个规范之下，实验室里观察而得到的data，经过分析之后也会显现意义。但data就是被分析工具所规定的观察。我们如果把data翻译为"素材"，把分析出来的result叫作"结果"，我们所从事的科学套用了植物有机生长的隐喻，因此，从实验室观察里取出素材，经过分析工具的定性选择，最后得到合乎预期的结果，我们就像从事植物栽培农艺的一样，就科学而言，甚至还不到动物学的程度，更遑论是研究人类，这种面对面地参与存在。

使用"存在"一词，对于客观论者也有另一层面的难题：它似乎不知指向什么对象。是的，存在不是对象，而常是一种对主体交互参与状态的肯定。我们的日常语言中没有很确定的语词或修辞来指认它，就只剩下这么一个至少能够被感知的起点样态。有些时候，我们甚至不免要打破客观论者对于论文书写的禁忌（避免自称的禁忌），而把"自我"这样的词汇引进，同时也明白地说：自我，就是指存在的、面对面的参与者，并且当下指着你和我。

（三）自我，他者

> 我的生活应该有一种不是由我构成的意义；确切地说，应该有一种主体间性；我们每一个人既在绝对个别性的意义上应是一个来源不明的东西，也在绝对普遍性的意义上应是一个来源不明的东西。我们在世界上的存在是这种双重来源不明身份的承载者。

> 梅洛 - 庞蒂（2001）[8]

来源不明并不构成语言使用或指称上的难题。因为"面对"的关系自然会形成指称。我们现在使用的"我"这个汉字，在字面上就描绘出这种自然的面对状态：它是图绘着一个人，以手执戈，高高举起。他在面对什么？那当然是"敌"。在人类的生存环境里，有一种很基本的对立状态，也就是因争战状态而出现必要的"敌我之别"，这就是"我"字的来源。它不是"以自身而明确"，而是"因为临在而相对地无误"。我之所以确定是指向我，是因为我与敌正在对峙之中。再说，我们现在使用的"自"这个汉字又是描绘什么呢？它是个鼻子，也就是人在反身自指时惯有的指法。人对着面前的人而指着自己面孔中央的鼻子，为了他人的临在而作的自指，指向面孔，那就是"自"。不管来源为何，在那个当下以指而确立了指涉之物。

在现代汉语之中，像"自我"这样的词汇，我们都太习惯于它所意涵的外来语性质，而不太能从某种来源来谈它的意义。但我们得试试这样理解："自"就是为他人而回身自指，"我"就是因对立而同时获得确认。于是"自我"这一组分析性的字眼所构成的主体就辩证地含有对象。"我—他"本是一体。凡是说"我"就是说了另一个"我"，也就是"他"。[9]这种关系在西方语文中也早有其说法，就是"ego"和"alter ego"（我和他我）。为了让古汉语、现代汉语以及西方语文之间能拉出一种共通（但未必相同）的概念，在下文中，我们就采用一组新生的中文语词"自我—他者"来表示。[10]上文引述的梅洛-庞蒂那段话之中所说的"交互主体性"（intersubjectivity），在其他的现代汉语中常称为"交互主观性"或"互为主体性"。我们绝不是因为现代汉语已经把西方语文都搬了过来，就能够把它当作自己的语言库存来使用。我们需要检查语言进出的机制。在进货和出货之间，如果没有先确立买卖关系的契约，那就是白忙一场——事实上，在如今的全球化经济中，有些进出货物的动作根本不必再订契约——许多的分工关系都已经包含在经济全球化的条约之中，譬如谁负责研发，谁负责代工。为此之故，我们现在必须很踏实地来盘点我们的库存——意义的库存——以便知道我们自己的货色。

（四）交互主观或互为主体

从实验室出身的学生，根据行规，早已都学会使用"subject"这个字来写研究报告的第一段。然而在教科书中这个字只是很简单地指接受实验处置的观察对象，是主要题材（subject matter）的来源，但它也是个 objectl，即作为对象的物体。这样的"subject"和实验处置之间的关系实为"subject to"（从属于，受……的支配）。心理学所使用的现代汉语把它译成"被试"，但我们也可以用哲学里的现代汉语，说它是"受观察所支配的主体"，于是，那就等同于"客体"。除此之外，实验室的心理学并不知道还有其他的"主体"，因为这个语词已经被"被试"篡夺，并且再也不知道他自己的名字。

所有的客观都建立在主观的基础上。当客观主义研究的是客体（对象物），而把研究主体隐藏在后面（或来源与去向均不明的某处）之时，就会令人无法对主体性展开讨论。[11] 在单面镜的观察室情境里，如果暂且脱离实验室规范的话，我们其实可以观察到许许多多和主体的性质有关的问题。

- 坐在观察室里的学生们正在听教授的指示，观察隔壁那个小孩和妈妈的眼神接触，看他们所注视的方向或小孩所把玩的东西，这位教授正在支配着学生的注意，这是第一种主体性的动作；

- 学生遵照指示，观察小孩和妈妈，这是第二个主体动作；

- 有些学生会说："前面的同学，你的书别拿这么高，你挡住我了！"这是第三种主体动作；

- 还有些学生转过身来看邻座的同学所写的笔记，这又是另一种主体动作；

- 有位学生正在想："联合注意（Joint attention）是什么时候开始有人讨论的？我自己为什么从没想过这问题？"[12]

- 还有位学生则在想："教授发表的论文上引述了罗梅特韦特（Rommetveit），还有斯凯夫（Scaif）和布鲁纳，可是我们的图书馆好像都查不到？"

在整个观察的时间过程中，发生许多大大小小的事件，每一事件都是诸主体交互参与的结果。如果这次的观察到了最后留下的纪录只有教授的指示和学生根据指示所看到的项目，这样并不会否定整个观察行动中有诸多主体参与的蛛丝马迹，只不过主体性引发的事件并未完全被注意到而已——不是客观的"看不到"，而是实验室本不是叫他们来"看那些没看到的"。实验室的规范注意不到之处，还有许多事情发生。但正因为这些事情仍然发生在实验室里，所以我们必须说它也是属于实验的。我们来试试实验室的一些变化，并且打开我们的眼睛观察。[13]

假若观察室变成明室，而隔壁的儿童游戏室变成暗房，这样的话，单面镜的效果受到光害而打了很大的折扣，于是观察者们看见的不是被试的对象，而是和自己的主体性有关的影像。但镜里显现的影像和观看者自己多少是有点不同的——它是反射光学的影像：当观看者举起自己的右手，镜中影像举起的却是左手。然而透过一点空间方位的换算，他又会发现：镜中影像确实是主体的返照，虽然呈现在眼前的是个物体对象。

观察者看不到隔壁的小孩，但因为对实验室设计的操作失误，他却意外地（反身自省地）（reflexively）借此而注意到一套没被实验室设定的自己，特别是自己客观在场的证据。镜子不会说谎，只能说出真实的倒影。[14] 而这个发现甚至没有被设定为"必须隐藏"——这个差别非常重大，因为单面镜观察室本来就有其内建的不可告人的一面，它基本上就是偷窥，而这个场合的语言设定者正是偷窥者和他的门徒。他们正在共同维护着不诉诸语言的阴谋，好让某些在场的事实比较容易变成不在场的样子，乃至可以说是"from nowhere"（来自无有之处）。

在客观研究中辨认出主体，并且知道主体性的复杂情况，原是会增加客观心理学的复杂度，但把"交互主观"或"互为主体"这样的用词拿进客观心理学里来，却并不增加它能操作的程度。当胡赛尔说：互为主体乃是所谓客观存在的根本依据，也就是说，至少有两个以上不同的主体能对于同一经验做出相同的报告，那才使客观性得以验证。但后来的客观心理学没有采纳胡赛尔的洞见，只注重"相同的报告"或"报告的相同"，以致后来只能向上延伸到素材的同构型，也就是让素材转变成同质的数码（这叫作"量化"），由此避开素材来源所可能涉及的不可共量性。

心理学对于"他者心灵"（other minds）的研究虽然发展得很迟，但它告诉了我们一个根本的道理：心灵和心灵之间从来不是直接的互相感通（弗洛伊德所说的无意识之间的交流也不是传心术［telepathy］的意思[15]），而是透过某种共有的媒介，形成一套关系的构成物，之后才有可能，或甚至说，"心灵""自我"云云，其实就是由该媒介所构成的一套（看似）具有一般性或整体性的装置（apparatus）而已。我们已经把这共有的媒介以及媒介的构成物等同于最广义的语言。然而，这意思可不是说：当代心理学已经让语言学变成了它的基础科学。人类在交谈的当下虽然有很多不言自明的语言规则在起作用，但语言学不会比心理学更能"掌握"那些规则，譬如说，谈到语言的一种基本发音单位，语言学家曾经找出一种叫"音素"（phoneme）的东西，布鲁姆菲尔德（Leonard Bloomfield）就解释说，它是由一堆发音动作所形成的一个心理团块，发生在说者和听者之间；[16] 或更细微的单位叫"辨音特性"（distinctive features），也必须由发音的部分和听音的部分来构成，它除了是关系的构成物，不可能还有更基本的物质性解释。

（五）言，语

论述心理学（discursive psychology）、措辞心理学（rhetoric psychology）、辩证心理学（dialectical psychology）、批判心理学（critical psychology）、征象学心理学（semiotic psychology）等，是 20 世纪末叶把心理学拉往语言学转向（linguistic turn）的种种努力。这些运动有的倏起倏灭，有的还在发展中，[17] 但综合起来说，有一种力量把心理学从可观察的面向拉往非单向观察而是交互认知和理解的面向，也就是主体之间关系的面向。

谈到语言，我们现在陷入现代汉语的一团泥淖:《辞海》中的"语言"

这个语词在现代汉语中是指"speech"，它没有古代汉语的语源。而我们平常也把"language"叫作"语言"。Speech 在汉语中还有其他字词可以表示，就是"讲""说"，但 language 叫作"语言"则是个外来语。"语言学"则必然是建立在外来新观念之上的自我（重新）认识。

在古代汉语中，对于主体之间的关系，其交互认知理解的行动叫作"言语"。言语是复杂万端的现象，但我们的语言对其自身有个极有意思的语言学理解："直言曰言，论难曰语""发端曰言，答难曰语"或以"言己事，为人言"来分别"言""语"，[18] 这就是说：由己所发、把话说出，以及接应回答、形成谈论，分别是属于主体性的不同状态（即"己，人"，亦即"我，他"），在主体之间交互出现——换句话说，我们可以乘着语言载体而交互成为"言者"或"语者"。虽然语言还会发生"论述""话语""言说"（以上俱是"discourse"的译名）这样的语言状态，而在现代汉语中也都是相当晚近才输入的词汇，[19] 但我们可以说，从古代汉语以来就很有本钱可以分析地讨论这些关于语言的问题。[20] 而我们现在就可以把这种分析讨论的语言叫作"言，语"。我们所谈的分析虽然未必是精神分析，但精神分析的传统确实是最早离开心理学实验室而另起炉灶开创出其自身事业的一种心理学。在那世纪之交（19 世纪末 20 世纪初）的时代，汉语正在经历着意义大转变的浩劫。为了避免冗长纠结的叙述，我一下就跳进当前的精神分析来看看什么是"言，语"。

奥格登（Ogden）在说明他所界定的诠释行动时曾说："分析师（analyst，以下简称"An"）拿他（她）对于'传移—反传移'（transference-countertransference）关系的某个面向来和被分析人（analysand，以下简称为"Ad"）[21] 沟通时，使用到字面符号之外的行动。"[22] 意思是说：用字固然是在讲话，但在字以外和字同时出现的种种行为（表情、语气、停顿、岔题等）

也都是。只是，后来分析师要静静地把这些沟通都转换成语言。[23] 如同"言者"和"语者"的关系一样，An 和 Ad 的身份也是有无相生的，奥格登因此说："除了和分析师的关系以外，没有什么叫作被分析人的东西；[24] 除了和被分析人的关系以外，也没有什么叫作分析师的东西。"因为诠释行动的讲话涉及语言和语言之外的全方位沟通关系，此刻即认同下一刻是抗拒，忽而在左忽而在右，所以，我们不能把这样的讲话看成专业化的关系，角色不是固定的，而是角色循环的关系。

在这意义下，其实对于我们眼前的现实处境来说，就是要在证照化的专业关系之外，对于心理治疗实践的方式而另辟蹊径的。

二、自我在迈向他者之时，需要用面对面的方式，在交互主观之中，作出言语

（一）上帝之死

咨询室里的人没干什么别的，只是在讲话。和一位青（少）年深谈一段时间之后，总会有个这样的问题出现："自我是什么？我是谁？"而这样的问题，和当代的文艺青年之问："上帝已死了吗？"在自我认识之中是一样基本、重要的，同样涉及文化用什么语言来追问终极自认的难题。

如果一个语言系统中从未有过"上帝"，那么上帝的死亡干他何事？当然，在现代汉语形成之前，就已经有"帝""上帝""天帝"些语词，和它在现代汉语中所指的"神"非常不同。在帝王（天子）的祭天典礼中，"帝"就是指"天"，而这完全不是民俗百姓所崇祀的对象——民间宗教里的"玉皇大帝""天帝"的普及版，但他却是个相对而言不太重要的神明，信徒少，没有为他而举办的热闹祭典。现代汉语的出现和帝王体制的崩毁大致是同步

的文化进化现象。然而尼采所说的"上帝之死"也刚好等同于天帝祭祀典礼的消灭吗?

若说这个问题对于当今的很多心理学家来说,似乎看不出其重要性,那么,我们就回到最重要的,和上帝之死一样重要的"自我是什么?"问题来说。

(二)新语之为家常话

现代汉语里使用大量的外来借字、借词,也发明了一些新的语汇,其中有许多虽然已经通假变成日常用语(普通话),但由于它们没有汉语本身的语源,所以在语言学上视同新语(neologism)。[25] "新语"这个字眼转到心理病理学中,对于讲话者使用自创新语的现象,则叫作"新语症"。

"自我"原是一个新语,但以它通用的程度来说,应该说它已经是普通话。只是,当我们在细究它的语意时,听到这么一句普通话:"那个人很自我。"你会知道这不是在说一个人的自我(self),而比较像是说那个人很self-centered 或 egoist(这两词都译作"自我中心")。"自我"在这套普通话中确实已经变成一个病语。汉语中的"我"和"自己"似乎只能当白话口语而不能成为一个和 self 相当的语汇。除了字面上的疾病,这几乎是整套语言系统对于第一人称的第二阶序(反身自称,元语言)所患的白内障。

如果我们再问:"自我"原是 self 的译名,它们的意义应该是对等的,但为什么在现代汉语中会出现"自我中心"的语意?一个很"自我"的人是这样的:唯我独尊、目中无人、行事但凭己意、不替别人着想。这不应是 self 的原意——至少不是像《韦氏新世界词典》(*Webster's New World Dictionary*)上所说的:"一个人或物之同一体、性格等;一个人和所有的别人所不同的自己"[26]——前者带有强烈的贬义,而后者在价值判断上完全是中性的——不过我要提醒读者：要讨论这些语意的对等与否，其实是很困难的。一本英文通用字典上的几个字，如 identity、character、person 等，翻成汉语"同一性、性格、人……自己"都是很勉强的，于是用这些字所解释的字来进行讨论，我们不可能是在谈同一个"意义"本身是否相等。别的许许多多现代汉语字词之意义混淆者，也无非如此。

那么，我们是否可以转向较为分析的方式来讨论？不是普通话，而是心理学的学说，譬如詹姆斯（William James）所说的：

> 不论我是在想什么，我一定是同时或多或少地知觉到我自己，知觉到我这个人。同时既是我在知觉，所以这整个的我（the total self of me），就像是个两面体，一部分是被知，一部分是知者；一部分是客体，一部分是主体，其中必含有可区分的两个面向，而我们为了简短之故可以称他为 Me（宾格"我"），而另一面向则是 I（主格"我"）。[27]

我虽尽了最大的努力，把这段说明文字译为现代汉语，期望能为普通话的理解打开一线生机，但却仍发现是引进了一笔语言的迷糊账：将 The total self of me 翻译成"这整个的我"明明是不太对的。不论古代或现代汉语中都无法找到能把 self—I—me 明确区分开来的语汇，因此当詹姆斯若有心得地说："这整个""同时"含有主观、客观、知者、被知的两面，而且所谓"I"者，就是由诸多客观的"me"所共同构成，构成之后的整体，名曰"self"（自我）——这样的说法，对于我们到底会有多少厘清意义的效果，就不免令人生疑了。

还好，即使在一般英语普通话的使用者之中，也很少有人能这样说出 I—me—self 区分的原则。所以心理学家（也是哲学家）的詹姆斯和他自己的英语普通话同胞们之间看来并没有十分契合的关系——仍然很多人继续在问"Who am I？"（我是什么样的自我？）乃至到了当代，一个有关自我同一性的问题变成一套显学，名曰"认同研究"。现代汉语的文化研究攀上这股风潮在此方面出现不少的耕耘者，也有相当多的研究成果，只是汉语的心理学不知何故没有跟进。

（三）对于讲话作分析的讨论

对于讲话作分析的讨论乃是讲话的一种方式。当我们在与人面对而不能随意顾左右而言他的时候，讲话会成为对谈，发言的人会被接话，话丢回来遂又成为一个难题，又得发明一套解法再丢回去成为接续的发言。在这过程中，有些时候接来接去是由于话的内容，但有些时候，接的是话的讲法，譬如语音、语词（用字）、句法、语意等——后者这种讲话的阶序区分现象在语言学上叫作"元语言"（metalanguage）。讲话会有这样的阶序区别之发展，实在不是因为哪个学说使然，就像言、语的区分没有发明者一样。但是，对于语言之内含有分析的性质，我们却必须（或不得不）特别加以注意。当社会学家萨克斯（Harvey Sacks）在他的课堂上说他要提出关于对谈（conversation）的观察时，他说：这种观察的本身没什么新闻，因为那是大抵上显而易见的（grossly apparent）：

　　那意思是说，在作这些观察时，我没宣称说其中有什么特别的洞见。那不是一个人可以对于对谈所作的第一次观察，也不是我对于对谈的第一次观察。但它的乐趣不在于其中有什么新闻，而是从其中可以得出什么新闻。[28]

只是，从一次又一次稍纵即逝、不可复返的对谈中，我们必须聚焦在这些语言的本身，我们就会发现在发言、对话之间有个核心的先后关系，那就是语句和语句之间的相邻关系（adjacency relationship）。彷佛对话者们都遵守着一次一个的轮流（turn taking）规则——大抵上是如此。人类什么时候开始这样，没人知道，但也无人不知，因为讲话就是这样。讲话者除了会讲话，还会遵守讲话的规则。这应是属于人类的自然史，我们自己晓得；我们参与对谈的人都晓得我们就是这样讲话；我们晓得自己，而这自己不是自我，是我们。我们不必从第一次观察开始，但必须有个机会，我们会突然中止那些对谈的自然流动，而会像放映影片时的停格一样，把注意力聚焦于话和话之间的规则上。我们随时可以这样，不必等外来语来到之后。

然而，"相邻关系"这个语词在现代汉语中如果一定要查出它的语源，那么加州大学尔湾校区 1968 年社会科学院秋季班萨克斯的课堂，就是它出现的地方。1992 年他的讲稿被整理成两大卷的《对谈讲义》（*Lectures on Conversation*）[29] 出版。我在大约 8 年后从图书馆把这套书借回来读，以后每在我的课堂上提到对谈分析的问题，就一定引述萨克斯——我会说："这不是我说的，你们可以参考萨克斯。"可是萨克斯说的话对我来说确实是"大抵上显而易见的"。所以当课堂上有人问起：社会行动（social action）的最小单位是什么？我总会倾向于把萨克斯演义成像这样："是相邻对组（adjacent pairs）——对谈中的两方在作轮流发言之时一先一后说出的（邻接的）两句话（或两个不成句的发言）。你若把这样的相邻对组当作分析社会行动的最小单位，那么你将会组构出一套社会学，不同于韦伯，不同于涂尔干，也不同于马克思，但很有趣的是，它可能承接着帕森斯……"

（四）只是把东西"揭开""拿出来"

对于讲话作另外一种分析的讨论，我们绕了很远的圈子终于碰上它——

就是译号"谈话治疗"的那种方式，现代汉语称它为"精神分析"或"心理分析"。如同本文一再强调的理解方式，"精神分析"这个词汇到底有什么含义，仍是有待商榷的。以某种学院实践的意义来说，精神分析应是人格心理学、社会心理学、心理病理学、心理治疗法等课程中一定会讨论的议题，而在心理测量或人格测评的课堂上，讨论投射技术时，也一定会提及。但是我们查阅现有的中文心理学期刊，却很难得发现以精神分析为主题的论文，[30]而在学院心理学的情境之下，大多数偶尔谈到"精神分析"这个议题或是"西格蒙德·弗洛伊德"（Sigmund Freud）这个名字的脉络中，大都会带有贬义，一如普通话谈到"自我"时。

在现代汉语的心理学研讨会上，我们必须暂时绕开"专业的精神分析"，而只保留精神分析和心理学最容易相通的谈话方式，那就是"对于讲话作分析的讨论"。这是精神分析在初创之时的意思，还不到区分自我分析、教学分析之差异的时候。

当弗洛伊德在 1900 年出版他的《梦的解析》（*Traumdeutung*）一书，英译本即是 The Interpretation of Dreams，其中强调对于梦要作诠释（interpretation）。但和弗洛伊德是同乡的精神分析师贝特海姆（Bruno Bettelheim）却表示：书名原文中的"-deutung"并没有那么强调医学的"解析"意图，只是要把不知道的东西"揭开、拿出来"的意思。[31]另外，对于《精神分析引论新讲》（*New Introductory Lectures on Psychoanalysis*）一书中的第 31 章，标准版译者把它译成"The Anatomy of the Mental Personality"（心理人格的剖析）也应是"The Taking Apart of the Psychic Personality"（精神人格的拆解）的过度翻译——把"解析"翻译成"解剖"是在强调它像医学。我们不必在此争论取得专业证照的分析师应该不应该像医师一样工作，而是要单纯地像从精神分析刚开始时那般，问一问：讲话的人怎么可能从自己的语言（或任何其他的表达方式）中拿出什么来？怎样解析？除非就像上文提到的元语言之于第一阶序语言那样？

（五）元心理学与元语言

元语言的现象不能从语言本身的进化来理解，而必须注意到语言本是对谈这种社会活动的产物。当我们说："语言在思考语言本身"时，我们很容易陷入本体论的陷阱，以为语言通过讲话者发生了什么不可思议的突变——家常话怎样因为突变而成为形而上学？事实上，我们注意到使用语言的第一个人在讲话时不是在独白，而至少是在面对另一个人的发言与接话。"另一个人"是一个物质实体，他的整个存在都不在"第一个人"的控制之下。这"另一个人"的物质性确实可比拟为一块石头，而当一个人想用一句话来搬动石头时，那就只是魔法的期望，而不是现实中可以发生的事情。但当那"另一个人"确实是一个人时，魔法顿然变为奇迹：一句话会使他发生相应的动作！所以，在魔法和奇迹之间，真正的差异在于语言的介入：讲话可以传达意思，并且由意思的组合而演变成为一件事。当语言介入之时，所谓的"之内"顿然变为"之间"的问题。

如果"一块石头"和"一块石头"相遇，不会发生语言介入的现象，也不会发生任何事，除非石头之内有个活动过程正在相应地发生。心理学的前提就是这种"之内的活动"，但心理学的困难也在于"之内"的存在不能观察，只能用演绎推论，或用投入（engaging）的方式来参与其发生。但我们假定为"之内"的状态其实就是投入对谈，或是对谈的预备状态，或是对谈的延伸状态。而对谈是发生在"之间"。用这样的状态来理解语言的阶序现象非常有帮助。从语言到元语言的阶序区分本不是有意的理论所造成，而是由于"言、语"的对谈本质如此。对于一个发言者来说，他的对谈者其实就是个不可知的他者，但由于语言规则的限制，于是双方多少可以摸索出演绎推论的方向。语言先于讲话者。但讲话者并没有完全得利于在后的位置。因为对方仍然大抵上坚若磐石、不可穿透。在他者之内所发生的，只能在我们之间来揣度。他者虽有可能依循语言规则来回话，但他的话中总有些不是我所能预料的内容。因此，千百年前思索"言、语"性质的人会说答话叫作"答难""论难"，显然是注意到其中含有障碍（难关）的成分。从我到他之间的障碍到底有多大多深，我们永远不能用观察和测量来得出结果。但我们既然可以和他者一起进入它的发生状态之中，那么在某种意义上，这仍然是一种观察，只是我们必须用"交互主观"来让它和观察作个区别。精神分析的观察就是交互主观的。分析的双方（即 An 以及 Ad）除了相互参与、相互引发，没有其他观察的纪律可循。但是，在对谈时，An 持有一套越过障碍的演绎推论之法，叫作"元心理学"，通常不在对谈间使用，而对谈时仅仅用元语言来透露或探询其间可能相通的门路。譬如当 Ad 对 An 显出一些抗拒、岔题、不合作、不吐实等讲话的方式时，An 会预备着使用一种元心理学的概念叫"压抑"（repression）来作为探寻的方向，但是他对于 Ad 的发言却可能只是这么一两句元语言作为接话的方式："喔，是这样讲的吗？""所以，你的意思是……"

三、一条疗遇的寻语路

（一）他

我，这个正在讲话的我，宛如一个难以理解的"他者"一样，一直认为自己在寻找一条可以把话讲出来的途径。想从最根本的几个字词开始：我、自我、他。那个我（也就是他）是个大学里的教书匠（古话说：一个儒者），而书里满布的字词，对他（我）来说，常常太多、太不象话。但是，"老师的身份是必要的讲话条件"，他认为。

他认为心理治疗师、咨询员、面对面的讲话，在这个文化传统里都没发展成为一种可以讲话的形式。咨询工作在学校里沦为训导、辅导的工具，而在民间，这个工作的地位也从来没被认识，以致在重大的灾厄来临时，大家一定都先想要找各类巫师，找到之后不必讲什么话，宛如一块石头，也可以从巫师那儿得到很多的安慰。作为原始儒家的信奉者与力行者，他仍然想："老师的身份，才是必要的讲话条件。"

有一年他在一所大学的艺术学研究所开了一门"艺术心理学"的课。讲了许多书本上的艺术（特别是绘画作品）和精神分析。[32] 但他也同时要那班研究生仿照一位英国精神分析师米尔纳（Marion Milner）的方式，[33] 加上他自己所提供的方式，[34] 试作自由涂鸦的练习，为了艺术的自由表达，也为了能作分析的讨论。这段过程由于已经发表在几篇论文中，在此不予赘述。现在想谈的是：在现代汉语的失语症状态下，我们到底还能谈什么？假若我们连语言的根本都没有了，那我们还有什么自本自根的表达可言？假定我们是活在洪荒无文的太古岁月好了，在像课堂那样的地方，不管用古文或今文，中文或英文，讲的是心理学或精神分析，我们若不懂意思，还算不算是在对谈呢？

这可难说了。和其他教书匠们一样，有些时候讲完课，他只能把剩下几分钟疲惫地拿来讨论几句，就想赶快下课离开这堆繁复的语言，早点回到日常生活。但那年他为了某种讲不明白的原因，一反常态地想进一步探寻几个根本的意思，觉得首先必须找出一些东西来注意，遂决定在三小时的课堂之后再多留一个小时，让修课的同学可以拿着他们的涂鸦轮流来和我讨论。

（二）分析的第三者

我明白表示过，这不是在讲什么精神分析。我知道精神分析在专业上的定义是什么。不过，我们使用的讨论方式和精神分析师奥格登所谈的"诠释行动"（interpretive action）却颇为相似。[35] 奥格登对于这种诠释行动还特别发明过一个新语，叫作"分析的第三者"（the analytic third），来概括说明对谈者们互相穿过障碍的一套方式。为了言简意赅，我先把他在一篇简论之中所引述的几行诗转引出来，好让我们在普通话里容易和他接上头。

not so much looking for the shape,	与其寻找一定的形状
As being available,	宛如现成可取
To any shape that may be,	不如以任意的形状，看看是否可能
Summoning itself,	召唤出它自身
Through me,	且通过我
From the self not mine but ours.[36]	唤出了不是我的而是我们的自我

引诗的右侧是我用中文作的字面翻译，意思不完全对劲，我这就把诗的意思勉强用普通话再说一遍："与其寻找现成可取的一定形状，不如用任意的形状，看看怎么可能把一个它自我（itself）召唤出来：这被召唤出来的

自我虽是通过我，但却不是我的自我，是属于我们的自我。"对于"分析的"第三者"，奥格登是指在诠释行动的过程之间，因为 An 和 Ad 发生了移情—反移情关系而致无意识且不对称地产生的一种共创之物，对于分析关系具有强大的结构性影响力，是个不断改变的无意识第三主体。[37] 当这说法拿来和"不是我的自我，是属于我们的自我"对比相证时，我们可以猜想，这是指在两人对谈时，因为辩证的张力而出现一个似有若无的（既临场也不在场的）主体，我们必须用"他"来指称。在使用汉语来翻译这意思时，我们很难避免魔法的想象窜进来，譬如像游离于你我之外的魂魄，在讲话之间似乎能对我们发生具体的影响力。为了尽量让我们的汉语朝现代汉语的方向发展，而不是朝古代汉语的方向退行，因此我还得紧贴着像弗洛伊德到奥格登这样的现代思想家一路走过去。

在教学的（也同时是心理治疗的）实践上，我把第三者的问题暂时落实为涂鸦作品（"任意图"）本身——因为涂鸦作品不算是任何一种终端成果（end-product），而比较像是一直在进行的自由联想及讨论过程，或是反映出对谈过程的暂停小站（truces）——这样就使一张张的图画具有既像是波又像是微粒子的不确定性。除此之外，因为这个过程原先并未预备要成为一个可以报告的计划，因此，在实践过程之后唯一留下的痕迹就是那些涂鸦作品，以及画片上手写的片言只字，还有我的片断记忆。不管怎么说，行动过程之所以会留下痕迹，是因为只有那痕迹本身才有存活下来的理由。

当时我常给作画者比较操作性的指导语是："笔到哪里你就跟到哪里""想到什么就画什么""无非是画人、画事吧"；而对于画"事"，我还多了一点点解说："画场景"。[38] 在此之后，每次课堂里出现一些由练习者提供的图例，我还会和大家一起稍微讨论下笔、续笔及媒体使用的一些特殊状况。课后讨论时，最初是每次和一位同学谈，后来有几次，当他们觉得不必避讳时，则是一次来两位。课后讨论一共进行两个多月，即课程开始的第二个月到第三个月，接近期末才终止。

在此我就要选出两个分析人案例来作呈现，并说明其中有一种如同太古造字时代那般，对于自我以浑沌地象形、象意、象事[39]来发现的历程。"象"作为"形、意、事"的摸索与捕捉原则，事实上就接近于当代征象学的基本观念：（sign），或是它的动词态：signify。

（三）案例

第一个案例的作画者叫 CXZ，[40] 我要避免用漫不经心的"人格特质"来作为预先给定的武断描述。我希望读者先跟着号码顺序把图画浏览一遍（图 9-1~ 图 9-13）。

请先浏览图 9-1~ 图 9-10，到此，我再用日常语言来作一些补述：

图 9-1，是两张面对面的脸孔；

图 9-2，像是个风景（海岛），也同时像一张被埋在土里向天仰望的脸孔；

图 9-3、9-4、9-10，都是脸孔。这些脸孔不知道是谁，你必须有此一问，才能读得下去。

必须念兹在兹的是：我们绝不是在找疾病的症状，CXZ 在当时也没有任何有关疾病甚至困扰的主诉。我和 CXZ 并没有谈得很多。通过像家常话般平淡的对谈，一直到图 9-11 和图 9-12 两张出现时，我才大致晓得：她是在找寻一种幽微暧昧的主体形象：那个可以称为"自我"的第三者。

图9-11，一个如同"己"的字型在此绽露：脸孔加上头发和身躯的动态，但带有美术意识上的表现主义风味。

我们也许可以说，自我不是什么具有内容的概念，而只是指向自己、与对谈者对立的第三者，但对每一个被摸索的自我来说，其中必定还会附加上某些现成可取的戏剧角色化（characterization），或性格特质化，因此，角色性格都是生活社群的共同创造，其中除了文化给定的性格成语，还含有不知其名的成分。在当时，同班的讨论者，以及特别是CXZ和我，盯着前面几张图画，拼命像要找出什么不可言说的秘密似的，而逼使得CXZ回去之后又画出以下这一张来，即图9-12。

图9-12，首次用投影机在课堂上打出时，全班同学哄然发笑。他们都说："这不就是你吗？"

"这不就是CXZ吗！"——果然出现了这么一个能被同一社群的人所共同辨认的"己"字。它的角色内容，当时大家都知道，像是某种特别的"梦游者"。至于没办法被辨认的内容也很多，譬如：在里面那只圆睁的眼和外侧那只闭着的眼，到底哪只在引导着这个迷糊蛋走路？睁着的眼和闭着的眼合起来构成什么性格？为什么说这"就是"CXZ？

CXZ后来还继续照此结构画下去，更复杂也更想表现，但不一定更能够成为一个像上图一样的如字之形，不一定更像个自我图像（图9-13）。

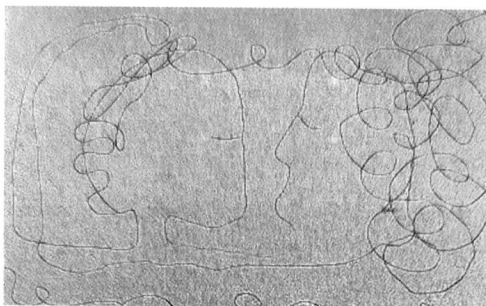

图 9-1

图 9-2

图 9-3

图 9-4

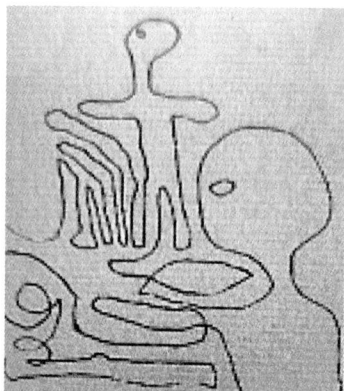

图 9-5

图 9-6

图 9-7

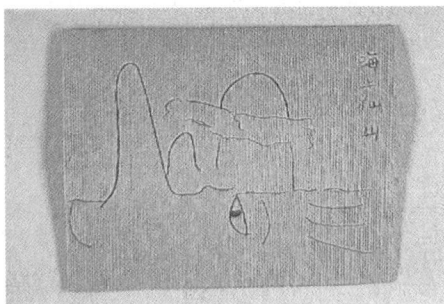

图 9-8

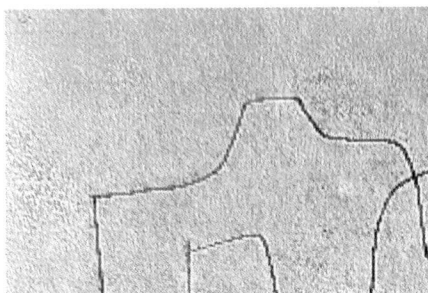

图 9-9

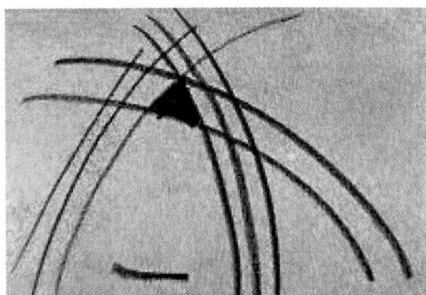

图 9-10

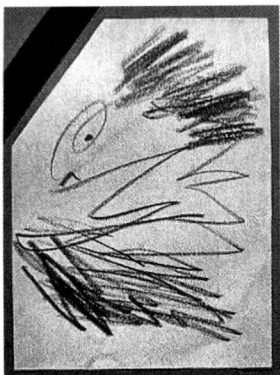

图 9-11

图 9-12

图 9-13

接下来，我们继续看下一个案例。此一案例的图画是由 YJH[41] 所作（见图 9-14~ 图 9-30）：

图 9-14，是在乱笔中出现了一艘帆船，船上的人像是在逆风逆浪前进。

图 9-15，是豆芽，或向四处绽开的花蕊。谁？在干什么？你在想什么？我们都不知道。

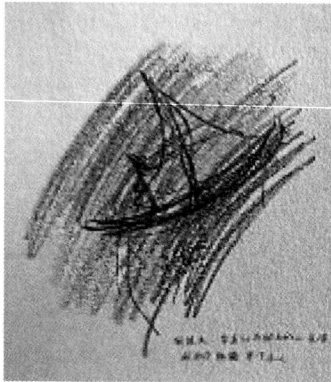

图 9-14   图 9-15

YJH 也和别人一样，没有特定的话题想谈。只是遵循我的指导开始下笔乱画。我在下课后返家的路途上边开车边想：什么是她的逆境呢？她的功课相当不错，上课也很投入，她的表情很亲和，挣扎奋斗的意思为何在此出现？我看不出什么来。花蕊是有雄蕊雌蕊之分，这应是个有意的表达吧？

图 9-16，像是一只长颈鹿。我说：它长着一个像非洲人的脑袋，头上有羽毛装饰。不是吗？要不然是什么？

图 9-17，是个跳舞的女人。YJH 说她自己很想这样跳舞，或说是狂舞吧！

图 9-18，两张脸孔出现，往下看的脸孔肖似日本的面具。

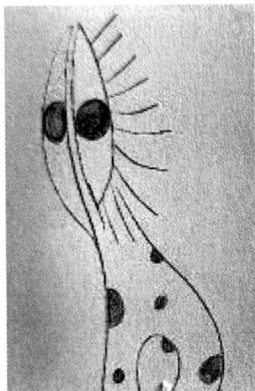

图 9-16

图 9-17

图 9-18

图 9-19，至少有一个穿着长袍的女人出现，YJH 自己强调过。其他线条也可能暗示别的人，混在这场舞蹈之中。

图 9-20，长颈鹿头部的图像和花纹，但故意设置成横向的？

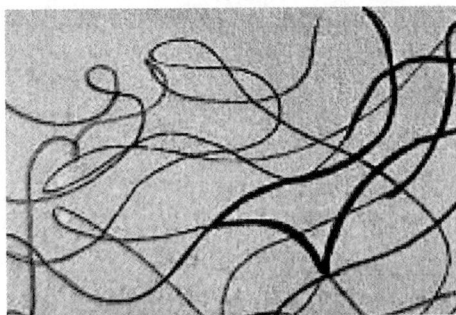

图 9-19

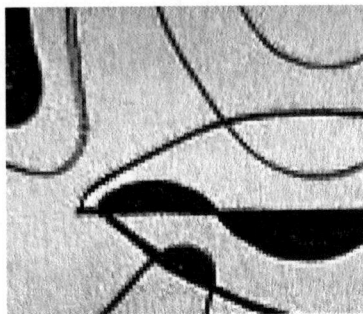

图 9-20

接下来，图 9-21 是一张不知所云的，无所用心的——乱画嘛，不是吗？

图 9-22，更加疯狂的舞姿，只是旋转，想要用离心力把自己旋昏。

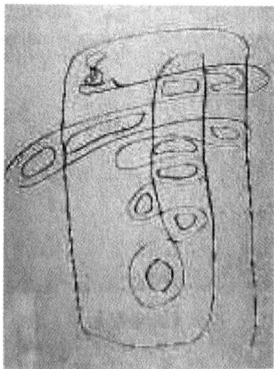

图 9-21

图 9-22

图 9-23，有一个女人，戴着耳环，厚唇，性感的跪坐姿势。

图 9-24，是另一个视角之下的图 9-22，一个凝重的核心和离心的运动。

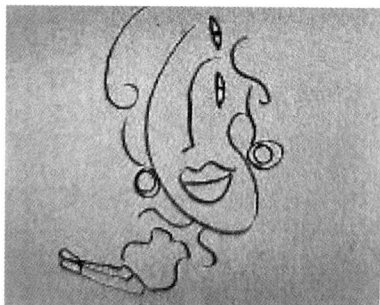

图 9-23

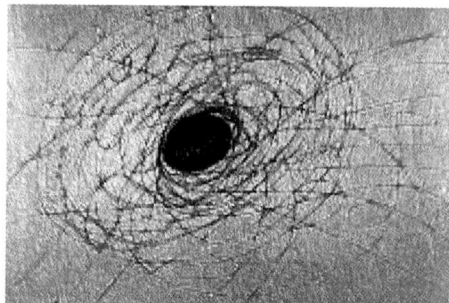

图 9-24

图 9-25，纺织品触感，也像毛发？

图 9-26，又是长颈鹿的花纹，是某种带有情欲意味的氛围吗？但中间有个大腹便便的女人，还很年轻呢。

图 9-25

图 9-26

图 9-27，由图 9-15 发展而来的花蕊、花朵以及可能和图 9-18、19 有关的亲近和拥抱。

图 9-28，交缠的拥抱，怎么可能不是？你在想什么？JH？艾德丽安·里奇（Adrian Rich）的诗里曾说：我在想，一根水管和另一根水管，要怎样衔接——你在想这个吗？

图 9-27

图 9-28

图 9-29，是的，她说，我在想这个（这时 YJH 流着泪），长颈鹿也是这个；狂舞的也是为了这个。

图 9-30，一张用二十号画布作的油画："我不要再害怕了。这是我的，也是我爱人的。"我，自我，他，都是的。

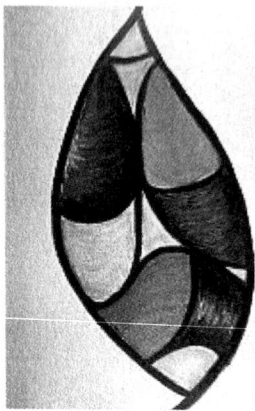

图 9-29

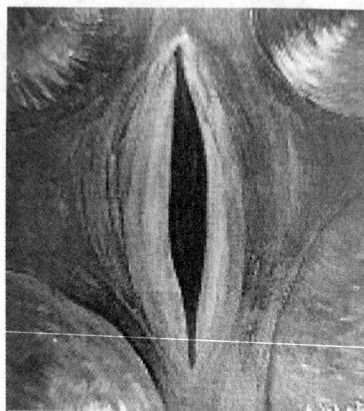

图 9-30

四、补记

我把"分析"视为一种诠释行动，用"特别注意"来当作地下的引线，使它点上"临床，本土"的炸药。"分析"的诠释行动不是装模作样的研讨会，而是在相遇者之间互相投注的交谈。有些助谈的方式可使这种交谈不会只投注在情绪话语的表面（所指），而更有机会透过象征，捉摸到意义的样态（能指）。

对于上文还没说透的部分，这里用一则补记来谈谈怎样可以很准确地掌握到表面以下的深意。

在米尔纳的一篇文章[42]中有这么一张附图（见图 9-31），如果拿来和 CXZ 的图 9-12 作个比较，你会看出什么来？

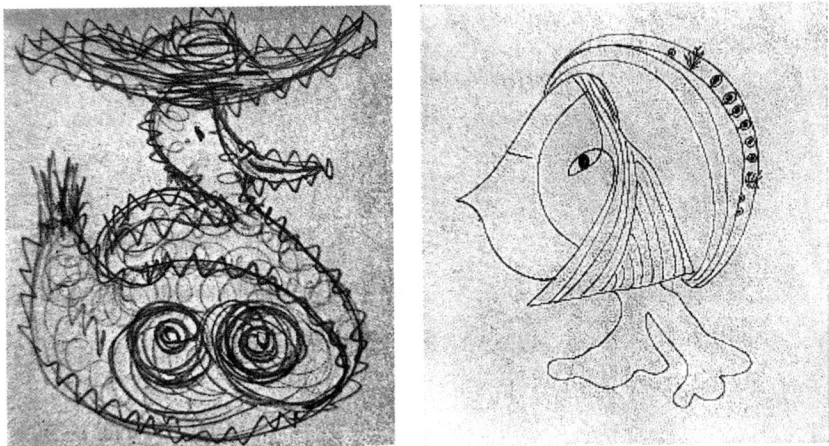

图 9-31　米尔纳书中的附图（与图 9-12 作对照）

不就都是在指"我"吗？鸭子的顶端有一只闭着的眼睛，而在头部的正常部位也有一只（不算张得很开的）眼睛；CXZ 的这张脸也有两只眼睛——里面那只猛睁着，外面那只闭得像睡着的人。所以我们在课堂讨论时，同学们都不约而同认为 CXZ 画的是"梦游者"，并且就是她自己的写照。但是，现在用两图来作对比时，你虽会看到一种相同，即"外闭内张"，但也会看到一种相反，即鸭子的闭眼是紧闭（或猛闭），而 CXZ 的闭眼则是弛缓的闭上；反之，鸭子的睁眼不怎么有力，但 CXZ 却睁得很猛。我们如果要解释这种同形异指的状态，当然可以设法把两人的相似图样拿来一一作比较，一定也可发现很多类此的"同中有异现象"。好吧，我暂时不多说，只补一句结尾：鸭子图的作者是个有妄想状态的精神病患者，而 CXZ 则是健康得不能更健康的人。在米尔纳文章中，有人看出鸭子图是故做姿态的欺骗，而我得说，CXZ 则是非常率直的自我表露——前者可怕，而后者可爱无比。所有曾经和 CXZ 相遇相交的人都会看成这样，而这不是什么魔法。下文会再碰到这个问题。

注释

1　本文中引用了两位我过去的学生 CXZ、YJH 所作的三十张图画。我要在此向她们致谢。

2　本文中的"现代汉语"及"古代汉语"之分期是根据王力（2004），《汉语史稿》，北京：中华书局。所谓现代汉语是指"五四运动"以后的汉语，特别是指共同语言。

3　Austin，J. L.（1965）. How Do Things with Words: The William James Lectures Delivered at Harvard University in 1955. New York: Oxford University，p. 1.

4　在 S.E.（即《弗洛伊德全集》标准版）之中是这样说的："He must find the courage to direct his attention to the phenomena of his illness. His illness itself must no longer seem to him contemptible，but must become an enemy worthy of his mettle⋯"（S.E. XII: 152）。这段文字已出现中文译本，见宋文里选译／评注之《重读弗洛伊德》（台北：心灵工坊，2018: 254）。

5　《老子》，七十一章。

6　也回应了"本土心理学"的一个特有问题："Which case are you talking about?"。我认为本土心理学不应是被迫选边站，而应是能回答说："In our case，both."因为我们像站在镜子前面一样发展出一种 double ability to look at ourselves：既能看见左右倒反的镜像，也知道镜中人举起的右手是指涉着我的左手。（这是埃科［Umberto Eco，1986: 219］的说法。）

7　布鲁纳（Bruner）对于联合注意（joint attention）研究的引述。

8　梅洛 - 庞蒂（Merleau-Ponty，M.）（2001），《知觉现象学》，姜志辉译，北京：商务印书馆。英译本（Phenomenology of Perception，tr. Colin Smith，London: Routledge & Kegan Paul，1962）请参阅 p. 448。

9　我知道很多读过布伯（Martin Buber）的人会说："我—你"比"我—他"是更根本的关系。这里其实是没有冲突的。在这里我把"你"视为"非我"的一种存在，包含在一个总称，即"他"之中。请暂先接受这样的用字。

10　《大辞典》（1985）中已收录有"他者心灵"一词，用来译"other minds"，《辞海》（1936）则无此条；至于"自我"则早收在《辞海》中，作为"self"这个哲学或心理学词汇的汉语译名。

11　Julian Henriques（1998）. Changing the Subject: Psychology，Social Regulation and Subjectivity. New York: Routledge. 另外，T. Nagel 则说：客观主义乃是一种不处在任何地方的观点（a view from nowhere）。

12　这位学生所想的内容，别人当然不能观察得到，但他会在事后作自陈报告，描述当时的想法。我们可以把这种报告视为某种客观事件的陈述。以下同此。

13　当然，如果在心理系的方法论课程中也能增加一门"民族志（民俗志）"或"田野调查"，则以上所说的"看不到"就会变得比较容易看到，虽然这并不保证什么。

14　Umberto Eco（1986）. Mirrors. In P. Bouissac et al.（eds.）. Iconicity: Essays on the Nature of Culture. Tübingen: Stauffenburg Verlag.

15　在《日常生活的心理病理学》（S.E.，Vol. Ⅵ）一书以及《论无意识》（S.E. Vol. ⅩⅣ）一文中皆已明白表示。

16　Leonard Bloomfield（1933）. Language，New York: Holt，Rinehart and Winston. 这是出现在 Roman Jakobson and Morris Halle（1956）.Fundamentals of Language. New York: Mouton. p. 19.

17　这些运动的发展轨迹需要许多篇幅的文献回顾才能说清，但有一本书很简洁地做了呈现，请参看 Smith, A., Harré, R. and van Langenhover, L.（eds.）（1995）. Rethinking Psychology. London: Sage.

18　以上对于"言""语"的区别都取自段玉裁《说文解字注》。

19　《大辞典》中都未收录。

20　"有本钱"的意思是说"有这个本""有此能力"。因为我们的日常语言还没有发展到一种认识的地步，把语言认作一个有能力的主体，所以，先换个俗话说是"有本钱"。对于语言的这种能力，萨丕尔（Edward Sapir）曾宣称："（I）t is obvious that language has the power to analyze experience into theoretically dissociable elements and to create that world of the potential integrating with the actual which enables human beings to transcend the immediately given in their individual experiences and to join in a larger common understanding."

21　Analysand 叫作"分析人"，是个新译，因为我主张更换"被分析者"的译法。理由见下文。

22 传移（transference）、反传移（countertransference）都是精神分析的古典术语（但在汉语中的译法很多样，常见的是"转移""传会"等，还有一种混淆视听的译法叫"移情"，不可。这里用的是我同意的译法）。汉斯·沃瓦尔德（Hans Loewald）认为此两者不可能单独发生，所以建议把两字结合为一。见 Loewald, H.（1986）. Transference-Countertransference. Journal of the American Psychoanalytic Association, 34, p. 275-287.

23 Ogden, T. H.（1994a）. The Concept of Interpretive Action. Psychoanalytic Quarterly. 63, p. 219-245.

24 Ogden, T. H.（1994b）. The Analytic Third: Working with Intersubjective Clinical Facts. International Journal of Psycho-Analysis. 75, p. 3-19.

25 Masini, F.（1993）. The Formation of Modern Chinese Lexicon and Its Evolution Toward a National Language: The Period from 1840 to 1898. Journal of Chinese Linguistics. Monograph Series No. 6.

26 "the identity, character, etc. of any person or thing; one's own person as distinct from all others" In Webster's New World Dictionary, Pocket-size Edition, 1979: 540.

27 "Whatever I may be thinking of, I am always at the same time more or less aware of myself, of my personal existence. At the same time it is I who am aware; so that the total self of me, being as it were duplex, partly known and partly knower, partly object and partly subject, must have two aspects discriminated in it, of which for shortness we may call one the Me and the other the I." 取自 William James（1984）, Psychology: A Briefer Course. Cambridge, M. A.: Harvard University Press.

28 Harvey Sacks（1992）. Lectures on Conversation. Vol. II. Oxford: Blackwell, p. 32.

29 Harvey Sacks（1992）. Lectures on Conversation.（2 Vols.）Oxford: Blackwell.

30 到目前为止的文献查阅，发现精神分析较常出现在《中外文学》，而极少出现在心理学类的期刊。还在继续查询中。

31 Bettelheim, B.（1982）. Freud and Man's Soul. New York: Vintage Books. 这段讨论出现在该书第九节，即 p. 65-70.

32 只为了说明这门课的内容，我列出课程纲要上指定的读物如下：Anton Ehrenzweig

（1965）. The Psychoanalysis of Artistic Vision and Hearing: An Introduction to a Theory of Unconscious Perception. London: Sheldon Press；Ehrenzweig，A.（1967），The Hidden Order of Art: A Study in the Psychology of Artistic Imagination. Berkeley，CA: University of California Press; Kris，E.（with Else Pappenheim）（1952）；还有以下各书中的篇章：E. Kris（1952）. The function of drawings and the meaning of the creative spell in a schizophrenic artist. In Psychoanalytic Explorations in Art. New York: International Universities Press；John E. Gedo（1983）. Portraits of the Artist: Psychoanalysis of Creativity and Its Vicissitudes. New York: Guilford Press；Mary Gedo（1985-1988）（ed.）. Psychoanalytic Perspectives on Art（3 vols.）. Hillsdale，NJ: Analytic Press；E. H. Gombrich（1963）. Psycho-Analysis and the History of Art. In Meditations on a Hobby Horse. Oxford: Phaidon Press；Arnold Hauser（1985）. The Psychological Approach: Psychoanalysis and Art. In The Philosophy of Art History. Evanston. IL: Northwestern University Press；Donald Kuspit（1993）. Signs of Psyche in Modern and Postmodern Art. Cambridge University Press；E. H. Spitz（1985）. Art and Psyche: A Study in Psychoanalysis and Aesthetics. New Haven: Yale University Press.

33　Milner，M.（1957）. On Not Being Able to Paint. New York: International Universities Press.

34　我自己早在"发现"米尔纳（Milner）之前就一直在实践着涂鸦乱画的练习，自幼如此，及长更甚。所以就技法而言，总不可能和米尔纳。

35　Ogden，T. H.（1994）. The Concept of Interpretive Action. Psychoanalytic Quarterly. 63，p. 219-245.

36　这几行诗出自 Ammons, J. R.（1986）. The Selected Poems. New York: Norton. 诗名为：Poetics。

37　显然地，假若有一种心理学对于"无意识""传移—反传移关系"这类词汇不予承认，那就很难对谈下去了。"不承认"应是失语症的一种症状。

38　关于任意图的教学说明，请参阅 Soong，Wen-Li，2013. "The Creactors and Their Creality: Making the Emerging Process Possible" Paper presented in The 32nd International Human Science Research Conference. Aalborg University，Denmark.

39 这些造字的法则在许慎的《说文解字》里称为"象形、会意、指事、形声"，但在许慎之前的班固，在他的《汉书·艺文志》中则说是"象形、象意、象事、象声"。

40 硕士班研究生，女性。

41 硕士班研究生，女性。

42 Milner，M.（1956）. The Communication of Primary Sensual Experience: The Yell of Joy. International journal of Psych-Analysis 37: 278-89.

卷四

寻语路上的叙事法

言说、话语、论述本来都是同一回事。哪回事？就是我们使用的现代汉语中不管是自行生产的语言或夹带着的借词、外来语，有很多语意重叠但又稍稍不同的讲说方式。我们本来叫作"讲故事"的那回事，在学术语言中产生了一个术语，叫作"叙事"。汉语使用者对于此词的用法会渐渐脱离它的原文，narrative 或 récit，把意义的重心摆在其中一个字上。如果别人还没认出来，我已等不及要说，最重要的一回事就是"有事"。故事总是在说"有事发生"，甚至就说是发生了"事故"。我们常在谈的"文化物项"其实更准确地说，是"文化事项"。因此，我们所用的"叙事法"也会带有一种语意倾斜，就是对于所有被我们提及的"事物"，我们是向"事"倾斜，而不是向"物"。只不过，讲故事所需要的道理，我们称它为"叙事法"，其中不得不夹带着许多来自西方的道理。我们一面学习一面创造：用我们的语言学习，也创造我们的语言。

　　我们绝对无法把西方发展两千年的叙事法全部搬进我们的意义系统，只能见招出招。在这种情形下，我有三次在"生命叙事与心理传记学会"上担任发言人的角色，谈谈叙事法如何可能从 ABC 演化到 XYZ。这三篇文章原先的题目都叫"叙事法的再反思"，分为三讲。在此，我把各篇的题目独立出来，但用意仍然是对于叙事法那说不尽的难题，给出一点点自己省悟的道理：用身边发现的任何小故事来起头，最后都会把我们导入所有人类共同面临的处境（human conditions），也必然蕴含着语言的大道理。

我所谓的"见招出招"，事实上是以身边发生的任何事件—事态—事故等当作话题，然后一边讲故事，一边讲讲"叙事法"的道理。这里的四篇文章不可能对叙事法构成有系统的阐说，但更重要的是：面对任何能说的故事，我们还有什么道理是没说尽的？依我的看法，这些道理应该是"书不尽言，言不尽意。"——在这一部分所展现的就是信手拈来、见招出招的表现。

10

讲故事，说道理：

如果在雨天，一个客人[1]

一、如果在雨天，一个客人

你就要开始读伊塔洛·卡尔维诺（Italo Calvino，1923—1985）的新小说《如果在冬夜，一个旅人》。放松心情，集中精神，什么都不要想，让周围的世界渐渐消失。最好去关门；隔壁总是在看电视……

是的，这是文学家卡尔维诺开始写小说的方式。我说他是文学家，而不说他是小说家，因为他还写了很动人的文学理论，譬如《文学的作用》（*The Uses of Literature*，1980，1986）、《给下一千年的备忘录》（*Six Memos for the Next Millennium*，1988，1993）。写小说是讲故事，写理论是讲道理，故事的道理。"故事的道理"？在我们的场所中，换用我们的语言来说，这就该叫作"叙说的方法论"了。

人类讲了几万年的故事，所以，故事的道理和叙说的方法可多了。其中至少有一种方法叫作"拟仿"（parody，可译为"仿作"），有时也可称为"戏仿"（可译为"讽刺模仿"）：一个方法，就至少含有两种道理，看你怎么用吧。

我在学术研讨会上的演讲——到底是在说故事呢？还是在讲道理？我们不必担心隔壁有人在看电视，我知道听众当中，有的正在放松心情，有的则在集中精神，是的，一切正如所料，但这并没有解决我刚才自问的问题：这到底是在说故事呢？还是在讲道理？喔，对了，我提到，至少有一种叫作"拟仿"或"戏仿"的道理。我们也至少也可说它其实包含着一石两鸟的解决之道——我们一边来仿着说故事，一边来讲讲戏拟的道理，如何？

演讲前，我径自先吹了一小段笛子。那是一首客家民谣，叫作"落水天"，也就是普通话"下雨天"的意思。客家悲情和闽南悲情有点相似，譬如"望春风"里的独夜孤灯，只是我得稍稍加点提示——那下雨天里的客家人也很孤独。故事是这样的：

> 一个客人（客家人），去朋友家里作人客（作客）。在别人家住久了，再怎么好客的朋友都可能会不耐烦了。于是，这位朋友决定提醒一下他的这位客人（人客）。他趁人客不在的时候，在客房的墙上贴了一张纸，上头写道："下雨天留客天留我不留"

我相信这故事很多人都听过，后来的发展就变成这样一场文字游戏：

> 主人的意思是故意问他：下雨，天留客，天留我不留？

> 而这位另有隐情（其实是悲情），也一时无法离开的人客，就这么回答了："下雨天，留客天，留我不？留！"

这只是用一段故事，拟仿着卡尔维诺的开场白，来作为我的开场白吧，事实上，这其中该讲的道理还真不少——然而这些道理，特别是其中包含的把戏，听众到底听没听过，我就不敢说了。

二、论述、话语；叙事、故事；能不能说

热拉尔·热内特（Gérard Genette,1988）说：叙事法是由三个因素组成：故事（story）、叙事（narrative）、叙述（narrating）。其第一、第三两者很容易懂，就是"讲成的故事"与"叙说的动作本身"之义，但第二者是什么？

他的解释是："叙述它们（这些故事）的口头或书面的言语（话语）。"（the discourse,oral or written,that narrates them［the stories］）。

保罗·利科（Paul Ricoeur,1985）的说法则是用两分：言语（the utterance）、陈述（the statement）。两者间的关系造成一种分别（splitting），就是：描述的陈述与样态的陈述（the splitting of narrative statements into descriptive statements and modal statements）。这样说，我就确定了热内特和利科说法之间的关系：利科的言语（utterance）接近于热内特的叙事（narrative），而热内特用的话语（discourse）一字不是说语言表现（故事与叙说），而是一种倾向于使语言出现的前语言状态——就利科来说，这不是 doing，而是 wanting（to do something），也就是一种 being able to,and knowing how to 的那种倾向于语言叙说的状态。

我把这里的 utterance 译为"叙意"，而 statement 则用通常使用的"叙述"或"陈示"。至于为什么 narrative 要译作"叙事法"呢？从热奈特的区分就不难看出：他的 narrative 既不是故事，也不是叙说的动作，而是第三义，本来我也可将它称为"叙意"，但它更像是一种"成竹在胸却仍无竹"的那种"能够说也正欲发言"的状态——"有法度"是也。"有法、有度"就是指"法已在此、度已在此"，因此，下一瞬间，它就会了无障碍地说了出来。

"在此"其实是比"在心"更好的说法，但因为无字可表，所以暂把它叫作"意"，有点像是一种"心"，但那个"心"字真是很异化的字眼，如同别人在说我，或如同语言寄托于器官；可是在言说者，通常只知道自己在不在语言之中，而不会管它在心、在脑、在口、在手或在任何可指的器官里。我们必须先知道这种"言说者在不在语言之中"的说法。然后再来理解那些讨论 narrative 和 discourse 的欧洲精英们，到底是在讲些什么。

2001 年我翻译出版了布鲁纳（Jerome Bruner）所写的一系列文化心理学（cultural psychology）著作之中的一本，即《教育的文化》。该书中有两章谈叙事法的理论。我听到不少社会、文化界读者的反应，但从没听到心理学界有任何反应（除了听我课的研究生外）。对于这本书，我自己最在意的就是关于叙事法理论的那两章。不过，书海浩瀚，布鲁纳自己也承认，他写的叙事法理论，其实都是早已在文史领域中累积发展了几世纪的知识传承，在最近的一波"文化转向"或"第二次认知革命"之后，[2] 许多当代作者所谈的叙事法理论都是他参考的来源——在其中，他承认自己并不算有什么贡献。譬如他花了不少篇幅介绍了历史哲学家海登·怀特（Hayden White）的理论。

我只要讲讲怀特的一点点道理，然后，循着他的道理，我会再回到说故事的模态。怀特说 19 世纪有几位史学大师，譬如托克维尔（Tocqueville）、布克哈特（Burckhardt）、赫伊津哈（Huizinga）、布罗代尔（Braudel）等人，在他们的历史写作中，关于叙事法的问题，他们采取了这样的一种态度：

> 他们拒绝讲那些关于过去的故事，或说，他们甚至没说出什么清楚标明开头、中段、结尾的故事……他们当然是在叙说他们所见的，或认为他们见到的实在（reality），都存在于他们所检视过的证据之中，或背后。他们实际上并没有叙说那些实在，也没有把故事的形式强加于那些实在之上。[3]

换句话说，怀特看出当时的史学巨擘们对于叙事论述有两种截然不同的看法：其中一种是公开接受他们对于世界是"有观点的"（也就是这些巨擘们不采取的方法），并且也把他们的所见所闻都报导了出来；而另一种（巨擘法门）则是要假装（feigns）他们在让世界自说自道，并且还自然能说成如同故事（as a story）一般。

三、好故事、烂故事，有何区别？

对于陈腔滥调的表演，台湾方言中有个成语式的说法，叫作"歹戏拖棚"。一个阿公要说故事逗孙子们，说了十分钟，如果有个孙子打着哈欠说："真无聊！"那么，这位阿公的孙子们很可能会一个一个去尿遁、困遁，或反正以任何借口离开，不听了。

当我们很习惯地把心理传记也好、生命叙说也好，都说成在说故事时，我们如果无法保障我们说的是好故事，甚至我们几乎只能保障它有个故事般的形式（但不能保证它不是滥故事、烂故事），那么，听故事的人凭什么非听下去不可？你不满意电视上天天播放的肥皂剧打搅你阅读卡尔维诺的新小说，你可以像卡尔维诺建议的那样，对隔壁看电视的人大叫："我在看书哪！不要打搅我！"或径自把门关上。但现在我正面临着一个阿公所面临的挑战，并且深知这些孙儿们都已经不必使用尿遁法，而敢直接对我喊道："真无聊！"——是的，我要回到一个故事，让我的道理渗入其中，要保证故事好听，可该怎么办呢？

我在多年来的研究所教学中，不论是文化心理学课程或方法论课程，都一直强调要开发一种近似于生命叙说的新方法，叫作"自我民俗志"（auto-ethnography），至今已经指导出不下十几篇的博硕士论文。这方法可以简单说，就是把自传和民俗志结合起来，写自己的同时，也要写出你所代表（或认同）的那个"族群"——不论"族群"是怎么定义的——换言之，你个人的生命史和一个族群的社会、文化史是不可分离、不可裂解的同一回事。对于这段为时不短的教学过程，我暂不多说，有关自我民俗志的理论在那些论文里也都已有阐述；但看看我自己所有已经发表的作品，也可立刻看出：我自己很少写这样的一本或一篇"自我民俗志"——那么，我可以在这里多少弥补一下这个缺憾吗？

我最近比较常做的休闲运动就是在住所附近骑脚踏车。这一带环境属于人口稀少的丘陵地，树林、草丛的生态保持得还不错，山光水色都很宜人；只是几条大小公路也铺得不错，所以确实很适合在这里骑脚踏车。比较怪的是，我不知何时开始发展出一种习惯，就是骑车时看见横过马路的小动物——我是说毛毛虫、蚯蚓、青蛙、蜗牛等，我会停下车来，在路边取根竹子、树枝或树叶，把它们带离路面，放回道路边的草丛，以免它们被快速通过的车辆辗死。毛毛虫会长成漂亮的蝴蝶，蚯蚓会帮忙松土，青蛙会帮忙吃掉一些蚊子，至于蜗牛嘛，那只是因为它那慢吞吞又不知死活的样子，怪可怜的。有一天，我还干了一件让旁边经过的人都会觉奇怪的事：我停下车来，用树枝把一条死蛇拨进草丛里。奇怪吗？不，我是这么想的：这条蛇其实长得蛮漂亮的，只是不幸在横过命运之途的当中，无情的汽车为它带来生命的终结。它横死在路上，算是客死异地，或客死他乡吧？而它的尸体还不知要继续被经过的车辆辗压多少回，这死无完尸的命运，真是天地良心所不忍也不容呀！所以，我至少得让它保持一点点尊严，不要死得那么难看。

"客死异地""客死他乡"，这是对于客家人而言，特别有意义的字眼吗？我可以用我的"客家认同"来解释我对于小动物的天地情怀吗？"死有重如泰山，有轻如鸿毛"，可以解释我在想着的天地情怀吗？我不知道这样的道理能不能说得通。但是，有一点我可以说的竟是，完全相反，我说不通。

四、"诡异"的道理

我觉得"诡异"的道理何在？诸位，你们知道我当时在想什么吗？记得我先前说过：语言有样态的陈示与描述的陈示吗？也就是有"叙说"与"叙意"的差别吗？再岔回到马路上营救一些毛虫、蚯蚓以及为死蛇安葬的离题方向去吧。

但是，不要以为我真是个会让孙子们觉得无聊的故事阿公。我不是这样的人。我至少要让听故事的人知道：像虫蛇这种小东西的生死，其实就是个重如泰山或轻如鸿毛的问题呢，就看你怎么看这世界罢了：在中原，夏的祖先叫作"禹"，是一只虫，或是特大号的虫（叫作"龙"）；而在大约同时，南方的始祖神叫"女娲"，大家都知道她有蛇身。虫蛇的死生，究竟是重如泰山还是轻如鸿毛呢？

我要结束这个故事了，只是免不了要再回到卡尔维诺——他对于轻重的问题很有看法，但他是引用了诗人保罗·瓦雷希（Paul Valéry）的说法："你要身轻如燕，不要轻如鸿毛。"[4]——我们要谈轻重，至少要知道，前提是生命，而不是无关紧要的燕泥鸿爪。作客也好，流离失所也好，要紧的是落脚活下来。

注释

1 本文是 2014 年于生命叙事与心理传记学会演讲的脚本。

2 这大抵是指 20 世纪 80 年代抵达北美的新学潮。要言简意赅（但不太准确）来说，就是"后现代风潮"吧。

3 White，H.（1980）. The Value of Narrativity in the Representation of Reality. In W. J. T. Mitchell（Ed.）（1980）. On Narrative. Chicago: The University of Chicago Press，p. 2.

4 Calvino，I.（1988/1993）. Six Memos for the Next Millennium. New York: Vintage International，p. 16. 瓦乐里（Valéry）的说法原本是这样的：One should be light like a bird，and not like a feather. 我的翻译当然是在不扭曲原意的状况下，用来接合此处的语境。

11

叙事、意识与事事之法[1]

我们倾向于将一个中国人的话语视为含混不清的咕哝声，但懂中文的人却会在他听到的内容中辨识出语言。同样地，我常常无法理解一个人的人性，并不是因为这个人缺乏人性，而是因为对他人独特经历的无知。

——维特根斯坦，1914

一个新词就像撒在讨论之地的新种子。

——维特根斯坦，1929

夫唯病病，是以不病。

——老子，公元前 600—公元前 470

神农之世，卧则居居，起则于于。

——庄子，公元前 369—公元前 286

讲故事与说道理之间的关系，以及信手拈来的故事是否可以说出些什么道理；然而就在反复思索前缘后续的关系时，有位老友提醒我：十几年前，我和夏林清老师的一场对话，其中提到的叙事法，可能更值得我作延伸发挥。

这些都是对的，但我还有另外的想法，就是想用"续篇"来盯住"叙事"（narrative，法语 récit）这个主题，因为知道它早已经历长久的发展而不能不带上"叙事学"（narratology）这堂皇的冠冕。只是，在汉语中，我比较偏爱使用"叙事法"。我越来越觉得：我们在谈故事时，甚至连形成一个故事的基本单位到底是什么，都好像没有产生我们自己（在叙事法中）所需要的基本单位之定义——我是说，除了"何谓故事？"外，我更关切的是"何谓一事？"的问题，也就是说，在许多用以表示故事单位的英语词汇中，譬如：

An instance；

An occurrence a happening an event；

An incidence a case；

An episode；

A state of affair.

在这些之中，汉语的"一事"究竟和以上那串英文中的哪个单位最为接近？

或说，根本没有一个有可能"接近"，因为我们各自在各自的语系中造字、造词，其间并没有先天的默契，可让我们享有不必伤脑筋的共同语境。好在当我们为造词造字之法感到山穷水尽之时，我们本身使用的汉语字词却可以回头来给我们的"何谓一事？"和"所为何事？"等问题照亮一条可能走对的道路。（"汉语心理学"，至少是这样的意思。）叙事者所叙何事？何谓一事？从古代语言学中所谓的"指事"或"象事"之中，我们也许可以从可指、可象之字中，找出若干接近的暗示。

"事事之法"这个令人费解的标题其实只是伴随着一个"用拇指和中指

捻出噗地一响"的小动作[2]而产生的念头。但若要说得稍玄一点，也可说：

1. 它和汉字造字法的"六书"（或现代汉语的训诂学所说的"二书""三书"）有关，其要点就在于上文提及的"指事"或"象事"之中；

2. 它更和维特根斯坦（Ludwig Wittgenstein）的哲学心理学，以及加芬克尔（Harold Garfinkel）、萨克斯（Harvey Sacks）的语言、语境、对谈分析法有关。

这些充满玄机的想法，目前暂且按下不表，待我们的讲说对话达到一定的热度，它自然会冒出"自燃"的火花——或是像两片燧石对撞一样，冒出对话的火花。我说的"对话"，一方面就是这里你我当下的处境，另一方面就是我已提及的，和夏林清教授的一次有关叙事法的对话。

别以为我们对于日常生活早已如此熟习，以致对它无事可说。即使对"拇指和中指一响"的动作叫作什么，以及用来干什么，我们也没个简单通用的方法来说它。于是像这样的一堆非言语的动作，和一些未必达意的言辞连在一起，常常就构成我们所做的一件事。最后，这些种种的事又以河沙之数构成我们的日常生活。我们最最熟习的日常生活竟然是这样一条说不清的长江大河。

我和其他人一样在生活中演练这样的观察，年复一年，而结果并没有比不观察时多出什么好说法，你说奇也不奇？直到我开始读些加芬克尔和萨克斯，又发现他们的前辈即剑桥的哲学家维特根斯坦，才总算把这难以言说的生活问题弄懂了一点点——开始的一点点——并且不太确定它究竟"开"了什么，"始"了什么——我很担心我们的汉语常有一语多义的联想，或料想不到的字源，会把我们弄得心惊肉跳。

我不相信像"叙事学"（narratology）这么"元"（后设）的学问可以假定其中有"一套"系统严明的方法论。除非是说，对于所有已然被作成一套套系统的方法，它自会有一种"元"的收纳方式。我把波尔金霍恩（Donald Polkinghorne）的《叙事的自我与人文科学》（*Narrative Knowing and the Human Sciences*，1988）看成这种收纳性的方法论著作之一例——它不过是一本有用的字词新解罢了。但是，我们一看就会知道，这本篇幅不大的书是供一定的使用者在一定的场合使用。和普通著作的使用者所不同的是：后者可通用于日常生活的各个时空，而前者却只在日常生活"之后"，譬如在夜阑人静时，让一些挑灯夜战的研究者（并且也只有在他们书写这种评论时）使用。至少我想说的是：这可不是什么民俗语言、心理语言；不是文化和社会"之中"的语言，而只能说是"之后"的语言。

假若我们朝另一方向跳到"之后"行不行——譬如跳到语言"后面"的意识经验里？我们假定有个真正的东西在语言后面，同时假定语言只不过是这个"东西"的简单代号——"玫瑰玫瑰，即使换个名字，不是一样芬芳？"在现代的日常生活经验里，我们也倾向于这种认识——换个品牌，不就是个电饭锅、笔记本电脑、手机？但是，想过第二轮之后，我就再也无法同意此说了：一把椅子不就是一把有脚有坐垫的椅子？但是这种"椅子"在唐代以前的汉语里是无法想象的。那时候的人只知"坐"的动作和"席"或一种鼓状的木块、石块相连。名字的存在已经把很多文化过程（譬如历史传播过程）都写入其中。意识经验被前经验所决定，而名称是前经验最好的贮存方式，所以，意识经验实在不是什么真正的"东西"。这是极简版的现象学与诠释学——而在当今，我们都会假定许许多多的叙事研究者早已经随着学术的文化过程，经历过（或总会经历到）像这样的意识重塑或意识更新。但是，即令你能说什么"前经验"，那又怎样？

约莫十年前，有一次我走进新竹市南门街武圣庙前的三角公园做田野观察，我的穿着没有任何惊人之处，坐在那里看看喝茶的老人，或站在那里看看卖草药的郎中，我真觉得我的处境像是巴塔耶（Bataille）说的一种动物性（animality）："如水在水"（like water in water）。但是一拉出我的相机，处境登时改变。老人抬头看我，郎中斜眼瞄我，一位年纪不轻但打扮入时的女人正要踏进我的相机镜头之内，却陡然拉住她的脚步。我变成水里化不开的一滴油。我像任何一位叙事作者一样，必须先假装我的观察是在执行一种神圣的学术任务，才可以不理会这些社会伙伴们（fellow—men，这当然包含伙伴男人和伙伴女人在内）对我的区隔。我的社会和他们的社会不同，这是回到夜阑人静的书桌前最可以安慰我自己的说法，但是，明天我若再回去三角公园时，我该如何忍受那些有思考的、怀疑的、不想让我参一脚的眼神？

　　加芬克尔对于观察所设定的改变是：你必须回到成员（member）的处境，夺回你的成员身份（membership）。这不是说什么加入、渗入他者的皮肤底下，或进入别人的鞋子里（这句话的典故"under your skin""into your shoe"其实都不是汉语），而是说，你要知道一个社会，唯一的方法是：你得是那个社会的成员。对不同文化好奇的刺探，无论如何都已经无法获得人性的正当性。在生命叙事里出现的"族群"，其实常只是异文化者的虚构，除此而何哉？生活之中的人本来都会讲话，也正在讲话，而别人为他们所作的代表发言（或语言再现）一定言不及义。他们（特别是研究者）所说的，仅仅是为了他们有自说自话的"学院传统"之故。

　　那为什么加芬克尔说他的学问（即民俗方法学）是"ethno-"（民俗、民族）？我想他是说："民俗"其实就是人人，我们，咱们。在日常生活这个"不朽的结构"（immortal structure）之中，我们各自使用种种手法来和我们的社会伙伴们打交道。虽然手法复杂万千，但路人皆知，只是常常说时迟那时快而已。这些手法被称为某某"方法论"（methodology）实在有点太那个——但在社会学里还有更做作的称呼，把它叫作"社会行动"（social action），因此也可以产生一种叫作"行动研究"的方法论来对付它。讲白一点，他们只是在从事他们的日常生活，在行动之时用社会关系表达来而已——而那关系本身常常就是最主要的一事。他们常常知道他们在做什么事，或至少有办法边做边把那"事"形成。即使他们说自己"无所适事"时（就是卡通里的小孩克里斯托弗对小熊维尼说：好朋友在一起就是"没做什么"，而我的家人在实时通信软件上建起一个"亲友团"，借此可以常聊天，也就是"没说什么"），很可能，他们和我们都已经做了一件几可与古代圣哲相互比拟的大事。圣哲的金言和普通人随口说的话，照加芬克尔的说法，乃是共享着同一个"不朽的结构"。

我决定把数字相机收起，继续留在那里围观草药郎中的示范，甚至接下他递来让围观者喝一口的"见本"，一口紫色的不知什么水，且毫不犹豫地喝下去，那也是我"变回成员"的一种方法。但接下来，我的难题就来了——这样我还能写什么？作民族志（或民俗志）的老手本来就会建议说：没混到很熟的地步，你就别写什么什么"志"了。而在经历这写与不写之间的磨难之后许久，我只想再加一句：如果你早知一定无法混到很熟的地步，那么，除了不写外，你也许还须另辟他途。不然我能怎么"赚吃"呢？

萨克斯（Harvey Sacks）的妙方是接在加芬克尔之后才发展出来的。他在 UCLA 以及尔湾（1964—1972）的八年之间，上课时所用的讲义常只是一两句话，或一段不到两页的交谈对话记录，然后要他的学生和他一起"讨论"这些话究竟有何意义，也就是说，从这些话语中，我们究竟可发现"何事"？或对话是否能形成"故事"？

萨克斯提供的一次典型的"可开始"讨论的事例（或"故事片例"）是这样的：

The baby cried. The mommy picked it up.³

他的意思是说：要形成一个可供讨论的"故事"至少需包含数个 utterances（可示意的陈词）——这个 utterance 的单位甚至没出现在上文所列的那串单位中，其理由是：一个 utterance——我们称它为"一次陈词"好了——甚至不一定可构成一句话，因此一定不足以"生事"或"成事"，也就是说，它不足以为一事。但在萨克斯接下来的讨论中，那两段陈词所构成的一事，确实可以衍生出许多相关的事件脉络，或值得说的一串东西（萨克斯说这是 a stuff［which has］a series of virtues to them［一种具有系列美德的物质］）。可说什么呢？娃娃哭了。妈妈抱它起来——这个妈妈就是那娃娃的母亲。但是，原来听到的两段陈词（也可说是两句话）之中并没有说妈妈是"它的"（或他／她的）。所以，萨克斯才会问道：

现在，这件事并不是只有我把它听成那么回事……当我把它听成那回事时，有趣的是：我也觉得非常有自信——你们所有人，至少是本地人，也都会听成这样。这是一种什么魔法吗？⁴

那两段陈词并不只是一阵叽哩咕噜，而是在说话，并且也构成了说故事的片段，而那没说的部分，不需说，我们就都听到了（在这里，我假定诸位朋友们，虽然不一定是什么讲英语的"本地人"，但至少是听懂、看懂英语的，正如维特根斯坦所假定的懂中文、懂汉语的人一样）。那么，这真是什么魔法吗？这难道不算是叙事学的一种基本门道吗？

文章开篇时，我还引了两句《老子》《庄子》。在谈"门道"的时候，我可不是想牵扯到什么道家，而只是举了汉语的片例，来说明"病病""居居""于于"或"事事"的语法规则而已。病其病、事其事，都是同一字，先当动词，后当名词。这就是为什么不懂汉语的人会觉得听来简直像是鸡鸣狗叫。我们就先原谅他们吧（因为他们的母语与我们不同）。我们的门道现在进入汉字——常常不是一次发声，而仅是一个字，就足以如维根斯坦所说的："像在讨论的园地里撒下一棵新鲜的种子"——并也可能发芽长出个可道之事。

我要宣称的一个门道是这么说的：在汉语的心理学，以及要它包含叙事法之时，我们常可凭借"一事"作为单位，而衍伸为一段可说可道的故事。对此"一事"，我本可说，人必须在作事，或从事于某事，才可知道那是怎么回事。好了，我的"一事"，现在出现一个关于单位的计量词，叫作"回"——"一回"，要怎么翻译为英文呢？（这可稍稍伤点脑筋）当然，现代汉语的使用者很可能会改说"一件事"。"一回事"就是"一件事"，但，当我们谈章回小说时，谈到"第几回"，你就不能把它说成"第几件"了。这还只是小事。不值再论了吧？

但你真的知道什么事大，什么事小吗？所以我才会特别使用"事事之法"来强调：人必须在事之中，从事其事，然后才可能晓得事的大小。这样说，就把我们带回了加芬克尔那套民俗志方法之中的"成员"论去了。

事事之法在于以事为事，而但凡叙事，必得先知有事。至于何事为事，还得在你能够事事之后，才得以开始。说来说去，我们的道理可能早已在我们所传承的文化中结晶为一个又一个字。

注释

1 本文为 2015 年于生命叙说与传记心理学会演讲的脚本。

2　有人向我提议说，这应该就是"弹指"吧？但请看"弹指"的解释如下："弹指（梵文 acchatā），是指捻弹手指发出声音，古印度习惯以拇指、中指压食指，以食指向外急弹，是一种习俗（但不知是什么意思）。"这显然不同于我们今天所指的英文"snap the fingers"，也就是现代汉语里无词可对的小动作。

3　Sacks，H.（1992）. Lectures on Conversation（Vol. Ⅰ）Oxford，UK: Blackwell.，p. 236-266.

4　同注释 3，p. 236.

12

主体与他者：
话语与关系中的异化[1]

若[2]　　然[3]　　如[4]　　是[5]

——四个古汉字的写法

（下排四字是相对的现代汉字）

第一个也即决定性的问题是要知道动物会不会受苦。

——雅克·德里达写于边沁之后[6]

　　要想开始说话，我们得一次又一次地从"第一个也即决定性的问题"开始谈起。这是个关于人兽感应的问题，但像这样的问题，在我们的语言中却不是只有一个，而是很多很多，但我们总以为能谈天人感应就已经比较高明。我们在一次演讲可能的范围内，不要用一组对比即可涵盖一切的想法，而是要捡出好几个，让它们"好像可以这样"（若—然—如—是）串在一起，之后就来开始我们的串连（articulation）。[7]

一、"中—西对比"的难题与"古代汉语—现代汉语对比"的难题，孰为迫切？

　　常常听到"太初有道……这道太初与神同在"这样的说法，但仔细探听一下，会发现：这既不是引用老子、庄子，也不是宋明理学，而是出自《约翰福音》的第一句话。为什么我们会有这么模糊的认知呢？原因无他：古代汉语—现代汉语早已在我们所知的西方经典上拼命争取了很多发言位置，让我们搞不清我们到底是在讲自己的话，还是讲外国话——翻译的最上乘境界，不就是要让你产生这种错觉吗？

就以我们经常挂在嘴边的"中—西"这组文化对比（二元对立）的语词来说，其中最模糊的语意就是：如果它意指"中国—西方"，那究竟是什么意思？"中国人"约有14亿，但"西方"的人口有多少呢？如果把"印欧语系"人口全部算在一起，那就有将近30亿，所以，"中—西"的对比显然很不对称、不平衡，不适于构成对比，可不是？

2013年12月在武汉大学举行的"文化心理学高峰论坛"是一场漪舆盛哉的大会，海内外学人参与者不下四百。我有幸在该大会中主持了两个分会场（panels），[8]会场上最热烈的讨论议题就聚焦在这个"中—西"对比语词上。我听取了许多意见，但发现在场的五六十位各方高手似乎有个盲点，也就是关于"文化板块"如何区分的问题，只有少数人同意我的质疑：我们使用了不对称、不平衡的二元对立。因此，当时迫切的问题就变成了：该如何区分，会让可比较的文化板块变得平衡一点？作为主持人的我，就把萨丕尔（Sapir）所作的文化板块（culture areas）的论述提出来。[9]萨丕尔的区分是某种可区分的文化组型（configuration）。我们在此无法细谈这个贯穿全书的"configuration"（或称"构型"）概念，但一言以蔽之，就是某种可区分的整体差异。这"差异"，或对于任何一个文化而言的"异己"，就是本文所要谈的"他（它）者"（the other）。而值得大家注意的是，"他者"一词在汉语辞典中，已经成为一个普通词汇，不再是个天外飞来的异语（xenoglossia）了。

我们要作很基本的讨论，谈的是文化差异，乃至异己、异性的他者，很快的，就会发现我们不能只用"中—西"之异来当作这话题的基本坐标。但我们能用的确切坐标究竟是什么？我一向提议用"汉语文化"来作为一种"我称"，而与此相对的"西方"，确实不是指"印欧语系"，也不包含历史上曾经首度称为"西土"的印度，不包含在"西域板块"中的阿拉伯国家。当我在使用"我们（的文化）"时，我有这样的确切指涉。对于文化心理学而言，我也惯用"汉语心理学"一词来作自我指涉，而不用任何其他的语词，除非那语词比我的用法更好，或更得我心。我这就把主题转向我们的"心"，也转向指涉、指谓、指称的他者问题，也就是把这种有指向的谈话方式叫作演讲（address）——演讲的指向是指向谁呢？当然是你，诸位，于是，演讲就是要把"咱们"打成一片了。不过，"打成一片"毕竟只是一厢情愿，我更在意的是毋宁是能不能继续谈那无止无休的"同一与差异"难题？以及"天人感应"是不是一定比"人兽感应"更高明，或更容易？

二、说一个猫故事

写给你的一封信

你想睁开眼，看看身边经过的那种滚得很快的东西，但只听到声音，睁眼很困难，也很痛，炙热的疼痛，在你的两眼和屁眼，而且，你也饿到几乎无力挣扎。有脚步声走近，你的身体被拨动了一下。你也不自觉地缩了一下身体。脚步声离开。很久，没有声音，暗沉沉，你只觉得这样，动不了了。很久之后，又是那滚得很快的声音，然后，你被他抱起来，放进一只纸箱。可能是放在那滚得很快的东西上，你和那声音一起滚了，不，你没滚，是那移动得很快的东西，声音就在身旁不断嘶吼，你还是只觉得……炎炎之痛和沉沉之暗，饿得不晓得还有什么别的了，只听到他说：

快到了，撑住啊，快到了……

这是一段对话，没错，但不是来自任何笔记或录音，而是虚构的信函，像是一具用冰雕做成的器物，但在液化之后，只剩下这滩光景。然而，这原来并非全无其事。只是，那"事"不会用这样的话语出现。信函的书写者只记得那件令人不寒而栗的事。他现在要为该对话中的"你"讲讲话——既要对话，或写信（传讯），所以不能称"她"。宁可把冰冻（固态）的语言在三态（另两态当然是液态、汽态）中转为第二态之后，再换用第二人称，也就是永远要用在对话现场。那么，这信中还有一个"他"（汽态的），那又是谁？为了让大家容易明白叙事之中的人称变化法则，就让此事的文本换个方式再说一遍吧——在普通常见的记事中，我们都很习惯使用所谓"人事时地物"的客观叙事法。若要把上述的那件事翻译成"客观叙事法"来再说一遍，那就不过如此。

　　我的小猫名叫盼盼，她正如往常一样安睡在我身旁的休闲椅上。她盘着身子，但那姿态是娴静优美的。她，或你，是我用的称呼。没错，我会对她说话，她则永远只会看看我，或在我的脚边磨蹭，喵喵叫，讨吃。"你才吃过一顿，不是吗？怎么又来了？不可以这样，不可以变成一只胖猫……"我就这样喃喃地对她说。她喵，我说，算不算是对话？这迷失的小猫被我捡到的时候，是在她诞生不久后的某一天。我骑着摩托车往我预备去的水库环湖路，想去作例行的骑行。但她躺在路边，被我发现了。我用一根竹子拨动她的身子，想知道她是死是活。她的一缩身，让我立即知道我该做的事——我奔回家里，取了个小纸箱，把她带到一家兽医院那里，检查全身，之后住院一周，可以出院时，她已经是我准备好收养的"宠物"？我还不知道我会不会宠她啊！但救命总是第一。在检查时，因为她的双眼和屁眼都被好几只蛆侵入，受到噬伤，尤其左眼，已经伤到视网膜，医师说她的左眼可能失明。我疼惜她的眼睛，所以先为她取了一个祝福的名字，就是"盼盼"，祝福她能够对我"美目盼兮"，即使左盼和右盼并不对称。一年半以来，盼盼的左眼不但没失明，而且还奇迹般地逐渐复原。只是毕竟受过不小的伤，她的左眼一直都比右眼小些。当她双眼瞪着我时，我只知道她的眼光很锐利，很光亮，不太管什么大小眼的问题了。她不只是我的宠物，而是我的朋友，总是陪在我的书房里。说她是我的"书童"，不过分吧？

三、人一兽之间的大化（话）世界

在人兽之间真有可能发展出相伴的友谊吗？我和一只猫可以成为朋友？而且可以对话？这是我在自说自话吗？——人类的知识，到了 21 世纪至少已经发展出相当精致的"生物征象学"（biosemiotics），[10] 两年前我拔刀相助，和心理系的几位同事合作，开出了"进化心理学"这门新课。我在其中扮演的角色，除了规划整学期的课程大纲外，就是讲了一单元的"生物征象学"。由于这不是我们在此该谈的主题，我就只说说其中一个要点：用进化论的宏观角度来说，人类和周遭环境之间一直有信息传递的关系，即发出信息、接收信息，无时无刻不在进行中，而其中和生命有关的信息最多。我们老早已经跳跃到不必再使用"人之异于禽兽者几希"这样的感叹，而来到人和天地山川禽兽花木本来就没有什么相异的境界。我们的生活世界是这么一个有如浩瀚汪洋但却"浑沦无门"的大化世界，常有人把它说成"中国—东方特有"的天人感应世界，但我们要看看一位东方杰出代表的说法：

即始即终，即所生即所自生，

即所居即所行，即分即合，

无所不肇，无所不成。[11]

这是抄自明清之际哲学家王夫之在《周易外传》中的一段文字，但你我怎知道王夫之的易传哲学和当代产生的生物征象学之间有没有暗通款曲的关系？就如同海德格尔常常把先苏格拉底哲学视为当代哲学问题的始源一样，正如以水来作为一切之源的泰勒斯（Thales）那般？说得更明白一点，就征象学来说，天地间有言语，本应是个基本命题，所以，王夫之会继续说：

……乃以肖天地之无先无后 而纯乎天不得已而有言

则沂而上之 顺而下之 神明而随遇之 皆无不可

而何执一必然之序 騥括大化于区区之格局乎？[12]

在这样的言语格局之下，大化的问题当然必须存之于心，要在主要的水道中逆水而上、顺水而下，但是，岸边的"区区"弱水就不值得一顾吗？我刚才说过，盼盼在刚诞生不久，被抛弃在马路上（道上），她的身体被许多"蛆"入侵，她躺在生死的边缘，暗黑幽冥与痛热交逼，要是你碰见了，你会怎么办？你在当下接收到的受苦信息（言语——这时已管不得它是汽态或液态），会是什么？

四、德里达的《我为兽，故我在》；回应猫故事

在提过生物征象学以及天人相感的大化哲学之后，不意间发现一位当代哲学名师德里达（Derrida），一位可以接在列维纳斯（Levinas）之后谈论"他者"（the other）的重要人物，特别是他的《我为兽，故我在》（*The Animal That Therefore I Am*）一书，竟然劈头就读到一篇他和他家小猫（my little cat, pussycat）相互凝视的叙事（récit, narrative），或他特有的署名者

（signatory）叙事：一种原应属太初之初，但后来只能称为第二初始的第二叙事（a second beginning……as the second narrative）。[13] 这些叙事是一种相对于整个人类"思想史"（或知识史）的大翻盘，而德里达特别点名的是从笛卡尔、康德、海德格尔到列维纳斯这一系列的人物，甚至还上溯到柏拉图和亚里士多德——这当然说来话长，譬如必须问问：他所要对抗的为什么不是太初叙事，而是第二叙事？这样的问题不容易在一篇文章里谈清楚，但有些要义在此支持了我的问题，让我敢从此切入。

怎么谈法？最好回到开头的那只猫——我的小猫和德里达的 pussycat。[14] 这时，小猫携带着"他者"的身份，不知轻重地跳上台面，或匍匐在地面，但同样的要点就在于她的观看（seeing）或凝视（gaze）；或用汉语来说，就是"看"或"见"的问题。

我的小猫盼盼有大小眼，但我至今没注意过她的眼珠是什么颜色。我回头看看，她躺在我身边伸了一下懒腰，我就见着了她的瞳孔外是一圈黄色。那瞳孔呢？她面对着明亮的窗口，而变得细长的瞳孔，就是黑的吧？我走到浴室里，对着镜子检查了一下自己的瞳孔，没错，是和盼盼一样的黑色。但德里达曾提醒我们，虽然他把列维纳斯放在他要批判解构的西方知识传统之内，但至少列维纳斯使用的一种排除法是德里达欣赏的，那就是说：看人，看见的是他人的凝视，而不是他人的眼珠颜色。[15] 我们看，却常"不见"（就是"视而不见"），但在当代西方论述中所说的"观看（seeing）—凝视（gaze）"之别，在语意上略同于汉语的"看"和"见"之别。我同意德里达再三强调的"凝视无关乎眼珠的颜色"，但我和小猫盼盼之间的一种辨别——不是区分你我，而是因为盼盼身体的花纹太像一般常见的虎斑猫，如果她一旦奔出家门，我只能用她的大小眼这个特色，来辨别她是否为"我的小猫"。

然而，为什么要提到"眼珠颜色"？我们在区别我族—他族时，通常不会用到眼珠颜色这个关乎面貌的特色。在"我们"这个东亚文化区块里，虽偶有一些不同眼珠颜色的人来来去去，但在两三千年的历史上，我们从文献上所得知的人或在经验上看过的人——自己人和他人——眼珠几乎都是同样的颜色，至于"色目"人，在文献里也只是一闪而过，因此，当我们与他人四目相对时，或我们在"观其眸子"时，颜色通常不是什么重要问题（譬如我们比较在乎的是"气色"）。[16] 可西方世界就很不一样了——眼珠颜色之异，常常和生死之别在历史事实上有高度相关。[17]

五、从列维纳斯的"他者·面貌"及德里达的"兽词"到"人性"

是的，列维纳斯所谈的他者问题，会牵涉到面貌（face），但德里达更在乎的是关于凝视、回应（response）、说话之间的关系，于是，他从一只小猫，小母猫（pussycat），[18] 在他的浴室里凝视他，而立刻反应（reaction）出他的 sex（"色"）以及"耻"的问题。虽然从此一路而下，德里达的论述果然有黄河之水的气势，一直谈到动物（animal），以及兽性（bestiary）、兽行（asinanity）、兽名（the animal）、兽词（animot）如何和人类自以为是的"人性"对比之下，显出人类如何对待动物，视之为他者，以致写满人类历史的所有残暴不仁，几乎出于同样一贯的逻辑，也就是一贯的理论，也就是一贯的哲学。这是一篇不算长的文章，但其意味却几乎有如黄河之长，且是滚滚奔流，从天上来，到海而不复还。我们简直无法和他站在平起平坐的位置上开始讨论，所以我只能掇其要义来作点意思的往来。哲学家、知识人共有的两千年盲点，是德里达要解构的标的。我承认他所说的并不只是西方，而是可以把我们熟知的汉语文化列入其中，毫不为过。我们虽常把"天人合一"甚至"万物并育而不相害"挂在口唇上，但我们对待动物（禽兽）的历史并不因此而显得特别仁慈。我们今天的"宠物""动物保护"等行径还都是从现代西方学来的。

那么，问题都被德里达说完了吗？那也未必——应说是当然。德里达所批判的西方知识传统，是他一直期望自己能有所区别的，是故他列出他几乎一辈子的大小著作，说明他如何使用了前辈极少、特殊、例外时才使得上手的兽词（animot）来说话、书写。说明他自己如何自小就沉醉在古希腊神话中的四不像吐火怪兽（Chimera）的想象中，觉得自己比较像是英雄贝勒罗丰（Bellerophon），骑着飞马珀伽索斯（Pegasus）而能斩妖成功，为百兽命名，最后却只用一字"兽"来统称全部，并且自此展开了以兽为牺牲献祭的历史——以"兽"之名，目的在别出"人性"——但后来人类就用"牺牲"的名义和手法，大规模地进行"人性的、太人性的"动物屠杀和种族屠杀。

六、可以用"兽词"来讲"生命故事"吗？

我在 2014 年的一次演讲中，特地为了与当时的对象谈话，而说了一些"生命故事"（biography），当然是一种自传（autobiography）。但我有意地蜻蜓点水，只作了些简短的例示（instantiation，ideography），[19] 就很有分寸地戛然而止。后来有两三位听众给出强烈的响应，其中有一位甚至泪流满面地对我说："现在已经听不到人像你这样讲话……"我惊异得几乎要像她那样掉泪——这不是洋洋得意，也不是什么反移情，而是对她回应的回应。我没有掉下泪来，但一直耿耿于怀至今——我非常希望日后能再有机会见到那位来自远方的知音，甚至希望她能在现场和我对话。[20]

基于不重复自己著作的伦理原则，我就不再重述那段故事，但我只要提及，那确是关于"生命"的故事，虽然我讲得比较多的是虫蛇，都没谈到我更爱谈的鸟兽。唯一稍稍点到而没说出来的，就是我在本文里一直谈的那只小猫——不，这只，因为她依然躺在我的身旁。

我说我在一年半前，在山间骑脚踏车的路上，救了许多横过马路的小虫——毛毛虫、蚯蚓、蜗牛，以及埋葬了几条尸横道上的小蛇。然后才说，我也救了一只小猫。我是个慈心仁德的好人吗？我不知道能不能这样说，只知道我没有半点能够使用兽词（animot）来谈生命的能力。我只能和一只活过来的小猫讲人话，以及和死蛇讲鬼话。死蛇、鬼话的问题属于"幽冥语境"，今天无法谈那么远，就先略过吧。但是，德里达的文章至少提醒了我，在多年以前，我确实读过伯哲（John Berger）这位观看达人写的《为什么要看动物》（*Why Look at Animals*）一文。在文中，他的一段说法和德里达几乎所见略同，那就是：当我们与兽相望时，我们人类（也许和兽一样），是在"越过不可理解的深渊而对望"（looking across⋯[an] abyss of non-comprehension）。我们和兽之间相隔一道深不可测的深渊，无人可以理解——我想，那深渊就如同"上穷碧落下黄泉"那诗句中所说的一样，是深到黄泉了吧？到了"太一生水"[21]之所在了吧？

在小猫、小狗这种宠物身上，我会暂且忘记那道深渊，但是，有机会和一头牛或猪四目相对时，我确实会浑身疙瘩，掉满黄泉。没办法略过的，怎么样都没法略过而无视，或当作无事的。我在耿耿于怀之际，还谈一种语法的使用，叫作"事事之法"。[22]简而言之，有事无事确实都只存乎一心，但我只是不爱使用什么什么"心"的说法罢了。心理学者最该抛开的就是"心理主义"（psychologism），亦即心理症吧！

七、交谈对话中的"你"

我还几乎抛不开的就是"演讲"——有对象的谈话。在另一位话语达人肖特（John Shotter）特地为了"你"字而写的文章中，他就把这种"有对象的谈话性"（addressivity）作为全文的关键词，[23] 但他的主题仍是"你"。就我所知，在汉语的文献中，从古至今，还没出现过一篇文章，主题为"你"的。[24] 因为我们大家都会觉得这个简单的第二人称代名词，是小学一年级或幼儿园就学会的，为什么值得大作文章？"你好！"是不是每天出门后就一定会说上好几回的招呼语呢？或进了职场就会对上司、前辈改说成"您好"？反正就是这么简单。但是，有一天，我注意到高速铁路上由列车长作的广播，是这样的：

> "各位旅客，你好！我是列车长，如果您需要什么服务，请随时……"

要注意的是：这里的"你—您"不叫"第二人称"，因为"第二人称"的意思是指你我同时在现场面对面而相互使用的人称。列车长不一定会在你的座位旁现身，或即令他（她）在巡车时经过你的身旁，你也不一定会认出列车长的身份。于是，一个吊诡的语言现象就这么出现：他（她）说的"你好"只是个"仿作"，而根本不是什么现场，然而你甚至从未怀疑这样的用法叫作"不合语法"。

当哲学家布伯（Martin Buber）声嘶力竭般地为"我—你""我—它"这种语言拯救运动而摇旗呐喊时，那是"存在主义运动"风潮中一本"必读"的书，书名就叫《我与汝》（*I and Thou*），[25] 不知你是否读过？——那本书肯定在每个大学图书馆里都有的，我们可以暂时"略过"。我们回头来谈谈我们自己常用的"语法"。

先从我自己谈起。我给小猫写了一封信。看我多么宠她！但是，注意：为什么我会用"你"这个字呢？怪不怪，你不知道？在所有的语言中，大凡有为名词而订定性别（gender）的，在人称代名词中一律只为第三人称单数

（不含复数）定有性别，而在第二人称中则不必有此区别，更不用说是第一人称了。这个语法规则的道理是什么？就算回到小学、幼儿园吧，如果你漏掉了什么，那才真该重新学起来，因为那就是讲话的基本道理，也是洒扫应对进退的根本道理。好了，你突然想起，我们的语法里根本没有"代名词性别"这回事——但这里的性别也根本不是来自西方的逻各斯，而是我们自己颠三倒四的逻辑。

是的，汉语里原本没有"他—她"之别。是后来学了西方语法后才产生的。还好这规则没有传染到其他的名词上，所以，只有这里，只有这个"他—她—它"，我们学会了性别。

所以我在无罪推定的语境中，为盼盼写了一封晒恩爱的信，信中弥漫着"你、你、你"，而在后文中也满溢着"她、她、她"。不过，请原谅我，如果你想重新开庭的话，请怜悯我为那苦难中的小动物竟动了这么严重的恻隐之心。这小动物是被抛在马路当中的。兽医根据经验判断，是母猫"决定"将她抛弃，因为母猫"觉得"她已经养不活了。但她不但活了过来，并且奇迹似地克服了所有的创伤，成为我的朋友——在我称她为朋友的时候，我也绝不是在使用寓言。我知道我们之间还是很有距离，有沟通障碍，有四目相对时的深渊挡在我与她之间。我不同意于德里达的只有一点，那就是当我从浴室里出来，我从未觉得她的凝视中看见了我的 sex，因此，我们之间从未产生"耻—耻"之类的问题。我不是想避开道德难题，而是在想——如同我的小猫在顶楼阳台玩耍时，常会盯着花台上的一只鸽子而做出"憨猫肖想"的样子——我在想：剩下的时间已经不多，我在这场演讲中，对于"咱们"，到底还亏欠了啥？

八、来自"他者·你"的一封信：迈不出的步子，如是

生命史之类的讨论，永远要懂得辨别泰山—鸿毛之间的轻重，"你当身轻如燕，不要轻如鸿毛。"我相信，在我们的汉语传统中，很多人可以立刻学会使用，譬如：

云间有玄鹤，抗志扬哀声。

一飞冲青天，旷世不再鸣。

然而在经历过人世沧桑之后，又改口说：

宁与燕雀翔，不随黄鹄飞。

黄鹄游四海，中路将安归？

也就是一转身变成一只凡俗鸟。而在彼鸟与此鸟之间有高低之别，你我谁人不知？再说，前一鸟是刻意离开，后一鸟是害怕迷失，你我又有谁人不知？

神话学、考古学、考据学几乎都可以帮我们证明，这爱用鸟语来作自况的传统，至少有个不容忽视的古意，那就是：鸟图腾象征着太阳崇拜。好，若然，我们就可以有点预备地跳向我们之间的"他者"难题。

在街头骑着电动车的你，有时候会突然迷失方向，不知该往前往后、往右往左；但是，那年，你在深林中迷失的，比较不像是方向，而是时间……有一次，推着电动车去送修，车行老板问：这车已经骑了多久？你往空空的方向望去，回想着，就说：大概两年吧……拿出行车执照一对，才蓦然发现，这车已经骑了七年。

而这五年的时差，你到底干了什么？非常像是那年在深林中迷失的感

觉。再长的年岁也没有解决迷失的问题。眼前好像有路，但那真是一条出路，还是在林里打转时出现的错觉？好几十年了，你该说，你没有走出来过。卖劲的脚步只是让走路显得更加荒谬而已。你知道吗，为什么你好像再也抬不起脚来？抬脚的感觉不是沉重，而是虚无得更像是没有脚了。

连时间也迈不开的脚步，这到底是什么"是"？[26] 这是很接近于人格解离的征兆。这迷失的你在迷失之时，只消回想一下：人性—兽性之间的差别，在心理学中早已成为一个无解的悖论："禽兽不如的人性"，正是"人之异于禽兽者几希"的反面诠释。西语中的"兽"（animal）应是"生命"的同义词，但人类从残杀禽兽到自相残杀的血流，在人类的历史中确实已泛滥成洪涝遍野。我们最后的避风港可能只有避向自我，或最起码，避向"你—我"的完全信赖关系——然而，这也只是个"若然"的假设：单一的自我为何需要避风港、如何成为避风港？"自诚明"？有这种不待关系即可自诚之明吗？这明明是个鸵鸟理论。那么，"我—你"的语法是否可给出更踏实的保障？这又是另一个（经过马丁·布伯大力宣扬的）假设，是个很经不起关系考验的假定。[27] 这些问题在他心头不断滚涌，几乎永无宁日，以致他总觉得：

无穷山色，无边往事，一例冷清清，[28] 他回头看看盼盼，她只优雅而娴静地伸了个懒腰，还伸出爪子来抓抓……。"你想干么，盼盼？"他只对她这样嘟囔了这么一句，若然。若，就是"如"，也是"你"；然，则"是"也。他照着惯常对猫咪说话的样子，继续说：如是，如你：是妳吗？妳是谁的？，这是谁的什么心理学？或什么心理学可以回答这些问题？

突然，他觉得换用英语来对她说（address her），也实在没什么差别：

You are: Are you? Do you really care if you are a he-cat or a she-cat? Would you be sorry that in our language there is no word for calling you a "pussycat"？

不是时间，也不是空间，我们迷失在话语中，正如飞毛腿阿基里斯（Achilles）跟慢吞吞的乌龟赛跑时一样，[29]根本迈不出脚步了。"自作孽，不可活"？但在同时，不管走不走得出去，他和猫之间发现了一种有关板块碰撞的新结局——果然，诗人艾略特（T. S. Elliot）说对了[30]——不同的文化板块在话语中碰撞，结果没发生大爆炸，而只有一声无关死活但略有意思的呜咽……但是这么暧昧幽暗的"世界终局"真的可以作为一次演讲（address）的结尾吗？不，同样的艾略特，在他的另一首猫诗《老负鼠讲实用猫经》（*Old Possum's Book of Practical Cats*）中，[31]给了一个这样的自问自答，

How would you ad-dress a Cat?	你该如何称呼一只猫？
So this is this, and that is that:	这就是这，那就是那；
And there's	至于如何称呼一只猫，
how you AD-DRESS A CAT.	答案就在这儿，恰恰。

不必再问猫的性别，也不必问猫是不是你的同胞，你对猫说（address），你在开口讲话，就是用话语来增加装点（add-dress），而说话是不是就像这样——这是这，那是那，若然即如是，不然还要怎样？

注释

1 本文是最后一次在生命叙事与心理传记学会演讲的脚本。

2 "若"的甲骨文（取自甲205），约3000年前。

3 "然"的金文（取自中山王鼎），约2500年前。

4 "如"的甲骨文（取自乙92，合21785），约3000年前。

5 "是"的籀文（取自《说文解字》），约2500百年前。

6 Derrida，J.（2006/2008）. The animal that therefore I am. New York: Fordham University Press，p. 27. 这就是德里达（Derrida）所称"来自边泌"的问题。

7 把 articulation 译作"串连"是何春蕤特有的译法，我认为足资效法。

8 事实上，排定的议程是主持一场，但我在前一场已经坐在该会场内，当各报告人的报告结束后，原先排定的主持人师领教授竟然请我接下主持人的棒子，主持该场讨论。

9 Sapir，E.（1927/1994）. The psychology of culture: A course of lectures，Irvine，J. T.（ed.）. New York: Mouton de Gruyter.

10 我谈的 biosemiotics，主要的参考文献是：Thomas，A.; Hoffmeyer，J.; Emmeche，C.（eds.）（1999）. Biosemiotica. Berlin & New York: Mouton de Gruyter；Hoffmeyer，J.（2008）. Biosemiotics: An Examination into the Signs of Life and the Life of Signs. Scranton: University of Scranton Press.

11 王夫之（n. d.），《周易外传》，台北：成文。(《易经集成》，卷116），p. 438。

12 同注释 11，p.439。

13 第一叙事、第二叙事的问题，出于 Derrida，J.（2006/2008）。

14 在此必须强调德里达一直称他的小猫为"pussycat"，此字若翻译为中文将会失去某种语意，下文会揭晓。

15 见 Derrida，J.（2006/2008）. p. 12.

16 同样微妙的是西方人不太会辨别所谓"单眼皮／双眼皮"的问题，譬如在英语中就没有特别的语词可用来区分那两种眼皮。道理很简单：单眼皮在全世界是亚洲（东亚、北亚）民族才有的体质。没有的东西不用辨别，也不会有辨别的字眼。

17 所谓"种族"差异，除了肤色差异外，发色和眼珠颜色显然也是辨别差异的重要因素。

18 法文的小猫 chatte 词性属阴性，英译者翻译为 pussycat。

19 这是指我的演讲稿《如果在雨天，一个客人——叙说方法论的再反思》，发表于 2014 年 6 月的心理传记与生命叙说研讨会。Biography 一词惯译为"传记"，但它本身就有"生命—记事"之义。

20 Berger，J.（1980）. Why look at animals? In About looking，p. 1-28. New York: Vintage Books.

21 "太一生水"是郭店出土竹简中的一篇，被认定为战国时代的道家文献。其开头的一句曰："太一生水，水反辅太一，是以成天。"见郭沂（2001），《郭店竹简与先秦学术思想》，上海：上海教育出版社。p.137-145。

22 宋文里（2015），《叙事、意识与事事之法：叙说方法论的再反思——续篇》。

23 Shotter，J.（1989）. Social accountability and the social construction of "you". In Shotter，J. and Gergen，K.J.（Eds.）.Texts of identity. London : Sage，p.133-150.

24 当然，在查阅汉语文献时，该查的关键词还应包括"汝""尔""而""若"等。

25 Buber，M.（1958/1986）. I and thou. New York: Collier Books.

26 根据宋文里笔记（2005/11/06）。

27 格根（Kenneth Gergen）在他的著作《关系的存有》一书中对于布伯（Buber）有此评论。参考：Gergen，K.（2009）. Relational Being. New York: Oxford University Press.

28 取自清代诗人纳兰性德的一首词《太常引》之中的摘句。

29 出自希腊伊利亚学派芝诺（Zeno）的著名悖论。一般西洋哲学史中皆可见此，故不必征引出处。

30 艾略特（T. S. Elliot）在 The Hollow Men 一诗中有这样的著名诗句：This is the way the world ends/ This is the way the world ends/……/Not with a bang but a whimper. 请参见：Elliot，T. S.（1952）. The complete poems and plays，1909-1950.New York: Harcourt，Brace and Company，p. 59.

31 Elliot，T. S.（1952）. Old Possum's Book of Practical Cats. In op. cit.，p.147-171. 引文出自 pp. 169-171。这首诗值得一提的是：韦伯（Andrew Lloyd Webber）的音乐剧《猫》（Cats）全部歌词都取用了艾略特的这首诗。

13

关系界面：
讲不同的故事

一、关系界面：一个跨学科的心理学概念

我要谈的"关系界面"是为了展开本文的论述而选择的新词。社会心理学如果只能继续以主流传统的"被试"和"个体"之论来谈论"人际关系"那类的老课题，且想要和"文明"（civility）的问题产生交集，大概不太容易。作为社会心理学研究者的我们必须转换观点和角度来谈论社会，譬如对于人的关系，根据精通个体病理以及社会病理的心理学家弗洛伊德、维果茨基（Lev Vygotsky），加上能讨论文明发展的社会学家埃利亚斯（Nobert Elias），再加上人类学家道格拉斯（Mary Douglas）等人的观点，[1] 找出某种贯穿文明研究的"中介项"（mediator），或是在文明本身的物质性中，找到人照料生活时所必须有的"照料面"，这样一来，经由界面的转换，让我们可以排除唯心论的心灵论述，而发掘出新的社会本体论，并且也能据此而发展新的议题设定，使我们得以在此重述：关系如何形成、如何维护，从而在这种关系概念上发现它和文明的关联。

二、弗洛伊德、道格拉斯和埃里亚斯

关于文明之所以要从弗洛伊德谈起，最重要的议题设定是表现在他的《文明及其不满》（*Das Unbehagen in der Kultur*）之中。对于文明的心理内容，他是这样说的："美、清洁和秩序在我们对文明的要求中显然占有特殊

的地位。"[2] 就只拿清洁的要求来说，除了和公共卫生的基本条件自然相符外，它也会超过个人特定的理想或嫌恶而成为一种必须透过社会调节来达成的要求。于是，清洁一方面会归于美的理想，另一方面就变成公共秩序的问题。每一个婴儿在生命之初并不会自然发展出对于清洁的喜好，倒是因为排泄器官和乐欲感觉的接近，人反而在最初会对于屎尿之类排泄物产生爱恋。逐臭之夫在每个人的生命早期似乎是共有的性格特征。而每一个人就必须在很小的年纪开始接受强制的社会规范（例如如厕训练）来从这种性格中脱胎换骨，用强烈的压抑来排除恋粪之癖，转变成一个讨厌肮脏、爱好清洁的新人类。

根据道格拉斯的说法，人类对于肮脏的处理远超过个体本身的好恶，而是以社会公有的禁忌和信仰来执行。一旦肮脏变成信仰的问题，那就表示物理上的肮脏可以由象征来处理，譬如身上的不洁可由水来清洗，这是物理的；但在印度，更为极度的不洁要由牛粪来洗刷，这就是象征的。[3] 象征的要义在于转换。象征把一个事物和另一个事物联结，使不同的两事物透过转换而成为同一个事物。肮脏的东西是垃圾，而肮脏的事情就牵涉道德中的恶。在汉字中的"恶"是指令人恶心的东西，这个字上端的"亚"甚至就是指一堆排泄物或呕吐物。从这里到道德上的恶，中间经过象征的转换，其义明矣。

埃利亚斯讨论文明的进程时，所谈到文明是指对各种恶习的避免和控制。其中的几个重要的例子包括擤鼻涕和吐痰的问题。

"吐痰时应尽量转过身去，以免把痰吐在或溅在别人身上。如果把痰吐在地上，应该马上用脚蹭去，以免引起别人恶心。倘若不允许这么做，就应该把痰吐在一块布里。"这是埃利亚斯引述 16 世纪的人文学者伊拉斯莫（Erasmus）所写的一本小册子《男孩的礼貌教育》上的文辞。这本小册子是为一位贵族小孩而写的。这种宫廷礼仪后来变成普遍的社交礼仪。"痰吐在地上……用脚蹭去"到了18世纪果然进化到"把痰吐在一块布里"——手帕变成礼仪的护身符，而现在，则是随身携带的卫生纸。

三、文明如何是"社会人""型态人""关系人"的问题

在北京，人们谈的"文明素质"大概是指随身携带卫生纸、手帕或至少会把痰吐在人家看不到的地方，而不包括随地吐痰（即便他能马上用脚蹭去）。还有一种文明则是把人教养到除了在洗手间外，根本不需吐痰。这里引出的问题是：人的自我控制如何和文明变成同步？而这个问题也把我们带回到社会心理学。

弗洛伊德在《群体心理学与自我的分析》一书中开头就说：心理学其实没有个体心理学而只有群体心理学——在他的元心理学中，虽然把自我设定为人格的中心，但无意识的心思（"它"）[4]像个无底洞，把人和世界自然关联，此其一也；超自我来自家中的家长或群体中的领袖，此其二也。由于人格的组成具有多元性，因此所谓的中心，也就是自我，其功能在于调和本我与超自我的冲突，并且还要以此为基底再向现实世界的条件作进一步整合，此其三也。所以，个人无论如何就只能是个自然人、群体人和关系人。埃利亚斯也主张，个人并不是被一个硬壳包覆着而区分出"内部"和"外部"的东西。没有这样的包覆，也没有这样的区分。要理解人，不是透过一个个的个体，而是透过"由许多个人组成的互相依存的关系"，也就是透过关系而组成的"型态"。人的型态和他在群体中的身份、阶层之间本来相通。骑士的身份和礼仪后来被广泛地传播到宫廷内外，之后随着文明的进展，人们的行为只是被组成得"像个骑士""像个绅士"的关联型态。

埃利亚斯的型态人和弗洛伊德的关系人还有没有更为细致的理论展开？从维果茨基的历史—文化心理学和精神分析第二代的客体关系理论，事实上

可以进一步说明这个问题。

四、自我民俗志

2000 年，我到访了北京、南京、上海。2008 年，有几位大陆学者到台湾访问，其中一位来自北京的，她说：首度访台的感觉是"既熟悉又陌生"——这和我第一次到北京的感觉很相似。熟悉中有难言的陌生，而在陌生中却又发现处处有熟悉的影子。

熟悉与陌生的并置，让我们发现"同中有异"和"异中有同"的问题感。我想通过一种新兴的"文化心理学"探讨方式来展开文化心理学在方法上会采用人类学式的民俗志（ethnography，在人类学中常译为"民族志"）来进行写作。这方法让研究者本身成为一种必然的工具。这是我在谈同异问题时会特别凸显的一种方法论——我是我的工具；我就是我的方法。更具体地说，我的熟悉和我的陌生，在这次的探讨中，将要共同引导我来写这个民俗志。我想写的民俗志不是最常见的那种客观描述，而是一种类似自传的"自我民俗志"（auto-ethnography），也就是说，我在写我自己。

五、自己与异己的书写

为什么是自己？我的床头摆着一些诗集。有杜甫的，有艾略特（T.S.Eliot）的。在想起杜甫的诗句"落日照大旗，马鸣风萧萧"时，你若问这诗从哪里冒出来？我只能说"从我的心肺"。而在写文章时，引述过艾略特，[5]我只能说，我记得读过。对于杜甫，若要讲"文化认同"，其实已经隔了一层，没说到要点。我根本不必去认同，因为那原本就是我的故居。我去成都参观杜工部的故居，和我在哈佛参观艾略特住过的地方，心情完全不同。"我的—非我的"这种心情差异，就是熟悉—陌生的底层知觉。但这种知觉的差异可有什么社会心理学能来理解吗？

六、自知与自问

"知情而不议"的态度近乎矫情，在科学社群中恐怕是无人能接受的。但要和历史争论的这种前提，本身就不是客观科学的分内之事，所以，当我提出以自我民俗志作为方法时，那是因为自我民俗志提供了人和自己的身世历史反复议论的可能性。

当人类学家们写遍了他者的历史之后，那些被书写的他者突然醒悟过来，于是他们开始自己执笔来写自己的小叙事，他者从此由大叙事之下挣脱，进一步的发现是：原先的执笔者所漏写的东西，因为自己是知情者，所以总是能够予以补充（supplement），乃至重写（rewriting）。这种说法其实正是在说同与异、熟悉与陌生，两者交互作用之下所造成的一种自知，也即是一种自问。

我要说的自知其实就是自问自答。第一次到大陆之时，由于意识到会有许多新奇的事物发生，我随身带着一本小笔记簿，准备把所见所闻的各种同异都给记下，但是，当然，对于惯熟的事物我们常常不能意识到它的存在，反倒是陌生的事物，我会立即发生好奇之心，就容易记下了。只不过，我所谓的"陌生"确实不是指未曾听闻的，而是依稀记得，但不相信它会发生。在接触之际，有一种不愿承认的意识引导着我的注意，所以这注视的动作就很容易转变为事后专注的回想和书写了。

我的小笔记簿后来还陪伴着我走向第二次（2002，成都）、第三次（2004，梅州）以及第四次（2007，开封）大陆之行。不经意地，这些经历累积成为我的民俗志材料。

七、再论界面：作为一种条件限制

关于这些民俗志所选定的题材，有个确切的起点，是当时在上"文化心理学"课程时，有位研究生很想就"脏话"的题目写些东西，她希望我指导她。我要她开始作田野调查。我自己就答应在第一趟大陆之行时，也把大陆当成脏话的田野，因为我相信脏话的文化现象在所有地区应该是不分轩轾的。我相信脏话和其他的肮脏一样是文明的首要大敌。但是，四趟大陆之行后，我必须承认我在方法论上犯了错误——我没有搜集到任何一条脏话的资料，除了在某次经历后，我自己嘟囔了一句"他 × 的"外。那次经历对我造成很大的冲击，我会在下文再详细说明。

先谈方法论上的问题。我相信有某些文化现象在有限的时空取样上不一定会被我碰上。文化现象的发生必须有一定的关系界面来让它发生。譬如脏话必须有咒骂的关系接口，而我的访问环境大抵都不会引发咒骂，即使不经意间在街上碰见，但因为距离太远，或因为对方言的不敏感，所以没注意到。正因如此，所以对于有目的的观察更需仰赖可靠的接口，好让它把观察"承载"住。

我选择了几个显而易见的、能承载住一些事情、也让我能把"看见"暂停来处理的界面。

八、不可思议的记忆

当我一再提到"不相信我的耳朵""不相信我的眼睛"时，我想我的处境就是弗洛伊德所说的"不可思议"之状（the uncanny）。[6]他的原文是"unheimlich"（英文字面上应作 unhomely），其意是指在一种原应熟悉的如家之处，却觉得这家不但不像家，甚至已变成了一幢鬼屋（haunted house）。

对这问题进一步的讨论是在爱尔兰心理学家班森（Ciarán Benson）所谈的"不可思及"（unthinkability），他认为其中是有些发生在前额叶的抑制作用（inhibition），使人对于原先能想的事物变得不能想象。[7]我们也许还可把这种不能想象理解为遗忘症（amnesia），但用经验的语言来说，我们应说这是一种破碎的记忆，我们依稀记得，只是不能把它们连贯起来。

九、最后的附笔

文化的同异有些时候不只是"文本"而更像是"语境"的问题。有一次我在美国和几位来自大陆的访问学者相遇，我们相谈甚欢，但我讲到某位姓郑的人士，一位学者就挑着我的发音说："姓震的？中国人哪有姓震的？是姓郑吧？"我回他说："别挑剔了，我们讲话不用翻译就可以互相听懂，不是已经很好了吗？"是的，在字面上确实不用翻译，但言外之意却还常常颇费猜疑。这一点点文化的距离是我们还得耐着性子去跨越的。

注释

1　这些学说的提起，是为了讨论"文明"的主题之故。在这里弗洛伊德的著作是指《文明及其不满》（1930）、《群体心理学与自我的分析》（1921）和《不可思议之事》（1919）；维果茨基的部分可参见《论述的心灵》（Harré, Gillet, 1994）、《文化和人类发展》（Valsiner, 2000）；伊利亚斯，特别是他的社会心理学，参见《文明的进程》（Elias, 1939）；而道格拉斯请参看《洁净与危险》（Douglas, 1966）。参考：Freud, S.（1930）. Civilization and Its Discontent; Freud, S.（1921）. Group Psychology and The Analysis of the Ego; Freud, S.（1919）.The Uncanny. In The Standard Edition of the Complete Psychological Works of Sigmund Freud, Vol. 17. London: Hogarth; Douglas, M.（1966）. Purity and Danger. New York: Routledge. Elias, N.（1939）. The Civilizing Process: Sociogenetic and Psychogenetic

Investigations；Harré，R. & Gillet，G.（1994）. The Discursive Mind. London，UK: Sage. Valsiner，J.（2000）. Culture and Human Development.

2 《文明及其不满》第三章，p. 53。

3 Purity and Danger，p. 11.

4 "伊底"或"它"系 id 的新译名。旧译"本我"与原文的意思在理论上产生根本的矛盾，故不采用。

5 宋文里（2003），《我们的小孩：一种后学的前言》，《教育研究月刊》，118 期，p.55-66。在该文中引述了艾略特的《荒原》。

6 S. Freud（1919）. The Uncanny. In S. E. XI: 219-252. 中译本可参阅宋文里选译 / 评注之《重读弗洛伊德》（台北：心灵工坊，2018）。

7 Benson，Ciarán（2003）. The unthinkable boundaries of the self: The role of negative emotional boundaries in the formation，maintenance，and transformation of identities. In Harré，Rom & Moghaddam，Fathali（eds.）. The Self and Others. London: Praeger.

14

自我工夫：
哲学精神治疗 [1]

我曾接受辅大哲学系的邀请，担任"哲学咨询"研究组第一次论坛的响应人（respondent）。坦白说，在接到邀请函时，我觉得还没准备好，不管从哪个角度来看都是这样。但在读了演讲者彼得·拉贝（Peter Rabbe）教授的讲稿之后，我产生了一种幻觉，就是作者在书写时所用的墨水好像是从我的钢笔流出来的。[2] 是的，在我年轻的时代，所有的人都用一种叫作"钢笔"（fountain pen，泉水笔）的东西来写字。从现代眼光看来，那是一种很奇怪的工具。后来，我从幻觉中醒来，但其实我还醒不过来的是"泉源之笔"的白日梦。这白日梦是这样的：首先，我被拉贝教授的写作之泉高度激发，于是开启了一种感应式的书写；但这书写的源头却来自我自己；其次，"泉源"让我想起我个人研读哲学的历史；最后，我有一个神秘的，或是童话故事般的想象：如果我能靠近泉源，而且如果靠得够近的话，我可能会看见一些美丽的水仙子或是女神。所以，当我发现我的心以这种方式感应，同时演绎出这许多联想时，一个念头突然闪过：为什么我不能就以这种联想感应方式来写一篇响应文呢？

一、自我关联

起初，我并没打算同时引用以下两个人的话，其中一位是哲学家，另一位是精神治疗师。我只是碰巧在同一天读到，于是想法就这么拼凑了起来。

让我们来看看：

> 这段介绍不是为学生而写的，而是为了未来的教师；即便他是未来的教师，这也不是为了能让他为一门已建设好的课程准备一堂课。这段介绍，是为了让他能再次创造他的课程而写的。
>
> ——康德，《未来形而上学导论》，1783

> 对于精神分析，我认为最基本的理解是：分析师必须与他的每个分析参与者（analysand）[3]一起重新创造精神分析。
>
> ——奥格登，《重新发现》，2009

当我还是个青少年时，我确实受到一位哲学老师的启迪，史先生（一位高中老师，同时也是一位作家，他总共写了超过二十本书）。他可以作为我的苏格拉底，但他不曾成为我的孔子。无论如何，也无论何时，每当哲学对话出现时，它总必须重新开始，从第一句发言陈词开始。

我就是用这种方式理解雅斯贝尔斯（Karl Jaspers）的"自身哲学化"（philosophizing）这个概念的。几天以前，当哲学咨询研究中心举行大会开幕式时，我先写了一篇祝贺文作为前言。其中，我提到雅斯贝尔斯，同时也提到克尔凯郭尔（Kierkegaard）的《致死之病》（*The Sickness unto Death*）。这是因为雅斯贝尔斯把它当成表率，也就是说，读一本像《致死之病》这样的书，且由此而体验到的自我了悟（明了，illumination），就足以让人成为一位好治疗师，而不一定必须经由所谓的"训练分析"（training analysis）。很显然，对雅斯贝尔斯而言，前者是个更合宜的选项，也是他所推荐的训练方式。

由于我是一个咨询心理学者，我所受的训练在某种程度上偏向人文主义，但除了两学期的预实习训练（pre-practicum）外，我从来不曾受过精神分析那种分析经验。后来，我从美国取得博士学位，回到本土，当时我就已相当清楚那种训练本身有其社会条件上的不合时宜之处。所以当我在创办咨询中心的同时，我重新开启了我在青少时期由史老师带来的体验，也就是我们两人之间的哲学对话。我读了很多具有自我启发、自我除昧 (self-disillusion) 之效的书，譬如会产生雅斯贝尔斯所说的"明了"。而且，每当我与史老师碰面时——他不曾当过我的"导师"，而比较像个朋友，一位爱智的朋友——我们就只是自由对话。我们从来不讲废话。我们都很排斥一般人常说的家常话，所以没有闲聊的空间。我们之间的对话尽管一开始看起来不像哲学，但后来，随着对话的进行，都会逐渐演变为哲学话语。史老师比我年长十八岁，但这种年龄上的差别并未形成任何中国式的长幼尊卑关系。我们像朋友那般谈话，很严肃，同时也正如好朋友间那般亲切。每次，我们都创造出一些我们之间的哲学话题，有时与一些书有关，有时则从一些无心的发现中即兴发展出来。这是怎么做到的？我会给些例子来说明。在中国式的伦理学脉络里，"仁"一直是一种最高的理想。

在《论语》当中，孔子与他的弟子们曾谈论这话题超过一百次。[4] 但，它的意义因此就都已穷尽了吗？一点也不。史老师与我曾试图以假想的方式来表达仁的意义，也就是说，假设我们正在跟西方人谈话，那么，用什么方式才能合宜地表述这个概念？

"仁者，忠恕而已矣。"这是《论语》里头的一个说法；"尽己之谓忠，推己及人之谓恕。"则是儒门对于"仁"概念的一种分析之说。

"你要怎么用英文解释'尽己'呢？"史老师问。

"就必须成为最终极的自我。"我想到这样的回答。

于是，当然，我们会转向克尔凯郭尔关于自我的形成[5]："自我是一个关联，它将自己关联到自己，或者，自我是一个关联的动作，在其中，它将自己关联到自己。自我不是关联本身，而是在关联过程中将自己关联到自己。"

有一天，史老师在缝他的裤子。他单身，不会有太太帮他做这种事。几个像我一样的学生聚在他身旁。有些人开始给他一些建议，关于如何能缝得更快更好。而史老师只是放下他手中的裤子，说："你们当真要和我讨论怎样缝裤子吗，还是想谈点别的？"静默，以及几张涨红的脸，羞彻了整个房间。我打破沉默，说："你的音响正在放着巴哈的小提琴独奏。这种孤独也曾经出现在早期的音乐，例如约迪·萨瓦尔（Jordi Savall）所演奏的马兰·马莱（Marin Marais）作品。""它们之间无法这样比较，"他说，"马莱以及当代的宫廷乐师们的音乐来自于乐器，但巴哈的，来自于灵魂。"

一场关于音乐及灵魂的自发谈论就此展开。而当史老师在谈"灵魂"的时候，他除了每日持续不辍的形而上学外，也写了散文集《灵魂的苦索者》。[6] 我们在谈巴哈的灵魂之外，实际上谈的是那位大提琴家史塔克（Janos Starker）。谈作品的时候就在谈工作（工夫）。这也是"自我工夫"概念的启发之处。

更早的时候，就在我必须为我的学术生涯拿定方向时，那还真是个痛苦的挣扎：既想选哲学，又想选心理学。我那年轻的思虑后来终于得到这样的结论：如果进了心理系，我不会失去与哲学的接触；但如果进了哲学系，我可能不会有接近心理学的机会。现在，经过四十年的学术生涯之后，我认为我那年轻的决心应该做个一百八十度的转向。当现代的学院心理学将自己放入以脑科学及信息科学的"主流"定义时，心理学已经变成一种自命为"科学"的学科训练——它虽然仍保有一个"心"的名字，但实质上已找不到任何与心灵有关的痕迹了。在心理学次领域（sub-field）里的咨询心理学及临床心理学当中，即便脑科学和计算机科学尚未成为领头羊，但一种程序化的方式也已经以方法论为名逐渐渗透，且几乎有主导整个讨论场域的趋势。

在那二十多年前，我尚未转任到辅仁大学之前的时期，每次去担任硕士或博士论文口试委员时，我总是会问"你的方法论是什么？"然后毫无例外会听到一段冗长的交代，关于如何收集资料以及关于统计运算的程序。但当我要求那些论文写手们将他们的方法理论说得仔细一点时，他们大多数会承认那不是他们的强项——不曾有人读过上一代著名精神治疗师们所著的原典，例如罗杰斯（Carl Rogers）、马斯洛（Abraham Maslow）以及罗洛·梅（Rollo May），虽然我并不特别认为他们足够代表哲学咨询的典范。我很惊讶地发现：关于他们的理论，这些论文写手们只从教科书上读过大约十页。对于他们使用的那些有的没的方法背后，还有什么理论，他们完全不知该说什么，也不知为何必须要如此，同时，最重要的，他们也不知为何原创者都会那么想。为何罗杰斯到了他的晚年时必须将他的发明从"来访者中心（client-entered）疗法"改成"人中心（person-centered）疗法"？当他提到"双中心"（bi-centeredness）时，他是什么意思？当他以"互为主体"这样的用语来思考时，为何他必须自我批判地声明"没有精确的同理心"这回事？

哲学咨询一点都不是什么新的精神治疗法。你当然可以在咨询中心里使用，甚至创立一个新的学会来赋予它新的专业风味，这绝对没有疑问，但对一位治疗师而言，哲学咨询就是要有机会去发现"将自己关联到自己"乃是一件更重要的事；或更进一步来说，在面对一位治疗参与者（therapant）[7]之时，该发现的是：人并不需要将自我当作客观对象来进行内省或自我反思。他所需要的应是"在关联过程当中将自己与自己关联起来"。在此，如你所见，其中有两个关联，先前，当我提到克尔凯郭尔时你可能忽略了。就是这个双中心在推动着治疗师去"明了"：在进入任何咨询或精神治疗关系之中，都有两个关联正在进行：就在你与治疗师关联的同时，你也总是在向自己关联。

所以，你可以把咨询机构所要求的个案报告留在档案柜里。

那是第一个关联。第二个关联呢，也就是，那个关联到自己的关联呢？这不在任何一个咨询中心档案管理的要求之内。但随着日子一天一天过去，直到有一天，你终于发现你必须将它写下来。你会像我一样，开始写下你自己的反思笔记，在你和所谓的咨询参与者发生过一些意谓强烈的对话后，或者就在你和你的朋友的日常谈话之间。每当我感到有这种需要，而且就在计算机上打开我的笔记本时，我用键盘所打下的第一个字，在屏幕上闪闪发亮，它就可能会发展成某种哲学。以下是一则例子，用来为这第一段的内容作个具体的小结。

有一天，我们谈论过《歌剧魅影》中的一些歌曲。今晚，我就去看电影版的《歌剧魅影》。结果，它变成一种非常熟悉但又只是平行无交点的看见。每句话、每个动作以及每首歌就如平常那般熟悉，但当我们谈起欧洲人的故事以及美国人的制作时，它突然变得离我们很远。

我不曾去过欧洲[8]，而我也不会为了想知道那些人以及文化是否确实存在而计划去那里旅游，对吧？我宁可他们不必存在，但他们总是会为我带来这些包装得好好的文化产品。我什么都不知道，但却已知道关于它的每样东西，就如弗洛伊德的 das Es（无法被命名的它）所知道的"我"那般，知道得那么清楚。

为何《歌剧魅影》一剧会如这般地刺激我？我还不知道。但无论如何，我已经留下了关联的笔迹，为了将来某一天我可以寻路而去，找到我自己。而这个"自己"，连同一些不明的东西，绝不会是克尔凯郭尔式的绝望。我不能说：在我关联到自身时，关联不是个可以通往 das Es（这个无法被命名的它）的一把钥匙（key，基调）。

二、自我存养

有一次，弟子曾参（公元前505—公元前435）告诉他的老师："吾日三省吾身"，当时，他在报告一种他从孔子那儿学来的自我存养工夫。可是除此之外，谈自我存养，还有两种可能的谈法：自我反省或自我分析。所以，假若古今之间有自然贯穿的道理的话，那么，他的老师会告诉另一位说"三思而后行"的弟子：两次就够了。这就比"三"更像是人人可为的道理了。

有一次，属于孔子第四代弟子的孟子这么说："吾善养吾浩然之气"。他也说这个自我存养的方法或工夫就是要集气养义。我们都知道：汉语当中的"气"无法以字面的方式翻译成西方语言，所以为了节省我们的时间，在此我只将这些不能翻译的字放进括号，然后将焦点更放在我们的主题上，也就是，如果"存养工夫"能对应到克尔凯郭尔的"关联到自己"，或更广泛一点，对应到雅斯贝尔斯的"（自身）哲学化"，那么如何去理解：这些对应的道理也足以存养出一个现代的精神治疗师？

这确实不是个容易回答的问题。我们的确有些叙述能将这方法说得更清楚，或将它的进程讲得更明白，例如众所皆知的"诚意、正心、修身、治国、平天下"之说；又例如，我们可以找出更精细的说法——只是一段比喻的大纲，还没发展成足够的理论——来自于宋初的司马光（1019—1086）：

> 万物皆祖于虚，生于气。气以成体，体以受性，性以辨名，名以立行，行以俟命。故：

—虚者物之府也

—气者生之户也

—体者质之具也

—性者神之赋也

—名者事之分也

—行者人之务也

—命者时之遇也

我很抱歉，到了这个节点上，要把摘引的句子翻译成英文，一方面已经不可能了，另一方面也没必要。我们只需知道"存养工夫"实质上需要做很多工作。但，作为一个接受中华优秀传统文化思想的人，从这么多漂亮的比喻当中，我们可曾知道，或我们已经知道，这种"工夫"该做什么，以及如何去做了吗？

长久以来，我们的现代教育一直在用"修身"这个概念，但它并不总是能伴随着"诚意"及"正心"的工夫。无论如何，从"诚意正心"到"治国平天下"，你我都心知肚明：我们都不太知道该做什么，及如何拿这些口号来做什么修身工作。

我们是在说：我们几乎已经忘光了我们该如何存养自己。不过，我们也别太沮丧。当曾参告诉他的老师，他每日做三次这种工夫时，他只是在反思他是否对别人和自己都很忠实，他是否值得朋友信赖，以及他是否对老师说的话都能记得。不管这些公式是如何发展出来、如何精妙、如何形而上学化（metaphysicallized）以及最终如何崩毁了，我们都应当不可忘记一件事，就是对于我们自己，确实有很多工作可做。所以，就让我们把它和传统连起来，称为"自我工夫"也罢。

这么一来，你将会惊讶地发现：在当代心理学中，[9]到处都可找到对于这些是什么以及该如何等问题的响应。例如，我发现在哈瑞（Rom Harré）所著的《独特自我》（*The Singular Self*）[10]一书当中，就有一组三层次理论模型，刚好对应"诚意、正心、修身"的公式。所以，他用一种很仔细的方式恢复了我们祖先一直在说的工夫。更显著地，从所有的精神分析文献当中，你可以发现自我分析对每个精神治疗师都很重要——如此重要，以至于弗洛伊德给了这样的忠告：一旦你开始了自我分析，你就应当持续这种自我工夫，永无休止的一日。这不正是"天行健，君子以自强不息"的意思吗？

我无法避免以上所有的引述会变为装模作样的口号。但我相信，在哲学式的对话之中，只要对话的双方都知道话语和口号的不同，也就是没有一方会用口号来充场面。任何一句意谓不对头的语言都会受到面对面的挑战——"真的吗？""你的意思是？"——于是，没人能逃得了。自我工夫的首要基调，原来都是用双方的和声法和对位法才能谱写和演出的。[11]

注释

1 本文原为英文稿，由宋文里原著、润稿，陈永祥翻译。

2 钢笔：fountain pen，直译就叫"泉源笔"。

3 "Analysand"在上文中也译为"分析人"，意思都是要避免用"被分析"的"个案"这般非人的用语。

4 有人计算过"仁"字在《论语》中一共出现109次。

5 《自我的形成》也成为我写的一篇笔记，其中提到的那段话并非克尔凯郭尔原文的翻译。那是在1974年，手稿留存下来。当时对于克尔凯郭尔其实还似懂非懂，所以这篇笔记还不能算是对克尔凯郭尔的批注。

6　史作柽（1987），《灵魂的苦索者》。

7　"Therapant"作为"治疗参与者"，是我自己根据英文的造字原则所铸造的英文新字，上文已出现过。这意思接近于目前通行的"来谈者"。

8　直到 2013 年之前，我确实还未曾去过欧洲。

9　这个"当代"是指 20 世纪八九十年代之后，经过"批判转向""文化转向"以及"语言学转向"之后。俗称"后现代"。

10　Harré，R.（1998）. The Singular Self: An Introduction to the Psychology of Personhood. London: Sage.

11　这最后一句话在英文原文中确实使用了"key"字的一语双关："关键"="基调"。在此强调了后者的喻示，所以才会接着用音乐的术语，说成了"和声"和"对位"。